古典文獻研究輯刊

十八編

潘美月・杜潔祥 主編

第5冊

《淮南子》校補（第二冊）

蕭 旭 著

國家圖書館出版品預行編目資料

《淮南子》校補（第二冊）／蕭旭　著—初版—新北市：花
木蘭文化出版社，2014〔民 103〕
目 2+200 面；19×26 公分
（古典文獻研究輯刊 十八編；第 5 冊）
ISBN：978-986-322-613-0（精裝）
1. 淮南子　2. 校勘
011.08　　　　　　　　　　　　　　　　103001304

ISBN-978-986-322-613-0

9 789863 226130

古典文獻研究輯刊
十八編　第 五 冊　　　　　　　ISBN：978-986-322-613-0

《淮南子》校補（第二冊）

作　者	蕭　旭	
主　編	潘美月　杜潔祥	
總 編 輯	杜潔祥	
副總編輯	楊嘉樂	
編　輯	許郁翎	
企劃出版	北京大學文化資源研究中心	
出　版	花木蘭文化出版社	
社　長	高小娟	
聯絡地址	235 新北市中和區中安街七二號十三樓	
	電話：02-2923-1455／傳眞：02-2923-1452	
網　址	http://www.huamulan.tw 信箱 hml 810518@gmail.com	
印　刷	普羅文化出版廣告事業	
初　版	2014 年 3 月	
定　價	十八編 22 冊（精裝）新台幣 40,000 元	

《淮南子》校補（第二冊）

蕭　旭　著

目次

第一冊

《淮南子校補》序　方向東

關於《淮南子》的幾個問題 —— 蕭旭《淮南子校補》

　　序　龐光華

引　言 ………………………………………………………………… 1

《原道篇》校補　卷第一 …………………………………………… 3

《俶真篇》校補　卷第二 …………………………………………… 47

《天文篇》校補　卷第三 …………………………………………… 93

《地形篇》校補　卷第四 …………………………………………… 103

《時則篇》校補　卷第五 …………………………………………… 109

《覽冥篇》校補　卷第六 …………………………………………… 123

《精神篇》校補　卷第七 …………………………………………… 139

《本經篇》校補　卷第八 …………………………………………… 157

第二冊

《主術篇》校補　卷第九 …………………………………………… 179

《繆稱篇》校補　卷第十 …………………………………………… 239

《齊俗篇》校補　卷第十一 ………………………………………… 277

《道應篇》校補　卷第十二 ………………………………………… 327

第三冊

《氾論篇》校補　卷第十三⋯⋯⋯⋯⋯⋯⋯⋯⋯ 379

《詮言篇》校補　卷第十四⋯⋯⋯⋯⋯⋯⋯⋯⋯ 419

《兵略篇》校補　卷第十五⋯⋯⋯⋯⋯⋯⋯⋯⋯ 443

《說山篇》校補　卷第十六⋯⋯⋯⋯⋯⋯⋯⋯⋯ 501

《說林篇》校補　卷第十七⋯⋯⋯⋯⋯⋯⋯⋯⋯ 545

第四冊

《人間篇》校補　卷第十八⋯⋯⋯⋯⋯⋯⋯⋯⋯ 601

《脩務篇》校補　卷第十九⋯⋯⋯⋯⋯⋯⋯⋯⋯ 629

《泰族篇》校補　卷第二十⋯⋯⋯⋯⋯⋯⋯⋯⋯ 685

《要略篇》校補　卷第二十一⋯⋯⋯⋯⋯⋯⋯⋯ 721

附錄一：《淮南萬畢術》輯證⋯⋯⋯⋯⋯⋯⋯⋯ 743

附錄二：《淮南子》古楚語舉證⋯⋯⋯⋯⋯⋯⋯ 781

附錄三：主要參考文獻⋯⋯⋯⋯⋯⋯⋯⋯⋯⋯⋯ 839

後　記⋯⋯⋯⋯⋯⋯⋯⋯⋯⋯⋯⋯⋯⋯⋯⋯⋯⋯ 847

《主術篇》校補　卷第九

（1）是故慮無失策，謀無過事

高注：過，猶誤也。

按：謀，《治要》卷 41 引作「舉」。《文子·白然》：「謀無失策，舉無過事。」《大戴禮記·保傳》：「是以慮無失計，而舉無過事。」〔註 1〕王念孫據謂「謀當作舉」，非也。舉，亦謀慮也。《呂氏春秋·異寶》：「其主，俗主也，不足與舉。」高誘注：「舉，猶謀也。」本篇下文「故萬舉之無遺策矣」，義同。《韓詩外傳》卷 8：「是以慮無失策，舉無敗功矣。」《後漢書·申屠剛傳》：「故慮無遺策，舉無過事。」又《桓郁傳》：「是以慮無遺計，舉無過事。」又《胡廣傳》：「是以慮無失策，舉無過事。」《三國志·鍾會傳》：「謀無遺策，舉無廢功。」此蓋當時成語。

（2）黈纊塞耳，所以掩聰

按：《治要》卷 41 引「塞」作「充」，「掩」作「揜」。二句爲古成語。《大戴禮記·子張問入官》：「統絖塞耳，所以弇聰也。」〔註 2〕《家語·入官》：「紘絖充耳，所以掩聰也。」〔註 3〕《漢書·東方朔傳·答客

〔註 1〕《賈子·保傳》同。

〔註 2〕《玉篇》「黈」字條引作「黈纊塞耳，掩聰也」，《文選·東京賦》李善註、《白帖》卷 30、《御覽》卷 686 引「統絖」作「黈纊」，《文選·爲蕭揚州作薦士表》李善註引作「黈絖」。

〔註 3〕《左傳·昭公二十六年》孔疏引作「黈纊充耳，所以蔽聰」。

難》：「故曰：『跬纊充耳，所以塞聰。』」〔註4〕

（3）若欲規之，乃是離之

高注：言嗜欲有所規合，乃是離散也。

按：規，《文子・自然》作「狹」。李定生、徐慧君曰：「狹之，疑爲『挾之』，挾持之也。」〔註5〕竊謂狹讀爲俠、夾，《廣雅》：「夾，近也。」《玄應音義》卷18：「夾，謂夾在兩邊也，近也。夾，至也。」《集韻》：「夾、俠，傍也，或從人。」字或作陜、陜，《玉篇》：「陜，相著也。」《集韻》：「陜，溝相接也。」亦爲同源字。字或作浹、挾，《爾雅》：「浹，澈也。」「澈」同「徹」，達也。《慧琳音義》卷88引《毛詩傳》：「浹，達也。」《詩・大明》：「使不挾四方。」毛傳：「挾，達也。」馬瑞辰曰：「挾之言接也。」〔註6〕《韓詩外傳》卷5作「俠」。《釋名》：「挾，夾也，在旁也。」《要略篇》：「挾日月而不桃。」許注：「挾，至也。」《孟子・盡心上》：「挾貴而問。」趙注：「挾，接也。」字或作接，《儀禮・大射禮》鄭注：「古文挾皆作接。」《小爾雅》：「接，達也。」規，讀爲歸，就也、依也。《莊子・在宥》：「若彼知之，乃是離之。」爲此文所本。《墨子・經上》：「知，接也。」《莊子・庚桑楚》：「知者，接也。」「規」、「狹」、「知」並傍近、接近、到達之誼。

（4）天氣爲魂，地氣爲魄，反之玄房，各處其宅

按：房，《文子・自然》作「妙」。

（5）尚與人化，知不能得

高注：天道至大，非人智慮所能得也。

按：《文子・自然》「尚」作「常」，「知」作「智」。于省吾、蔣禮鴻謂尚讀爲常〔註7〕，是也。陳昌齊謂尚爲常之誤，馬宗霍謂尚猶主，並失之。

〔註4〕《文選》五臣本「充」作「蔽」。

〔註5〕李定生、徐慧君《文子校釋》，上海古籍出版社2004年版，第325頁。

〔註6〕馬瑞辰《毛詩傳箋通釋》，中華書局1989年版，第801頁。

〔註7〕蔣禮鴻《續〈淮南子校記〉》，收入《蔣禮鴻集》卷3，浙江教育出版社2001年版，第363頁。

（6）神不馳於胷中，智不出於四域，懷其仁成之心

按：上句《御覽》卷 78 引誤作「神農馳於國中」。成，別本作「誠」，與《文子・精誠》合，古字通。《御覽》卷 78 引亦作「誠」。

（7）月省時考，歲終獻功

按：《書鈔》卷 28 引作「歲終報功」，《路史》卷 12 羅苹注引作「終歲獻功」；《北史・宇文愷傳》《上煬帝明堂議表》〔註 8〕、《御覽》卷 78 引作「終歲獻貢」，與《文子・精誠》合。王利器謂作「獻功」義長〔註 9〕。考《說文》：「貢，獻功也。」《周禮・天官・塚宰》：「以歲時獻功事。」功指功事，成功之事。趙宗乙謂功讀爲貢〔註 10〕，非也。

（8）明堂之制，有蓋而無四方

按：《北史》、《路史》卷 12 羅苹注、《玉海》卷 95 引同今本，《玉海》卷 95 又引《新論》：「神農氏祀明堂，有蓋而無四方。」《御覽》卷 78 引誤作「明堂之制，有善而無惡」。

（9）風雨不能襲，寒暑不能傷

按：向宗魯據《北史》、《御覽》卷 78 引校「寒暑」爲「燥濕」，何寧舉《本經篇》「古者明堂之制，下之潤濕不弗能及，上之霧露弗能入，四方之風弗能襲」以申證之。《路史》卷 12 羅苹注、《冊府元龜》卷 584、《通志》卷 161 作「燥濕」，《玉海》卷 95 引作「寒暑」。考《晏子春秋・內篇諫下》：「是故明堂之制，下之潤濕不能及也，上之寒暑不能入也。」《管子・法法》：「爲宮室臺榭，足以避燥濕寒暑，不求其大。」《左傳・襄公十七年》：「（子罕）曰：『吾儕小人，皆有闔廬以辟燥溼寒暑。』」本書《時則篇》：「明堂之制，靜而法準，動而法繩，春治以規，秋治以矩，冬治以權，夏治以衡，是故燥溼寒暑以節至，甘雨膏露以時降。」是明堂固所以抵禦燥濕寒暑也，作「寒暑」或作「燥濕」，義各有當，不可遽改也。

〔註 8〕《隋書》同，下亦同。
〔註 9〕王利器《文子疏義》，中華書局 2000 年版，第 84 頁。
〔註 10〕趙宗乙《淮南子札記》，黑龍江人出版社 2009 年版，第 136～137 頁。

（10）因天地之資，而與之和同

按：《御覽》卷 78 引「資」上誤衍「貢」字。

（11）是故威厲而不殺，刑錯而不用，法省而不煩，故其化如神

按：殺，王念孫據《荀子・議兵》、《宥坐》、《史記・禮書》、《文子・精
誠》、《御覽》卷 78 引校爲「試」，云：「不試猶不用也。」考《家
語・始誅》：「是以威厲而不試，刑錯而不用。」亦作「試」字。然
「殺」字不誤，古「殺」、「試」音同，試讀爲殺，王說非也。《鹽
鐵論・後刑》：「故威厲而不殺，刑設而不犯。」正作「殺」字。本
書《時則篇》：「威厲而不懾，令行而不廢。」〔註11〕「懾」、「殺」
義相會。《說苑・政理》：「是以威厲而不至，刑錯而不用也。」則
誤作「至」字〔註 12〕。《泰族篇》：「故刑罰不用，而威行如流；政
令約省，而化燿如神。」《繆稱篇》：「聖人在上，化育如神。」可
互參證。燿，讀爲育。

（12）上好取而無量，下貪狼而無讓

按：狼，吳本作「狠」，劉本、莊本作「很」，《文子・精誠》作「功」。「狼」
當作「狠」，爲「很」俗字。《史記・項羽本紀》：「因下令軍中曰：『猛
如虎，很如羊，貪如狼，彊不可使者，皆斬之。』」「很」、「貪」分
言並列，此文則近義連文〔註13〕。「很」謂不聽從也，故云「無讓」。
于大成、何寧謂「很」當爲「狼」，傎矣。「功」字爲臆改。

（13）不務反道，矯拂其本，而事修其末

高注：事，治。

按：事亦務也，已詳《俶眞篇》校補。

（14）削薄其德，曾累其刑

按：曾，影宋本《御覽》卷 905 引同，《意林》卷 2、四庫本《御覽》卷
905、《事類賦注》卷 23 引作「增」〔註14〕。增、曾，正、假字。

〔註11〕《御覽》卷 25 引《明堂之制》同。

〔註12〕另參見蕭旭《敦煌寫卷 S.1891〈孔子家語〉校補》，收入《群書校補》，廣陵
書社 2011 年版，第 1263 頁。

〔註13〕另參見蕭旭《〈廣雅〉「狼，很也、齧也」補正》。

〔註14〕《御覽》卷 905，景印文淵閣《四庫全書》第 901 冊，臺灣商務印書館 1986

（15）無以異於執彈而來鳥，挭梲而狃犬也

陳昌齊曰：《說山篇》：「執彈而招鳥，揮梲而呼狗。」則「挭」字當爲「揮」字之譌。

按：四庫全書本《御覽》卷 905 引「來」作「求」，「梲」作「稅」〔註 15〕，並誤。挭，《御覽》卷 905、《事類賦注》卷 23 引作「袖」；《意林》卷 2 引作「揮梲」，注：「揮梲，挾杖也。」《御覽》、《事類賦注》並有注：「梲，杖也。」「挭」當作「捭」，形之誤也。「捭」同「擺」。《廣韻》：「擺，擺撥。捭，上同。」《玄應音義》卷 19：「擺木：又作捭，同。《說文》：『兩手振擊也。』」《六書故》：「捭，左右揮捭也，又作擺。」《正字通》：「擺，持而搖振之也。」《慧琳音義》卷 69「擺揳」條、又卷 91「擺撥」條並引《考聲》：「擺，揮手也。」又卷 65：「擺撥：又作椑（捭），同。《說文》：『擺，兩手垂下前後揮也。』」是「捭」、「揮」同義也，《意林》引作「揮」，以同義詞易之也。《說山篇》：「執彈而招鳥，揮梲而呼狗。」楊樹達從陳昌齊說改爲「揮」字，非也。吳承仕、于大成、何寧謂作「袖」是許本，竊謂「袖」是形誤字。《四庫》本《意林》引作「椑」〔註 16〕，「椑」即「捭」之借字。《戰國策・秦策五》：「將軍爲壽於前而捍匕首。」姚宏注：「捍，劉一作捭。」《文選・之郡初發都》李善註引作「捭」。黃丕烈謂「捭」字是〔註 17〕。字或作裨，《賈子・匈奴》：「裨劍挾弓而蹲穹廬之隅。」別本作「揮」或「彈」，蓋亦爲臆改。陳廣忠曰：「捭，擲也。」〔註 18〕非也。

（16）夫水濁則魚噞，政苛則民亂

高注：魚短氣，出口於水，喘息之諭也。

按：《文選・長笛賦》李善註引作「水濁則魚噞喁，政苛則人亂」，引注

年初版，第 120 頁。

〔註 15〕《御覽》卷 905，景印文淵閣《四庫全書》第 901 冊，臺灣商務印書館 1986年初版，第 120 頁。

〔註 16〕《意林》卷 2，景印文淵閣《四庫全書》第 872 冊，臺灣商務印書館 1986 年初版，第 231 頁。

〔註 17〕黃丕烈《戰國策札記》，收入《叢書集成新編》第 109 冊，新文豐出版公司 1985年印行，第 772 頁。

〔註 18〕陳廣忠《淮南子斠詮》，黃山書社 2008 年版，第 386 頁。

作「楚人〔謂喁爲〕喩。喁，魚出頭也。」〔註 19〕劉台拱、何寧謂李善註引《淮南》衍「喁」字。《韓詩外傳》卷 1：「水濁則魚喁，令苛則民亂。」陳昌齊、莊逵吉謂《淮南》用《外傳》之文，馬宗霍謂韓嬰、劉安同時，《淮南》未必即出《外傳》。馬說是也，此蓋古成語。《鄧子・無厚篇》：「夫水濁則無掉尾之魚，政苛則無逸樂之士。」《文子・精誠》：「夫水濁者魚喁，政苛者民亂。」〔註 20〕《說苑・政理》：「水濁則魚困，令苛則民亂。」《繆稱篇》：「水濁者魚喁，令苛者民亂。」《說山篇》：「水濁而魚喁，形勞則神亂。」亦用此語。

（17）夫養虎豹犀象者，為之圈檻，供其嗜欲，適其飢飽，違其怒恚

按：《莊子・人間世》、《列子・黃帝》作「時其飢飽，達其怒心」。敦煌寫卷 P.3454《六韜》：「時其飢飽，達其憙怒。」〔註 21〕時，讀爲伺。適，節也。違，向宗魯、呂傳元、王叔岷據《莊》、《列》校作「達」，是也。楊樹達校「達」爲「違」，何寧駁之。郭象注：「知其所以怒而順之。」達，知也。《慧音音義》卷 39「圈牛」條引《淮南子》〔許叔重注〕：「圈，牢也。」又卷 68「圈門」條引許注：「圈，獸牢也。」

（18）是以上多故則下多詐，上多事則下多態，上煩擾則下不定，上多求則下交爭

高注：故，巧。

按：故，《文子・精誠》誤作「欲」。故、事對舉，故亦事也。洪頤煊申高注訓巧，許建平謂故訓詐〔註 22〕，並非也。《鄧子・無厚篇》：「故令煩則民詐，政擾則民不定。」《文子・道德》：「法煩刑峻即民生詐，上多事則下多態。」「上多故」即指令煩、法煩刑峻也。態、詐對舉，態亦詐也。何寧態訓巧，義合。《莊子・馬蹄》：「故馬之知而態至盜

〔註 19〕「謂喁爲」三字據何寧說補。
〔註 20〕《御覽》卷 58 引作「水濁者魚喁喁」，亦衍「喁」字。「者」猶則也。
〔註 21〕敦煌寫卷 P.3454《六韜》，收入《法藏敦煌西域文獻》第 24 冊，上海古籍出版社 2002 年版，第 267 頁。
〔註 22〕許建平《淮南子補箋》，《中國典籍與文化論叢》第 6 輯，中華書局 2000 年版，第 348 頁。

者，伯樂之罪也。」成玄英疏：「態，姦詐也。」態讀爲慝，奸惡也。《荀子・成相》：「反覆言語生詐態。」王念孫讀態爲慝〔註23〕，是其證。《漢語大字典》釋爲「情狀」、「態度」〔註24〕，失之。

（19）譬猶揚堁而弭塵，抱薪以救火也

高注：堁，塵塺也，楚人謂之堁。堁，動塵之貌。弭，止也。

按：二語亦見《說山篇》。《說林篇》：「揚堁而欲弭塵，被裘而以翣翼。」高注：「堁，土塵也，楚人謂之堁也。」「揚堁弭塵」蓋漢代成語。《文選・風賦》李善注引《淮南》此文，又引許愼注曰：「堁，塵塺也。」陶方琦謂此文高注爲許注所羼入者。「堁」爲古楚語，《說山篇》：「螾無筋骨之強，爪牙之利，上食晞堁，下飮黃泉，用心一也。」高注亦云：「堁，土塵也，楚人謂之堁也。」《文子・上德》明刊本同《說山篇》，《纘義》本「堁」作「塊」，塊、堁一聲之轉。參見附錄二《〈淮南子〉古楚語舉證》。抱薪救火，此古成語。已詳《覽冥篇》校補。

（20）故聖人事省而易治，求寡而易贍

按：《墨子・辭過》：「是以其民儉而易治，其君用財節而易贍也。」《管子・桓公問》：「事約而易從，求寡而易足。」爲此文所本。《泰族篇》：「故功不厭約，事不厭省，求不厭寡。功約易成也，事省易治也，求寡易贍也。」〔註25〕《鹽鐵論・論功》：「法約而易辦，求寡而易供。」

（21）不施而仁，不言而信

按：二語蓋古成語。《說苑・修文》：「孔子曰：『不言而信，不動而威，不施而仁。』」〔註26〕

（22）不求而得，不爲而成

按：《荀子・天論篇》：「不爲而成，不求而得。」爲此文所本。

〔註23〕王念孫《荀子雜志》，收入《讀書雜志》，中國書店1985年版。
〔註24〕《漢語大字典》（第二版），崇文書局、四川辭書出版社2010年版，第2500頁。
〔註25〕《文子・上仁》「厭」作「猒」，借字。
〔註26〕《家語・六本》同，《淮南子・泰族篇》、《文子・上仁》「動」作「怒」。

（23）塊然保真，抱德推誠

按：塊然保真，《文子‧精誠》作「懷自然，保至真」，蓋爲臆改。「保真」
　　爲《淮南子》習用語，凡 5 見。

（24）天下從之，如響之應聲，影之像形

按：《文子‧精誠》明刊本同，《纘義》本「像」作「象」，字同，猶隨
　　從也。《史記‧樂書》、《漢紀》卷 6「像」亦作「象」。二語蓋古成
　　語。馬王堆帛書《經法‧名理》：「如景（影）之隋（隨）刑（形），
　　如向（響）之隋（隨）聲。」〔註27〕《管子‧心術上》：「其應物也，
　　若偶之言時適也，若影之象形，響之應聲也。」又《任法》：「故下
　　之事上也，如響之應聲也；臣之事主也，如影之從形也。」又《明
　　法解》：「如此則下之從上也，如響之應聲；臣之法主也，如景之隨
　　形。」《荀子‧彊國篇》「夫下之和上，譬之猶響之應聲，影之像形
　　也。」《靈樞經》卷 7：「若是則內外相襲，若鼓之應桴，響之應聲，
　　影之似形。」《說苑‧指武》：「復（優）柔委從，如影與響，如麗之
　　守戶，如輪之逐馬，響之應聲，影之像形也。」〔註28〕

（25）其所修者本也，刑罰不足以移風，殺戮不足以禁姦，唯神
　　　化爲貴，至精爲神

高注：詹何曰：「未聞身治而國亂。」故曰「其所修者本也」。

陳昌齊曰：「至精爲神」當是注文。

張雙棣曰：注引詹何曰見本書《詮言篇》及《列子‧說符篇》。《呂氏春
秋‧先己》、《執一》等篇高注亦引有此語。

按：陳說未允。「至精」當據《文子‧精誠》乙作「精至」。《管子‧牧民》：
　　「故刑罰不足以畏其意，殺戮不足以服其心。」爲此文所本。《道應
　　篇》：「詹何對曰：『臣未嘗聞身治而國亂者也。』」《呂氏春秋‧處方》
　　高誘注亦引詹何此語。《呂氏春秋‧孝行》高誘注：「詹何曰：『身治
　　而國不治者，未之有也。』」《文子‧上仁》以爲老子語。

〔註27〕馬王堆帛書《經法‧名理》，收入《馬王堆漢墓帛書〔壹〕》，文物出版社 1980
　　　年版，第 58 頁。

〔註28〕孫仲容、向宗魯謂「復」當作「優」，另參見蕭旭《説苑校補》，收入《群書
　　　校補》，廣陵書社 2011 年版，第 535 頁。

（26）夫疾呼不過聞百步，志之所在，踰于千里

高注：踰，通也。

按：朱駿聲謂踰以雙聲借爲遙〔註29〕，未允。向宗魯謂踰本當作諭，故
高注踰訓通。楊樹達讀爲喻〔註30〕。向、楊二氏是也。本篇下文「抱
質效誠，感動天地，神諭方外」，《文子・精誠》作「踰」。《呂氏春
秋・樂成》：「大智之用，固難踰也。」盧文弨曰：「踰當本是喻字，
注就訛文爲釋，非是。」王念孫曰：「踰、諭古字通，非訛文也。」
〔註31〕《覽冥篇》：「嗜欲形於胷中而精神踰於六馬。」《御覽》卷
896引作「喻」，陳昌齊曰：「踰當爲喻，字之誤也。」「踰」亦非誤
字。《隸釋》卷5漢《酸棗令劉熊碑》：「濟濟之儀，孜孜之踰。」
洪适曰：「碑以踰爲諭。」《董子・正貫》：「幽隱不相踰。」蘇輿曰：
「踰，疑作諭。」〔註32〕《韓詩外傳》卷4：「周公〔曰〕：『唯唯，
且也踰。』」亦其例。

（27）冬日之陽，夏〔日〕之陰，萬物歸之，而莫之使然

高注：冬日仁物歸陽，夏日猛物歸，莫使之陰，自然如是也。

按：《逸周書・大聚解》：「譬之若冬日之陽，夏日之陰，不召而民自來。」
《鄧子・無厚篇》：「君當若冬日之陽，夏日之陰，萬物自歸，莫之使
也。」《治要》卷31引《六韜・虎韜》：「夫民之所利，譬之如冬日之
陽，夏日之陰，冬日之從陽，夏日之從陰，不召自來。」爲此文所本。
末句《御覽》卷27引作「而莫使之然」。《文子・精誠》作「冬日之
陽，夏日之陰，萬物歸之，而莫之使，極自然」。蔡偉曰：「案馬王堆
帛書《老子》曰：『夫莫之爵，而恒自然也。』傳世本多作『莫之爵
（或作命），而常自然』。又《莊子・繕性》曰『莫之爲，而常自然』。
是『莫之口，而恒（常）自然』，乃古人之一固定句式。則《文子》
之『而莫之使，極自然』，應該就是『而莫之使，恒自然』。《淮南子》
即本於《文子》。而『莫使之然』，當依《文子》作『而莫之使，極（恒）

〔註29〕　朱駿聲《說文通訓定聲》，武漢市古籍書店1983年版，第358頁。
〔註30〕　楊樹達《淮南子證聞》，上海古籍出版社2006年版，第77頁。何寧失引楊氏
此條，張雙棣引「喻」誤作「諭」。
〔註31〕　二說並轉引自王利器《呂氏春秋注疏》，巴蜀書社2002年版，第1857頁。
〔註32〕　蘇輿《春秋繁露義證》，中華書局1992年版，第143頁。

自然』。《治要》、《意林》無『極自然』三字，乃脫之尤甚者也，竝當據《文子》補正。」〔註33〕蔡說未是。劉嬌從蔡君校「極」爲「恒」〔註34〕，亦非是。《鄧子》即無「恒自然」三字。《治要》卷35、《意林》1、《長短經》卷3引《文子》並無「極自然」三字。《文子》「極自」二字衍。然，猶言如此、如是，高注是也。《老》、《莊》之文，句式與《文子》不同，不可比附。此文「而」表轉折之詞，劉殿爵乙作「莫之使而然」〔註35〕，非也。

（28）智者弗能誦，辯者弗能形

按：《韓子·有度》：「智者弗能辭，勇者弗敢爭。」爲此文所本。《俶眞篇》：「勢利不能誘也，辯者不能說也，聲色不能淫也，美者不能濫也，知者不能動也，勇者不能恐也。」高注：「說，釋也。濫，覩也。」《文子·九守》「知」作「智」。《廣雅》：「誦，言也。」《漢書·武五子傳》：「智者不敢言，辯士不敢說。」〔註36〕是其誼也。孫志祖曰：「『誦』與『訟』通。」「訟」猶公言之也。馬宗霍曰：「誦當作頌，貌也。貌猶形也。」亦通。向宗魯曰：「誦猶通也。」失之。

（29）市南宜遼弄丸，而兩家之難無所關其辭

按：關，讀爲貫，置也、用也、行也〔註37〕。

（30）待目而照見，待言而使令

按：照，《文子·精誠》同，讀爲昭，《長短經》卷3正作「昭」。

（31）簡子欲伐衛，使史黯往覷焉

高注：覷，觀之也。

〔註33〕蔡偉《據戰國文字「互、亙」相混現象校讀古籍（二則）》，http://www.bsm.org.cn/show_article.php?id=533。

〔註34〕劉嬌《西漢以前古籍中相同或類似內容重複出現現象的研究》，復旦大學2009年博士學位論文，第360頁。

〔註35〕劉殿爵《讀淮南鴻烈札記》，香港《聯合書院學報》第6期，1967年出版，第154頁。

〔註36〕《漢紀》卷15同。

〔註37〕參見蕭旭《銀雀山漢簡〈尉繚子〉校補》「不得關一言」條。

按：覿，王念孫謂爲「覾」之誤，引《廣雅》「觀、覾，視也」，《玉篇》「覾，觀也」以證之。考《廣韻》：「覿，徒歷切，見也。覩，上同。」《集韻》：「覿、覾、覩：《爾雅》：『見也。』或作覿、覩。」又「覾、覿、覨：一日遙視貌，或作覿，亦省。」則覿爲覾俗字，音迪，或作覩、覾、覨，不煩改字。《說苑・奉使》作「視」，《呂氏春秋・召類》作「睹」，高注：「睹，視。」《御覽》卷 402 引《呂氏》作「瞶」，注作「瞶，視也，音貴」〔註38〕。

（32）固塞險阻，何足以致之

高注：致，猶勝也。

按：《漢語大字典》採高注，並云：「致，通『制』，控制。」〔註39〕致讀爲厔，《說文》：「厔，礙止也。」《玉篇》：「厔，礙也，止也。」言險固不足以止其兵也。

（33）故皋陶瘖而為大理，天下無虐刑，有貴于言者也；師曠瞽而為太宰，晉無亂政，有貴于見者也

按：瘖，《文子・精誠》、《長短經》卷 3 作「喑」，字同。二「有」字，猶何也〔註40〕，《文子》正作「何」。

（34）故民之化也，不從其所言而從〔其〕所行

按：王念孫據《文子・精誠》於「化」下補「上」字。考《禮記・緇衣》：「子曰：『下之事上也，不從其所令，從其所行。』」爲此文所本。《劉子・從化》：「下之事上，從其所行。」正有「上」字。「化上」猶言化於上。言，教令也。

（35）夫榮啟期一彈而孔子三日樂，感于和；鄒忌一徽而威王終夕悲，感于憂

高注：徽，鶩彈也。徽，讀紛麻繰車之繰（繲）也。

〔註38〕景宋本作「瞶」，誤。
〔註39〕《漢語大字典》（第二版），崇文書局、四川辭書出版社 2010 年版，第 3008 頁。
〔註40〕訓見裴學海《古書虛字集釋》，中華書局 1954 年版，第 153 頁。蕭旭《古書虛詞旁釋》有補證，廣陵書社 2007 年版，第 60 頁。

按：《文選・文賦》：「猶絃么而徽急，故雖和而不悲。」李善註引《淮南子》此文，又引許慎注：「鼓琴循絃謂之徽。」《文選・與滿公琰書》、《廣絕交論》、《弔魏武帝文》李善註、《原本玉篇殘卷》「徽」字條並引許慎注同。李周翰、呂延濟注並云：「徽，調也。」字或作緯，《楚辭・九歎》：「挾人箏而彈緯。」王逸注：「箏，小琴也。緯，張絃也。」《文選・笙賦》、《答東阿王書》李善註引並作「彈徽」，又《贈丁翼》、《箜篌引》、《七命》李善註引並作「彈徽」，《原本玉篇殘卷》「徽」字條引作「張徽」。「徽」爲「徽」形誤。《文選・琴賦》：「閒遼故音庳，弦長故徽鳴。」字或作暉，《樂書》卷 142：「琴暉：琴之爲樂，弦合聲以作主，暉分律以配臣。……俗傳暉作徽繩之徽，誤矣。」以「徽」爲誤，失之。《字彙補》：「暉，又與琴徽之徽同。」吳玉搢曰：「琴暉，琴徽也。」〔註41〕朱駿聲讀徽爲揮〔註42〕，亦皆失之。

（36）其誠心弗施也

按：施，《文子・精誠》作「抱」。王利器謂「抱」爲「施」之形誤〔註43〕，是也。《泰族篇》：「故擴道以被民，而民弗從者，誠心弗施也。」《道德指歸論》卷 1：「懸爵設賞，賢人不下；攘臂執圭，君子不來，夫何故哉？辭豐貌美，而誠心不施故也。」亦並作「施」字。《文子・精誠》：「故總道以被民，而民弗從者，精誠弗至也。」「施」即《泰族篇》上文「推其誠心，施之天下而已矣」之「施」，猶加也。《論衡・定賢篇》：「誠心不加，而民亦說。」《文子》作「至」，乃臆改。

（37）甯戚商歌車下，桓公喟然而寤矣

何寧曰：《文選・四子講德論》註、《夜行塗口》注引正文「寤」作「悟」，字通。

按：寤，《文選・七啓》李善註引亦作「悟」。寐覺曰寤，心覺曰悟，二字同源。字或作惎，清華竹簡《程寤》：「惎敬（驚）。」《白帖》卷

〔註41〕吳玉搢《別雅》卷 1，收入景印文淵閣《四庫全書》第 222 冊，臺灣商務印書館 1986 年初版，第 621 頁。

〔註42〕朱駿聲《說文通訓定聲》，武漢市古籍書店 1983 年版，第 549 頁。

〔註43〕王利器《文子疏義》，中華書局 2000 年版，第 90 頁。

23 引《程寤》作「驚寤」，《御覽》卷 397 引作「寤驚」。

（38）故曰樂，聽其音則知其俗，見其俗則知其化

按：《呂氏春秋・適音》：「凡音樂，通乎政而移風乎俗者也，俗定而音樂化之矣。故有道之世，觀其音而知其俗矣，觀其政而知其主矣。」爲此文所本。

（39）湯之時，七年旱，以身禱於桑林之際，而四海之雲湊，千里之雨至

按：際，《御覽》卷 35 引《尸子》、又卷 55 引《帝王世紀》作「野」，《類聚》卷 12、《御覽》卷 83、370 引《帝王世紀》作「社」。《齊民要術自序》：「湯由苦旱，以身禱於桑林之祭。」祭讀爲際〔註44〕。湊，《初學記》卷 2 引作「輳」，借字。

（40）抱質效誠，感動天地，神諭方外，令行禁止

按：諭，《文子・精誠篇》作「踰」，借字。已詳上文。

（41）古聖王至精形於內，而好憎忘於外

高注：形，見。好憎，情欲以充。

按：《文子・精誠》作「故聖人精誠別於內，好憎明於外」。陳季皋曰：「『忘』字於義不貫。作『明』較勝。上文『湯禱桑林而雲湊雨至，抱質效誠，神諭方外』，即其義。下文『喜怒形於心，嗜欲見於外』，《覽冥訓》：『嗜欲形於胷中，而精神諭於六馬』，《精神訓》：『精神形於內，而外諭哀於人心』，文義與此同。」顧觀光謂當作「忘」〔註45〕。王叔岷曰：「別當作刑，字之誤也。刑與形同，《治要》引此正作形。明，當從《淮南子》作忘。」〔註46〕陳校「明」，王校「刑」，並是也。考《管子・君臣下》：「戒心形於內，則容貌動於外矣。」《說苑・復恩》：「形於內者應於外。」本書《繆稱篇》：「忠信形於內，感動應於外。」皆其證。形，形成，高注非是。

〔註44〕 繆啓愉《齊民要術校釋》，農業出版社出版 1982 年版，第 8 頁。
〔註45〕 轉引自王利器《文子疏義》，中華書局 2000 年版，第 89 頁。「精神形於內，而外諭哀於人心」亦「《覽冥篇》」之文，陳氏誤屬於「《精神篇》」。
〔註46〕 王叔岷《文子斠證》，收入《諸子斠證》，中華書局 2007 年版，第 499 頁。

（42）人主之於用法，無私好憎，故可以為命

　　按：命，敦煌寫卷 P.2810《文子》同，《文子・下德》作「令」，命亦令
　　　　也，指政令。

（43）德無所立，怨無所藏，是任術而釋人心者也

　　按：《文子・下德》「術」作「道」，「釋」作「合」。顧觀光謂作「『釋』
　　　　字勝」，王叔岷謂「合」當作「舍」，「舍」與「釋」同，王利器從之
　　　　〔註47〕。朱大星謂「合」字是〔註48〕。朱說是，「合」誤作「舍」，《淮
　　　　南》又易作同音字「釋」。

（44）直施矯邪，不私辟險

　　楊樹達曰：施假為迤。

　　按：施亦邪也，楊說是。《要略篇》：「其數直施而正邪。」又「接徑直
　　　　施。」高注：「施，衺也。」朱駿聲謂施讀為迤〔註49〕。「迤」同「迤」，
　　　　「衺」同「邪」。

（45）故為治者不與焉

　　高注：治在道，不在智，故曰不與。

　　王念孫曰：「不與」上當有「智」字。《老子》：「以智治國，國之賊。不
　　以智治國，國之福。」……高注云云，則有「智」字明矣。《文子・下德》正
　　作「知不與焉」。

　　　　按：《鄧子・無厚篇》：「有不治者，知不豫焉。」為此文所本。「知」同
　　　　「智」，「豫」同「與」。王氏所補是也。伍非百改《鄧子》「有不」
　　　　為「故為」〔註50〕。

（46）夫舟浮於水，車轉於陸，此勢之自然也

　　按：《鄧子・無厚篇》：「夫舟浮於水，車轉於陸，此自然道也。」《御覽》
　　　　卷768引《劉（鄧）析書》：「舟行於水，車轉於陸，此勢自然者也。」

〔註47〕王利器《文子疏義》，中華書局 2000 年版，第 417 頁。
〔註48〕朱大星《敦煌本〈文子〉校補》，《敦煌研究》2004 年第 6 期。
〔註49〕朱駿聲《說文通訓定聲》，武漢市古籍書店 1983 年版，第 483 頁。
〔註50〕伍非百《鄧析子辯偽》，收入《中國古名家言》，中國社會科學出版社 1983 年
　　　　版，第 850 頁。

為此文所本。《韓子‧功名》：「若水之流，若船之浮，守自然之道，行毋窮之令，故曰明主。」亦本于《鄧子》。

（47）木擊折轊，水戾破舟，不怨木石而罪巧拙者，知故不載焉

高注：罪御者、刺舟者之巧拙也。言木石無巧詐，故不怨也。

按：《鄧子‧無厚篇》：「夫木擊折轊，水戾破舟，不怨木石而罪工拙，〔知〕故不載焉。」為此文所本。《意林》卷2引《淮南子》作「木擊折軸，水戾破舟，不怨木石而罪巧拙何也？智有不周」，《文子‧下德》作「水戾破舟，木擊折軸，不怨木石而罪巧拙者，智不載也」。《玉篇》：「轊，車軸頭。」本字為書，《說文》：「書，車軸耑也。轊，書或從彗。」作「軸」，則以訓詁字易之也。戾，《文選‧南都賦》李善註引作「淚」，《集韻》、《類篇》、《五音集韻》、《古今韻會舉要》並同。考《玉篇》：「戾，勢也。」《文選‧秋興賦》：「勁風戾而吹帷。」李善註：「戾，勁疾之貌。」「戾」訓勁疾，加義符水旁作「淚」，故為疾流貌。漢‧劉歆《遂初賦》：「激流澌之滲淚兮，窺九淵之潛淋。」《文選‧南都賦》：「長輸遠逝，滲淚減汩。」張銑注：「滲淚減汩，疾流貌。」《廣雅》：「工，巧也。」俞樾曰：「當作『石戾破舟』，『巧』字疑『功』字之誤，『功』與『工』通，即工人之『工』。」已為鄭良樹、于大成、何寧所駁。罪，敦煌寫卷S.2810《文子》脫誤作「非」字。知故不載，S.2810同，《文子》作「智不載也」，脫「故」字；《鄧子》作「故不載焉」，脫「知」字；《意林》引作「智有不周」，王利器謂「蓋許慎注本」〔註51〕。知、智古今字。智故，巧詐也〔註52〕。

（48）是故道有智則惑，德有心則險，心有目則眩

高注：眩於物也。

按：《鄧子‧無厚篇》：「故有知則感，有心則嶮，〔心〕有目則眩。」〔註53〕《莊子‧列禦寇》：「賊莫大乎德有心而心有眼，及其有眼也而

〔註51〕 王利器《文子疏義》，中華書局2000年版，第418頁。

〔註52〕 參見蕭旭《敦煌寫卷〈文子〉校補》，收入《群書校補》，廣陵書社2011年版，第1252頁。

〔註53〕 「心」字據伍非百說補。伍非百《鄧析子辯偽》，收入《中國古名家言》，中國社會科學出版社1983年版，第850頁。

內視，內視而敗矣。」爲此文所本。「感」爲「惑」形誤。《文子‧下德》作「故道有智則亂，德有心則險，心有眼則眩」，《纘義》本、二十二子本、敦煌寫卷 S.2506《文子》「眼」作「目」。敦煌寫卷 S.2506「智」作「知」。「眼」、「目」義同。《說文》：「目，人眼。眼，目也。」

（49）今夫權衡規矩，一定而不易，不爲秦楚變節，不爲胡越改容，常一而不邪，方行而不流，一日刑之，萬世傳之，而以無爲爲之

　　按：《鄧子‧無厚篇》：「是以規矩一〔定〕而不易，不爲秦楚緩（變）節，不爲胡越改容，〔常〕一而不邪，方行而不流，一日形之，萬世傳之，無爲爲之也。」〔註54〕爲此文所本。流，《文子‧下德》作「留」，敦煌寫卷 S.2506《文子》作「員」，馬王堆帛書《十大經‧本伐》：「是以方行不留。」亦作「留」字。留讀爲流，員讀爲運〔註55〕。刑，《鄧子》、《文子‧下德》作「形」。《廣雅》：「刑，成也。」《切韻》：「形，成也。」《記纂淵海》卷 3 引作「行」，誤。爲之，今本《文子》誤倒作「之爲」，S.2506 不誤。

（50）故國有亡主，而世無廢道

　　按：廢，《文子‧下德》作「亡」。

（51）故得道之宗，應物無窮

　　按：應物，《文子‧下德》作「並應」。

（52）任人之才，難以至治

　　高注：才，智。

　　按：才，《文子‧道原》作「材」。

（53）湯、武，聖主也，而不能與越人乘幹舟而浮於江湖

〔註54〕 據伍非百說校正。伍非百《鄧析子辯僞》，收入《中國古名家言》，中國社會科學出版社 1983 年版，第 850 頁。

〔註55〕 參見蕭旭《敦煌寫卷〈文子〉校補》，收入《群書校補》，廣陵書社 2011 年版，第 1249 頁。

高注：幹舟，小船也。一曰：大舟也。

按：幹，《原本玉篇殘卷》「舲」字條、《類聚》卷 71 引作「舲」；《御覽》卷 769 引同，有注：「舲，音靈。舲舟，小舡者也。」王念孫謂「幹」當作「軨」，同「舲」。《長短經》卷 3 亦作「舲」。《治要》卷 41 引作「舼」，陶方琦、向宗魯謂是許本。《玉篇》：「舼，小船也。」浮，《長短經》作「泛」。《說文》：「泛，浮也。浮，氾也。」「氾」同「泛」。

（54）伊尹，賢相也，而不能與胡人騎騵馬而服駏驉

高注：黃馬白腹曰騵。

按：騵，《治要》卷 41、《長短經》卷 3 作「原」。《治要》有注：「原，國名，在益州西南，出千里馬。駏驉，野馬。」陶方琦謂爲許注。

（55）由此觀之，則人知之於物也，淺矣

按：知，《治要》卷 41、《長短經》卷 3 作「智」。

（56）而欲以徧照海內，存萬方

劉文典曰：照海內、存萬方相對爲文，「照」上不當有「徧」字。《治要》引此文無「徧」字，下文「如此而欲照海內，存萬方」，亦無「徧」字，皆其證也。

按：《治要》卷 41、《長短經》卷 3 作「而欲以炤海內，存萬方」。「徧」字非爲衍文，言徧照海內徧存萬方也。《修務篇》：「一人聰明，而不足以遍照海內。」《齊俗篇》：「目所見不過十里，而欲遍照海內之民。」「炤」同「照」。

（57）不因道之數，而專己之能，則其窮不達矣

按：王念孫據《文子·下德》、《治要》卷 41「道」下補「理」字，改「達」爲「遠」，並是也。《長短經》卷 3 亦其證。

（58）桀之力，別觡伸鉤，索鐵歊金

高注：觡，角也。索，絞也。

張雙棣曰：《說文》：「刐，分解也。」「別」爲「刐」或體，別觡謂分解觡角。《說文》：「列，分解也。」與「刐」同訓。

按：別，一本作「制」。《御覽》卷 82 引作「剔骼伸鈎索鐵」，又卷 437 引作「桀之力，申鈎索鐵揉金」，又卷 932 引作「桀之力，別骼伸鈎，索鐵操金」。楊樹達謂制讀爲折，歙訓歙合，《御覽》並非是。呂傳元亦謂制讀爲折。何寧從呂、楊之說，謂制讀折，《御覽》卷 932 引亦作「制」〔註56〕，諸本作「別」，疑是許、高之異。蔣禮鴻謂當作「別骼」〔註57〕。諸說非也。《路史》卷 23 引亦作「剔」。鈎、鈎，正、俗字，「釣」爲「鈎（鈎）」之誤。「別」、「剔」、「制」並爲「列」之誤，「列」爲「裂」本字。《墨子・明鬼下》：「（桀）有勇力之人推哆大戲，主別兕虎，指畫殺人。」《御覽》卷 82、《路史》卷 23 引「主別」作「生裂」〔註58〕，《晏子春秋・內篇諫上》作「手裂」，亦其例。考《方言》卷 5：「鈎，宋楚陳魏之閒謂之鹿骼，或謂之鈎格，自關而西謂之鈎。」《集韻》：「鉻，鈎也。」此文骼亦鈎也，指曲鐵；鐵亦金也，皆金屬。對舉同義。《論衡・效力篇》：「夐育，古之多力者，身能負荷千鈞，手能決角伸鈎，使之自舉，不能離地。」雖屬之夐育，「決角伸鈎」即此文之別骼伸鈎也，王氏亦以「骼」爲「角」，與高注同，非也。決，亦裂也。列骼伸鈎，蓋謂能扳裂、伸展曲鈎也。《六韜・犬韜・練士》：「有披距伸鈎，強梁多力，潰破金鼓，絕滅旌旗者。」「列骼伸鈎」亦即披距伸鈎也。《廣韻》：「披，分也。」《集韻》：「披，裂也。」距指鈎距，指曲鈎上之倒刺。《原道篇》：「雖有鈎箴芒距。」北大漢簡末簡：「力勁抉骼。」〔註59〕「抉」亦讀爲決〔註60〕。

（59）推移、大犧，水殺黿鼉，陸捕熊羆

按：推移、大犧，張雙棣、何寧謂爲桀臣之名，其說本於惠棟、梁仲子、梁玉繩等人〔註61〕。《路史》卷 23 引作「推移大戲」，有注：「大戲，

〔註56〕景宋本《御覽》卷 932 引作「別」，《四庫》本引誤作「則」，何氏失檢。

〔註57〕蔣禮鴻《續〈淮南子校記〉》，收入《蔣禮鴻集》卷 3，浙江教育出版社 2001 年版，第 366 頁。

〔註58〕《御覽》卷 386 引作「生捕」，蓋臆改。「主」爲「生」字之誤，何寧謂「手」字之誤，非也。

〔註59〕《北京大學藏西漢竹書墨跡選粹》，人民美術版社，2012 年版。

〔註60〕參見蔡偉《試說北大漢簡〈妄稽〉之「臂朕八寸」》引陳劍說，
http://www.gwz.fudan.edu.cn/SrcShow.asp?Src_ID=1981。

〔註61〕參見王利器《呂氏春秋注疏》，巴蜀書社 2002 年版，第 805 頁。又參見陳奇

軍旗也。故云遂擒推移大戲，桀蓋以此自號，言能移大槊爾。或作大犧者，爲牛，非也。」于鬯謂「戲」、「犧」通用字，是也。《路史》羅苹注謂大犧者爲牛，未達通假之誼。捕，《御覽》卷 437 引作「搏」〔註62〕。

（60）困之鳴條，擒之焦門

高注：焦，或作巢。

按：《御覽》卷 82、437、《路史》卷 23 引作「禽之焦門」。《竹書紀年》卷上：「帝癸三十一年，商自陑征夏邑，克昆吾，大雷雨，戰于鳴條，夏師敗績，桀出奔三朡，商師征三朡，戰于郕，獲桀于焦門，放之于南巢。」《氾論篇》：「故桀囚於焦門。」《晉書・地理志》：「成湯敗桀于焦。」《路史》卷 23 引《帝王世紀》：「禽之焦門，放之歷山。」皆作「焦」字之證。高注「焦，或作巢」者，《呂氏春秋・簡選》：「殷湯良車七十乘，必死六千人，以戊子戰於郕，遂禽移大犧，登自鳴條，乃入巢門，遂有夏。」此高氏所本。莊逵吉曰：「焦與巢古字通。」《漢書・陳勝傳》：「獨守丞與戰譙門中。」顏注：「譙，亦呼爲巢。譙、巢聲相近。」是其證也。

（61）而君人者不下廟堂之上，而知四海之外者，因物以識物，因人以知人也

按：《韓子・難三》：「且夫物衆而智寡，寡不勝衆，智不足以徧知物，故因物以治物；下衆而上寡，寡不勝衆者，言君不足以徧知臣也，故因人以知人。」爲此文所本。

（62）故積力之所舉，則無不勝也；衆智之所爲，則無不成也

按：智，《四庫》本《御覽》卷 932 引誤作「志」。

（63）埳井之無黿鼉，隘也；園中之無脩木，小也

按：埳，《四庫》本《御覽》卷 932 引作「陷」。二語蓋當時成語。《說苑・說叢》「坎井無黿鼉者，隘也；園中無修林者，小也。」《說文》：「坎，

獻《呂氏春秋新校釋》，上海古籍出版社 2002 年版，第 449 頁。
〔註62〕《四庫》本引誤作「縛」。

－197－

陷也。」《玉篇》:「埳,陷也,與坎同。」《莊子・秋水》:「子獨不
聞夫埳井之䵷乎?」《釋文》:「埳,音坎,郭音陷。司馬云:『埳井,
壞井也。』」

（64）故千人之群無絕梁,萬人之聚無廢功

按:梁,《文子・下德》《纘義》本作「糧」,敦煌寫卷 P.4073《文子》作
「粮」,《呂氏春秋・用眾》高誘注引《淮南記》:「萬人之眾無廢功,
千人之眾無絕良。」王利器謂當作「良」字〔註63〕,是也。

（65）夫華騮綠耳,一日而至千里,然其使之搏兔,不如豺狼,
伎能殊也;鴟夜撮蚤蚊,察分秋毫,晝日顛越,不能見丘
山,形性詭也

王引之曰:「顛越」二字與「不見丘山」意不相屬……《文選》注引此,
正作「瞋目」,與《莊子》同。疑「瞋目」二字譌作「顛目」,而後人遂改爲
「顛越」也。

按:《文選・演連珠》李善註引作「瞑目」,王氏失檢。《莊子・秋水》:「騏
驥驊騮,一日而馳千里,捕鼠不如狸狌,言殊技也;鴟鵂夜撮蚤,
察毫末,晝出瞋目,而不見丘山,言殊性也。」爲此文所本。于大
成指出「瞑」爲「瞋」形誤,是也。《意林》卷2、《御覽》卷927、
《記纂淵海》卷49、57、《六書故》「鴟」字條、《韻府群玉》「鵂」
字條引作「瞑目」,《太平廣記》卷462引《感應經》亦作「瞑目」,
皆誤。

（66）夫螣蛇游霧而動,應龍乘雲而舉,猨得木而捷,魚得水而
騖

高注:騖,疾也。

按:《韓子・難勢》引《慎子》:「飛龍乘雲,騰蛇遊霧,雲罷霧霽,而龍
蛇與蚓螘同矣,則失其所乘也。」〔註64〕爲此文所本。動,景宋本

〔註63〕王利器《文子疏義》,中華書局2000年版,第420頁。另參見蕭旭〈敦煌寫
卷〈文子〉校補〉,收入《群書校補》,廣陵書社2011年版,第1258頁。
〔註64〕霽,《長短經》卷1引同,《後漢書・隗囂傳》李賢注、《御覽》卷947、《通
鑑》卷41胡三省註引作「除」,又《張奐傳》李賢注引作「散」,《御覽》卷
15引《韓子》亦作「散」。

《御覽》卷 929 引作「騰」，《四庫》本引作「興」。《御覽》卷 929 引無「應」字，「應」字當據《慎子》作「飛」〔註65〕。《說苑·說叢》：「騰蚰遊霧而升騰，龍乘雲而舉，猿得木而挺，魚得水而鶩，處地宜也。」《說苑》脫「飛」字，何寧據《說苑》謂此文「應」字為衍文，非也。王念孫謂「動」當作「騰」，《說苑》衍「升」字。「挺」為「捷」形誤。王念孫《淮南子雜志》校《泰族篇》「挺朐」條曰：「挺當為捷，隸書捷字或作揵（凡從聿從建之字多相亂，說見《漢書》『揵之江』下），形與挺相似，因誤為挺。（《說苑·說叢篇》：『猿得木而捷，魚得水而鶩。』續《史記·孝武紀》：『薦紳之屬。』《索隱》：『薦音搢。搢，捷也。』今本捷並誤作挺。）」〔註66〕王氏附及《說苑》此文，謂「挺」為「捷」形誤。王說「捷」誤為「挺」至確，然不必轉由「揵」說之。「捷」、「鶩」同義對舉，高誘注：「鶩，疾也。」捷亦疾也。《龍龕手鑑》：「攄，俗。揵，正，疾葉（葉）反。」《改併五音類聚四聲篇海》：「擽，疾葉（葉）反。」〔註67〕敦煌寫卷 S.2056V《季布罵陣詞文》：「寫奏霸王誇辯捷。」P.3326《發願文擬》：「諸郎君運文武，永捷王畿。」「捷」字俗寫作「攄」、「揵」、「擽」、「捷」、「捷」等字形〔註68〕，因誤為「攄」。而「攄」又為「挺」俗字，故《說苑》誤作「挺」字也。S.328《伍子胥變文》：「相貌希奇，精神挺特。」P.2820《生日》：「一室擽駜驎之狀。」P.3494《開經文》：「珪璋挺秀，標逸氣於百成（城）。」「挺」、「擽」、「挺」皆即「攄」，為「挺」俗字〔註69〕。我舊說挺讀為逞，疾也，與「捷」同

〔註65〕《長短經》卷 1、《後漢書·隗囂傳》、《張奐傳》李賢注、《通鑑》卷 41 胡三省註引《慎子》作「飛」，《白帖》卷 3、《御覽》卷 15、《事類賦注》卷 3 引《韓子》亦作「飛」。

〔註66〕王念孫《讀書雜志》，收入《續修四庫全書》第 1153 冊，上海古籍出版社 2002 年版，第 629～630 頁。

〔註67〕韓道昭《改併五音類聚四聲篇海)》，收入《續修四庫全書》第 229 冊影印明成化刻本，上海古籍出版社 1996 年版，第 445 頁。

〔註68〕敦煌寫卷 S.555《李嶠雜詠注》：「行看擽好扇，空切故人衣。」「擽」即「婕」，是其比。

〔註69〕從「廷」得聲之字，其俗字亦可從「庭」，如：S.5584《開蒙要訓》：「船艘艦艇。」「艇」即「艇」，P.2255V《願文》：「光臨日月，威震雷霆。」「霆」即「霆」。「艇」、「霆」之構件「廷」俗寫皆作「庭」。是其比。

義〔註70〕，非是，亟當訂正。

（67）故古之為車也，漆者不畫，鑿者不斲，工無二伎，士不兼官，各守其職，不得相姦

高注：姦，亂也。

按：楊樹達曰：「姦當讀為干，犯也。」于大成指出《文子‧下德》正作「干」字。《說林篇》：「輻之入轂，各值其鑿，不得相通，猶人臣各守其職，不得相干。」高注：「干，亂也。」亦其證。

（68）人得其宜，物得其安，是以器械不苦，而職事不嫚

高注：苦，讀監（鹽）。嫚，捕器。嫚，讀慢緩之慢。

按：《文子‧下德》作「人得所宜，物得所安，是以器械不惡，職事不慢也」。朱駿聲謂嫚讀為慢〔註71〕，張雙棣謂「嫚」無捕器之訓，為傳寫竄入。《時則篇》：「工事苦慢。」高注：「苦，惡也。慢，不牢也。」正作「慢」字。《荀子‧富國篇》：「芒軔僈楛，是辱國已。」楊倞註：「僈，與慢同。楛，不堅固也。」「僈楛」即此文之「嫚」、「苦」之義。苦，讀為楛，謂器用不牢固也，字或作鹽，牟庭曰：「靡鹽當讀若摩楛……『僈楛』、『窳楛』、『靡鹽』皆一語而聲微轉，倒言之則謂『楛僈』、『苦窳』、『苦慢』。今俗云『磨楛』，亦曰『楛麻』，皆『靡鹽』之聲，詩人之遺言也。」〔註72〕字或省作枯，《韓詩外傳》卷2：「枯耕傷稼。」《荀子‧天論》「枯」作「楛」，楊注：「楛耕，謂麤惡不精也。」

（69）夫責少者易償，職寡者易守，任輕者易權

高注：權，謀。

按：責，《意林》卷2引作「債」，《文子‧下德》亦作「債」。責、債，正、俗字。權，《文子》作「勸」，舊註：「力餘則順。」俞樾謂作「勸」義長。

〔註70〕 蕭旭《說苑校補》，收入《群書校補》，廣陵書社2011年版，第542頁。

〔註71〕 朱駿聲《說文通訓定聲》，武漢市古籍書店1983年版，第746頁。

〔註72〕 牟庭《詩切》，齊魯書社1983年版，第1049～1051頁。

（70）上操約省之分，下效易為之功，是以君臣彌久而不相厭

　　高注：厭，欺。

　　按：《文子·下德》「省」作「少」，「厭」作「厭」。朱駿聲曰：「厭，倦
　　也。注：『欺也。』失之。」〔註73〕楊樹達曰：「厭，倦也，憎也。」

（71）行直而被刑，則修身者不勸善，而為邪者輕犯上矣

　　按：直，《文子·自然》作「道」。《爾雅》：「道，直也。」《大戴禮記·
　　文王官人》：「道行而不平。」《逸周書·官人解》同。王聘珍曰：「道，
　　直也。」〔註74〕

（72）民知誅賞之來，皆在於身也

　　按：在，《文子·自然》作「生」。

（73）是故朝廷蕪而無迹，田野辟而無草

　　按：草，《文子·自然》作「穢」。辟，讀為闢，開也。

（74）人主靜漠而不躁，百官得修焉

　　按：修，治也。王念孫謂「修」當作「循」，釋為遵循，非也。

（75）清靜無為則天與之時，廉儉守節則地生之財，處愚稱德則
　　　聖人為之謀

　　按：《管子·形勢解》：「明主上不逆天，下不壙地，故天予之時，地生之
　　財。」為此文所本。

（76）是故群臣輻湊並進，無愚智賢不肖莫不盡其能

　　按：朱起鳳謂「並進」為「條達」之誤〔註75〕，非也。《文子·自然》亦
　　作「並進」。《管子·九守》：「輻湊並進，則明不塞矣。」〔註76〕《韓
　　詩外傳》卷5：「故明王使賢臣輻湊並進。」《賈子·五美》：「諸侯之
　　君……不敢有異心，輻湊並進而歸命天子。」皆其例。《文子》「湊」

〔註73〕　朱駿聲《說文通訓定聲》，武漢市古籍書店1983年版，第137頁。
〔註74〕　王聘珍《大戴禮記解詁》，中華書局1983年版，第195頁。
〔註75〕　朱起鳳《辭通》，上海古籍出版社1982年版，第2401頁。
〔註76〕　《鬼谷子·符言》同。

作「輳」。輳、湊，正、借字。

（77）故百姓〔載〕之上，弗重也；錯之前，（而）弗害也。舉之而弗高也，推之而弗猒〔也〕

高注：尊重，舉之不自覺高也。推，求也，奉也。

按：《老子》第 66 章：「是以聖人處上而民不重，處前而人不害，是以天下樂推而不厭。」《管子・形勢解》：「推之而不倦，譽之而不厭。」為此文所本。載，居也，處也。錯，讀為措，置也。害，忌也，患也〔註77〕。舉，讀為譽〔註78〕。推，亦譽也，高注訓「求」非也。「弗高」是就民而言，非就君而言。高，疑讀為嫯，侮易也。猒，倦也，厭惡。言其君雖處於上，而民不以為重；其君雖處前，而民不以為患也。民稱譽其君而不輕侮之、厭惡之。《文子・道德》：「居上而民不重，居前而眾不害，天下樂推而不厭。」《抱朴子內篇・明本》：「處上而人不以為重，居前而人不以為患。」是其確證。河上公注：「聖人在民上為主，不以尊貴虛下，故民戴而不為重。聖人在民前，不以光明蔽後，民親之若父母，無有欲害之心也。聖人恩深愛厚，視民如赤子，故天下樂推進以為主，無有厭也。」楊樹達謂載讀為戴，與河上公注合，然非也。《文子・符言》：「即天下樂推而不厭，戴而不重。」亦不允。《原道篇》：「是以處上而民弗重，居前而眾弗害。」于省吾謂「害」為「容」之誤，讀為頌，劉殿爵亦引《老子》駁之〔註79〕。劉殿爵又校此文作「処百姓之上而弗重也；錯百姓之前而弗害也」〔註80〕，則非也。

（78）主道員者，運轉而無端，化育如神

按：運，《文子・自然》纘義本同，明刊本作「輪」。育，《文子》作「遂」。《廣雅》：「遂，育也。」

〔註77〕 《修務篇》：「時多疾病毒傷之害。」高注：「害，患也。」
〔註78〕 《墨子・大取》：「舉己，非賢也。」孫詒讓曰：「舉，當作『譽』。」孫詒讓《墨子閒詁》，中華書局 1986 年版，第 371 頁。
〔註79〕 劉殿爵《讀淮南鴻烈札記》，香港《聯合書院學報》第 6 期，1967 年出版，第 141 頁。
〔註80〕 劉殿爵《讀淮南鴻烈札記》，香港《聯合書院學報》第 6 期，1967 年出版，第 154 頁。

（79）論是而處當

按：「論是」亦「處當」之誼。論，處斷。是，正確。此皆四字句，「而」是衍，《治要》卷41引正無「而」字，《文子・上義》明刊本亦作「論是處當」，纘義本誤作「論事」。

（80）文王智而好問，故聖；武王勇而好問，故勝

高注：（上句）好問，欲與人同其功。

按：《荀子・仲尼》：「巧而好度，必節；勇而好同，必勝；知而好謙，必賢。」《文子・自然》引老子曰：「知而好問者聖，勇而好問者勝。」《說苑・雜言》：「巧而好度，必工；勇而好同，必勝；知而好謀，必成。」《家語・六本》：「孔子曰：『巧而好度，必攻；勇而好問，必勝；智而好謀，必成。』」可以互證。《荀子》、《說苑》「勇而好同」之「同」，當據此文及《文子》、《家語》訂作「勇而好問」。《治要》卷35引《文子》作「智而好問者聖，勇而好同者勝」，《御覽》卷499引《家語》作「勇而好同必勝，智而好謀必成」〔註81〕，亦並誤。王利器曰：「日本兩《治要》本『問』作『同』，不可據。」〔註82〕斯為得之。《長短經・適變》引《文子》「知」作「智」，二「問」字同今本。《困學紀聞》卷2「好問則裕」條引老子云：「知而好問者聖，勇而好問者勝。」當本《文子》，是王應麟所見亦作「問」字，故以證「好問則裕」也。《皇王大紀》卷69：「勇而好問必勝，智而好謀必成。」當本《家語》，是胡宏所見亦作「問」字也。于大成訂此文二「問」字作「同」，非也。左松超採于說，訂《文子》及此文「問」作「同」〔註83〕，所謂以不狂為狂也。「智而好問」之「問」，高注「好問，欲與人同其功」者，言問人，則可兼其智，故可同其功，非正文作「問」字也。《荀子・儒效》：「知而好問，然後能才。」斯其確證也。「智而好問，勇而好問」即申言上文「夫人主之聽治也，虛心而弱志，清明而不闇」之誼。《意林》卷2、《御覽》卷322、《廣博物志》卷10引此文二「問」字同今本，《御覽》卷401引此文上

〔註81〕此據景宋本，《四庫》本作「問」不誤。
〔註82〕王利器《文子疏義》，中華書局2000年版，第367頁。
〔註83〕左松超《說苑集證》，（臺灣）「國立」編譯館2001年版，第1089頁。

句「文王知而好問，故聖」，亦作「問」字。

（81）稷辟土墾草

按：辟，《齊民要術・種穀》、《御覽》卷 27 引作「闢」。闢、辟，正、借
字。《齊民要術》、《類聚》卷 85、《御覽》卷 839 引「稷」上並有「后」
字。

（82）是故聖人舉事也，豈能拂道理之數，詭自然之性，以曲為
直，以屈為伸哉

高注：拂，戾也。詭，違也。

按：《治要》卷 41 引「拂」作「咈」，「屈」作「詘」。王叔岷曰：「《說
文》：『咈，違也。』咈、拂，正、假字。」王說是，詘、屈，亦正、
假字。《說文》：「詘，詰詘也。」《廣韻》：「咈，戾也。」《集韻》：
「咈，通作『拂』。」

（83）忠正在上位，執正營事，則讒佞姦邪無由進矣

高注：營，典。

按：王引之謂「營」為「管」之誤，朱起鳳從之〔註 84〕，未必是。營，
經營。《小爾雅》：「營，治也。」

（84）是故繩正於上，木直於下，非有事焉，所緣以修者然也

按：此語蓋漢代成語。《說林篇》：「城成於土，木直於下，非有事焉，
所緣使然。」「城成於土」當據此訂作「繩正於上」。「木直於下」
與「繩正於上」相應。《書・說命上》：「惟木從繩則正。」《荀子・
勸學篇》：「木受繩則直。」〔註 85〕《齊俗篇》：「為平者準也，為直
者繩也。」並其證。向宗魯、劉家立謂「修」為「循」之誤，可從。

（85）使人主執正持平，如從繩準高下

按：從，猶以也〔註 86〕。

〔註 84〕 朱起鳳《辭通》，上海古籍出版社 1982 年版，第 1645 頁。
〔註 85〕 《家語・子路初見》、《說苑・建本》同。
〔註 86〕 參見裴學海《古書虛字集釋》，中華書局 1954 年版，第 687 頁。

（86）故靈王好細腰，而民有殺食自饑也；越王好勇，而民皆處
　　危爭死〔也〕

高注：殺食，省食。

按：《管子・七臣七主》：「夫楚王好小腰，而美人省食；吳王好劍，而國
　　士輕死。」此即「殺食」訓「省食」之證。猶言節食。《墨子・兼愛
　　中》：「楚靈王好士細腰，故靈王之臣皆以一飯為節，肱（脅）息然
　　後帶，扶牆然後起。」〔註87〕《御覽》卷 850 引《列子》：「楚王好
　　細腰，宮中皆以三飯為節，期年有黧黑之色。」又言「約食」，《戰
　　國策・楚策一》：「昔者先君靈王好小要，楚士約食，馮而能立，式
　　而能起。」「約食」亦即省食、節食也。《荀子・君道篇》：「楚莊王
　　好細腰，故朝有餓人。」此文「有」、「皆」互文，有猶多也〔註88〕。
　　《御覽》卷 371 引《尸子》：「楚莊王好細腰，一國皆有饑色。」《晏
　　子春秋・外篇上》：「越王好勇，其民〔多〕輕死；楚靈王好細腰，
　　其朝多餓死。」《韓子・二柄》：「故越王好勇，而民多輕死；楚靈王
　　好細腰，而國中多餓人。」《御覽》卷 371 引作「楚靈王好細腰，國
　　有餓死人」。《後漢書・馬廖傳》：「吳王好劍客，百姓多創瘢；楚王
　　好細腰，宮中多餓死。」《劉子・從化》：「楚靈王好細腰，臣妾為之
　　約食餓死者多；越王勾踐好勇而揖鬥蛙，國人為之輕命兵死者眾。」

（87）堯為匹夫，不能仁化一里；桀在上位，令行禁止

向宗魯曰：《慎子・內篇》：「堯為匹夫，不能使隣家至，南面為王，則令
行禁止。」《韓非子・難勢篇》引《慎子》：「堯為匹夫，不能治三人，而桀為
天子，能亂天下，吾以此知勢位之足恃，而賢智之不足慕也。」此《淮南》
文所本。

按：向氏所引《慎子》，「隣家」下當補「化」字，「至」字當屬下句。「化」
　　與《韓子》所引作「治」者同義。《韓子・功名》：「堯為匹夫，不能
　　正三家，非不肖也，位卑也。」正亦治也。《類聚》卷 54 引《慎子》
　　作「堯為匹夫，不能使〔隣〕家化，至南面而王，則令行禁止」，《御

〔註87〕《御覽》卷 371 引作「故其臣皆三飯為節，脅息然後帶，扶牆然後起。」
〔註88〕訓見徐仁甫《廣釋詞》，四川人民出版社 1981 年版，第 75～76 頁。蕭旭《古
　　　書虛詞旁釋》有補證，廣陵書社 2007 年版，第 62 頁。

覽》卷 638 引作「堯爲匹夫，不能使隣家化，至爲主，則令行禁止」。
並有「化」字。《長短經》卷 3、《記纂淵海》卷 56 所引，亦脫「化」
字。

（88）上操其名，以責其實；臣守其業，以效其功

按：《韓子・揚權》：「君操其名，臣效其形。」爲此文所本。

（89）是以中立而徧運照海內

按：「運照」爲詞，運，運轉。此取日月爲喻。《御覽》卷 3 引《汲冢周
書》：「本有十日，迭次而出，運照無窮。」《易林・困之升》：「天覆
地載，日月運照。」並其證也。《本經篇》：「當此之時，玄元至碭而
運照。」高注：「碭，大也。言盛德之君，恩仁廣大，徧照四海也。」
亦其例。張雙棣謂運訓周，「徧」、「運」同義，其一爲衍字，非也。
劉家立、鄭良樹謂「而」當作「不」，以「中立不徧」爲句，亦非。

（90）騏驥騄駬，天下之疾馬也，驅之不前，引之不止，雖愚者 不加體焉

王念孫曰：《韓子・外儲說右上》：「今有馬於此，如驥之狀者，天下之至
良也，然而驅之不前，卻之不止，左之不左，右之不右，則臧獲雖賤，不託
其足。」即《淮南》所本也。

按：《御覽》卷 645 引《韓子》作「驅之不前，引之不至」。《說林篇》：「舟
能沉能浮，愚者不加足；騏驥，驅之不進，引之不止，人君不以取
道里。」〔註89〕亦本於《韓子》。

（91）擿齒易貌

按：《齊俗篇》：「柱不可以摘齒，筐不可以持屋。」《御覽》卷 187、《記
纂淵海》卷 57 引作「刺齒」。「摘」同「擿」，並讀爲剔。《玄應音義》
卷 4：「擿去：擿，剔也，謂擿治之也。」又卷 9：「擿口：案擿亦剔
也，謂挑剔也。」又卷 14：「擿解：謂除也，挑擿也。擿，剔也。」
又卷 15：「筭擿：擿猶剔撥也。」《慧琳音義》卷 47「火擿」條引《考
聲》：「擿，撥也。」《集韻》：「擿，挑也。」「擿齒」即擿口也，義

相比也。《十誦律》卷 57：「擿齒法者，不應用利物擿齒，不應強擿，不應破斷，是名擿齒法。」亦作「擿齒」。

（92）夫疾風而波興，木茂而鳥集

按：《逸周書・大聚解》：「泉深而魚鼈歸之，草木茂而鳥獸歸之。」爲此文所本。《說山篇》：「水積而魚聚，木茂而鳥集。」〔註90〕亦本《逸周書》。王念孫據《意林》卷 2 所引，乙「疾風」作「風疾」，是也。

（93）是故臣盡力死節以與君，君計功垂爵以與臣

按：蔣禮鴻據《韓子・難一》「臣盡死力以與君市，君垂爵祿以與臣市」，於兩句末補「市」字，是也。此文本《管子・立政九敗解》：「人君惟無好金玉貨財，必欲得其所好，然則必有以易之。所以易之者何也？大官尊位，不然則尊爵重祿也。」易亦市也。

（94）政亂則賢者不爲謀，德薄則勇者不爲死

按：《管子・立政九敗解》：「然則賢者不爲下，智者不爲謀，信者不爲約，勇者不爲死。」爲此文所本。《文子・上仁》「死」作「鬭」。《新序・雜事一》：「智者不爲謀，辯者不爲使，勇者不爲鬭。」

（95）狡躁康荒

高注：康，安。荒，亂也。

按：四字平列。《楚辭・離騷》：「日康娛以自忘兮。」王逸注：「康，安也。」高注「安」者，猶言耽樂〔註91〕，與「荒」訓荒怠義自相類。馬宗霍、趙宗乙謂高注不確〔註92〕，皆失考。

（96）如此則百官務亂，事勤財匱

按：務，讀爲瞀，亦亂也，字或作牟。《集韻》：「務、瞀、牟：昏也，古作瞀，或作牟。」劉家立本徑改作「瞀」，無版本依據。楊樹達謂務讀爲鶩，訓亂馳，非也。

〔註90〕《文子・上德》同。
〔註91〕參見朱季海《楚辭解故三編》，上海古籍出版社 1980 年版，第 315～316 頁。
〔註92〕趙宗乙《淮南子札記》，黑龍江人出版社 2009 年版，第 146 頁。

（97）堯之有天下也，非貪萬民之富而安人主之位也，以為百姓
力征，強凌弱，眾暴寡

按：《御覽》卷 80 引作「堯之有天下也，非貪萬民之富也，而寧人主之
位也，以為百姓力屈，強弱相乘，眾寡相暴」。「征」字是也，《御覽》
改作「屈」，非也。《國語・晉語一》：「昔者之伐也，起百姓，以為
百姓也。」征亦伐也。《韓詩外傳》卷 5：「于時周室微，王道絕，諸
侯力政，強劫弱，眾暴寡。」《賈子・過秦論》：「周室卑微，五霸既
滅，令不行於天下，是以諸侯力政，強凌弱，眾暴寡。」《說苑・尊
賢》「春秋之時，天子微弱，諸侯力政，皆叛不朝，眾暴寡，彊劫弱。」
文例相同。政，讀為征。莊逵吉但指出《御覽》作「屈」之異文，
而不能辨其誤。

（98）是故茅茨不剪（蔯），采椽不斷（斲），大路不畫

高注：大路，上路，四馬車也，天子駕六馬。不畫，不文飾也。

按：《御覽》卷 80 引作「茅茨而不剗，采椽而不斲，大路不畫」，注作「大
路，天子車也」。莊逵吉謂「剗」為「蔯」古字。考《集韻》：「剗，
蔯也。」「剗」同「鏟」，並非「蔯」之古字，莊說非也。大路，即
「大輅」。《禮記・樂記》：「所謂大輅者，天子之車也。」

（99）越席不緣

高注：越〔席〕，結蒲為席也。

按：朱駿聲謂越讀為括〔註93〕，是也。字或作趏，《禮記・禮運》：「與其
越席。」《釋文》：「越，音活，《字書》作趏。越席，蔯蒲席也。杜
元凱云：『結草。』」

（100）年衰志憫，舉天下而傳之舜，猶卻行而脫蹝也

高注：衰，老也。憫，憂也。

按：憫，《文選・北山移文》李善註、《御覽》卷 80 引作「閔」，《御覽》
卷 698 引作「悶」，楊樹達謂憫讀為惛，何寧謂悶亦讀為惛，皆是也；
閔亦借字，二君未及。脫蹝，一本作「脫蹤」，是也。《文選》李善

〔註93〕朱駿聲《說文通訓定聲》，武漢市古籍書店 1983 年版，第 687 頁。

註、《御覽》卷 698 引作「脫屍」,《書鈔》卷 136 引作「釋屍」,《御覽》卷 80 引作「釋蹤」。「蹤」爲「跾」形誤,「跾」同「屍」。「天下」下《御覽》卷 80 引有「之重」二字,蓋衍。諸書引並無此二字。銀雀山漢簡《孫臏兵法・見威王》:「其間數年,堯身衰而治屈,胥天下而傳之舜……舜身衰而治屈,胥天下而傳之禹。」「治」讀爲志,謂心智。「屈」讀爲拙。胥,讀爲舉。《孟子・萬章》:「帝將胥天下而遷之焉。」亦用借字〔註94〕。

（101）是故貧民糟糠不接於口,而虎狼熊羆猒芻豢

按:猒,《文子・上仁》作「厭」,借字。

（102）人主急茲無用之功

按:《文子・上仁》作「故人主畜茲無用之物」。「急」當作「畜」,讀爲蓄,積聚也。《史記・李斯傳》:「聚狗馬無用之物。」

（103）是故非澹漠無以明德,非寧靜無以致遠

按:德,《文子・上仁》同,諸葛亮《誡子書》引作「志」字。

（104）是故賢主之用人也,猶巧工之制木也,大者以爲舟航柱梁,小者以爲楫楔（楔）,脩者以爲櫩榱,短者以爲朱儒枅櫨,無大小脩短,各得其所宜;規矩方圓,各有所施

高注:櫩,屋垂。榱,穩也。朱儒,梁上戴蹲跪人也。

按:楫楔,一本作「楫楔」,《記纂淵海》卷 1 引同。《〈莊子・在宥〉釋文》、《集韻》「楱」字條、《類篇》、《五音集韻》引作「楱榰」。王念孫據《釋文》、《集韻》所引,謂「楫楔」本作「楱榰」。考《帝範》卷 2 唐人舊注同此文,亦作「楫楔」,《記纂淵海》卷 55、60、《翰苑新書》前集卷 70「大爲柱梁,小爲欁楔」條引《管子》並作「欁楔」。「管子」當爲「淮南子」之誤。《莊子釋文》又引司馬云:「楱榰,械楔。」林希逸《口義》:「楱榰,今枷中橫木,亦楔也。」《文選・景福殿賦》李善注:「司馬彪《莊子》注曰:『榰,

〔註94〕以上參見蔡偉《讀竹簡札記四則》,
http://www.guwenzi.com/SrcShow.asp?Src_ID=1457。

械楔也。』凡楔皆謂之榍。」是「榍」、「楔」同義也;「楫」、「機」
為「椄」之同音借字。蓋許本作「椄榍」,高本作「楫楔」,不煩改
作。許匡一曰:「楫指船槳,楔指填充器物空隙使牢固的木橛、木
片。」〔註 95〕非也。檽訓屋垂者,朱駿聲謂檽為檐或字〔註 96〕,
楊樹達謂檽讀為檐。考《本經篇》:「橑檐榱題。」高注:「檐,屋
垂也。」正作「檐」字。景宋本「檽」誤作「楢」。

(105) 鹿之上山,獐不能跂也

按:《爾雅翼》卷 20 引同,《治要》卷 41 引作「麋之上山也,大獐不能
跂也」,《長短經》卷 1 引作「麋之上山也,大章不能跂」。麋與鹿相
反,鹿是陽獸,麋是陰獸。王叔岷曰:「獐、章,正、假字。」獐為
麞俗字。跂,讀為企,望也。于大成指出「跋」為形誤字。

(106) 人有其才,物有其形,有任一而太重,或任百而尚輕

按:馬王堆帛書《十六經・果童》:「有〔任一則〕重,任百則輕,人有
其中(才),物又(有)其刑(形),因之若成。」〔註 97〕為此文所
本。

(107) 是故審毫氂之計者,必遺天下之大數

按:氂,《治要》卷 41 引作「氂」。「氂」同「氂」、「氂」,《玄應音義》
卷 3:「十毫曰氂,今皆作氂。」劉文典謂「大」字衍,是也。《長短
經》卷 3 引正作「天下之數」。《治要》卷 41 引作「天地之數」,于
大成指出「地」字誤。

(108) 不失小物之選者,或于大事之舉

按:《長短經》卷 3 引同今本;《治要》卷 41 引亦同,唯「或」作「惑」。
或、惑,古今字。陶鴻慶移「不」於下句「惑」字上,蔣禮鴻從之,
非也。此文言斤斤於小事者,則惑於大事耳。

〔註 95〕 許匡一《〈淮南子〉校注獻疑》,《武漢教育學院學報》第 13 卷 50 期,1994 年,
第 95 頁。
〔註 96〕 朱駿聲《說文通訓定聲》,武漢市古籍書店 1983 年版,第 131 頁。
〔註 97〕 馬王堆帛書《十六經・果童》,收入《馬王堆漢墓帛書〔壹〕》,文物出版社 1980
年版,第 66 頁。

（109）譬猶狸之不可使搏牛，虎之不可使搏鼠也

按：劉文典謂下「搏」當從《治要》卷 41 所引作「捕」。《金樓子・立言下》：「夫辟狸之不可使搏雞，虓牛之不可使捕鼠。」本於此文，亦作「捕」字。王叔岷則謂「搏」、「捕」古通，古人用字固不避複也。《金樓子》當作「狸之不可使搏牛，虓之不可使捕鼠」，今本衍「雞」字，「牛」又誤倒於下。「虓」即「虎」也。許逸民校作「狸之不可使搏虓，牛之不可使捕鼠」〔註98〕，未得。

（110）今人之才，或欲平九州，并方外，存危國，繼絕世

按：《金樓子・立言下》：「今人才有欲平九州，并方外，責之以細事，是猶用鈇斤翦毛髮也。」本於此文，亦作「并」字。《大戴禮記・五帝德》：「據四海，平九州。」「并方外」即據有四海也。王引之謂「并」當從《治要》卷 41 所引作「從」，從猶服也，失之。或、有一聲之轉，《長短經》卷 3 引亦作「有」字。

（111）是猶以斧劗毛，以刀抵木也

高注：劗，剪也。劗，讀驚攢之攢也。

按：劗，一本作「翦」，《長短經》卷 3 引作「翦」，《治要》卷 41 引作「鬋」，《金樓子・立言下》亦作「翦」。王叔岷曰：「『鬋』與『劗』同。」《集韻》：「劗，吳人謂髠為劗。」又「劗，剃髮也。」《漢書・嚴助傳》：「劗髮文身之民也。」晉灼曰：「劗，張楫以為古翦字也。」顏師古注：「劗與翦同。」「鬋」亦同「翦」，俗作「剪」。《漢書・韋賢傳》：「鬋茅作堂。」顏師古注：「鬋字與剪同。」字或作攢，《韓子・用人篇》：「隨繩而斷，因攢而縫。」字或作鑽，《文選・魏都賦》：「或鏤膚而鑽髮。」李善注引《漢書》作「鑽髮」。字或作揃，《史記・魯世家》：「周公自揃其蚤沈之河。」《御覽》卷 370 引作「剪」。《玉篇》：「劗，鬋髮也，或作揃。」抵，《長短經》、《治要》卷 41 引並作「伐」。《廣雅》：「抵，刺也。」字或作柢，《方言》卷 12：「柢，刺也。」《慧琳音義》卷 34「因抵」條引《方言》作「抵，刺也」，「刺」

〔註98〕許逸民《金樓子校箋》，中華書局 2011 年版，第 896 頁。

同「刺」。王念孫據《治要》所引，謂「抵」爲「伐」之誤，未必是。
高注「驚攢」不辭，疑「驚」字誤。

（112）人主者以天下之目視，以天下之耳聽，以天下之智慮，以天下之力爭

按：此爲先秦古語。《六韜・文韜・大禮》：「太公曰：『目貴明，耳貴聰，心貴智。以天下之目視，則無不見也；以天下之耳聽，則無不聞也；以天下之心慮，則無不知也。』」《管子・九守》、《鬼谷子・符言》同，《鄧子・轉辭篇》「智」作「公」。爲此文所本。視，《文子・上仁》作「眎」，古字。

（113）是故號令能下究而臣情得上聞

高注：聞，猶達也。

按：《鶡冠子・王鈇》：「下情不上聞，上情不下究。」「聞」字義同。《韓子・難一》：「有擅主之臣，則君令不下究，臣情不上通。」是聞猶通也，今言上報。故高注云：「聞，猶達也。」

（114）喜不以賞賜，怒不以罪誅

按：《管子・版法》：「喜無以賞，怒無以殺。喜以賞，怒以殺，怨乃起，令乃廢。」《鄧子・無厚篇》：「喜不以賞，怒不以罰。」並爲此文所本。

（115）故威〔厲〕立而不廢，聰明先而不弊

按：王念孫謂「弊」與「蔽」通，「先」當據《御覽》卷 77 作「光」；光，明也，《御覽》引正作「蔽」字。楊樹達謂「光」讀爲「廣」。楊說非也。《管子・小問》：「桓公問管子曰：『治而不亂，明而不蔽，若何？』」

（116）法令察而不苛，耳目達而不闇

按：達，《文子・上仁》作「聰」。

（117）故假輿馬者，足不勞而致千里；乘舟檝〔者〕，不能游而絕江海

高注：假，或作駕。絕，猶過也。

按：《荀子·勸學篇》：「假輿馬者，非利足也，而致千里；假舟檝者，非能水也，而絕江河。」楊倞註：「能，善。絕，過。」為此文所本。朱駿聲曰：「假，叚借為駕。」〔註99〕《荀子·勸學》：「駑馬十駕，功在不舍。」正言駕馬之例。今吳方言尚有「駕車」、「駕馬」之語。《文子·上仁》「假」作「乘」，「絕」作「濟」。《意林》卷2引「不能」作「不假」，猶言不須。王叔岷則謂作「不假」涉上文而誤。《說苑·說叢》：「乘輿馬，不勞致千里；乘船楫，不游絕江海。」亦本《荀子》。

（118）使言之而是〔也〕，雖在褐夫芻蕘，猶不可棄也；使言之而非也，雖在卿相人君，揄策于廟堂之上，未必可用

按：《帝範》卷2：「言之而是，雖在僕隸芻蕘，猶不可棄也；言之而非，雖任王侯卿相，未必可容。」唐人舊注：「容，受也。」即本此文。容、用一聲之轉。

（119）法定之後，中程者賞，缺繩者誅

按：《鄧子·轉辭篇》：「明君立法之後，中程者賞，缺繩者誅。」《韓子·難一》：「中程者賞，弗中程者誅。」于大成、何寧指出為此文所本。《商子·修權》：「故立法明分，中程者賞之，毀公者誅之。」亦本《鄧子》。

（120）故通於本者不亂於末，覩於要者不惑於詳

按：《文子·上義》作「誠達其本，不亂於末；知其要，不惑於疑」。「詳」、「要」對舉，「疑」字誤。

（121）法者，非天墮，非地生，發於人間，而反以自正

按：于大成指出語本《慎子·君人》「法非從天下，非從地出，發於人間，合乎人心而已」。《文子·上義》作「法非從天下也，非從地出也，發乎人間，反己自正」。此文「以」當作「己」。《類聚》卷54引《文

子》「反」誤作「及」，《御覽》卷638引《文子》「下」誤作「生」。

（122）聖主之治也，其猶造父之御，齊輯之于轡銜之際，而急緩之于脣吻之和，正度于胷臆之中，而執節于掌握之間

> 按：此文本於《列子・湯問》。齊輯，和諧。《爾雅》：「輯，和也。」《御覽》卷624、卷896、《記纂淵海》卷54引作「和輯」。《列子》殷敬順《釋文》：「輯，音集。《說文》云：『輯，車輿也。』」王利器從殷說〔註100〕，非也。正度，當作「法度」，《玉篇》：「金，古文法。」「法」古文作「金」，故脫訛作「正」字。《論語・憲問》：「齊桓公正而不譎。」《漢書・鄒陽傳》引「正」作「法」，是其比也〔註101〕。

（123）是故能進退履繩，而旋曲中規

> 高注：繩，直正也。曲，屈。規，員。

> 按：旋曲，《御覽》卷624引作「還曲」，還、旋一聲之轉。此文「規」下脫「矩」字，《記纂淵海》卷54引作「還曲中規矩」，正有「矩」字。旋，指周旋，今言轉圓圈。曲，指折旋，今言拐直角。《廣雅》：「曲，折也。」《禮記・玉藻》：「周旋中規，折旋中矩。」即此文所謂旋曲中規矩也。脫「矩」字則文義不備。《御覽》卷624引已脫「矩」字。此文本於《列子・湯問》，彼文正有「矩」字。《御覽》卷746引《列》亦脫「矩」字。《莊子・達生》：「工倕旋而蓋規矩。」《莊》文「旋」下脫「曲」字，與本文正可互校。《管子・形勢解》：「奚仲之為車器也，方圓曲直皆中規矩鈎繩。」亦其證。《莊子・達生》：「東野稷以御見莊公，進退中繩，左右旋中規。」《呂氏春秋・適威》同，《御覽》卷746引作「周旋中規」。彼文但言「左右旋」，即周旋，未及折旋，故無「矩」字。陶鴻慶、王重民、楊伯峻、王利器並謂《列子》衍「矩」字〔註102〕，則失考矣。

〔註100〕王利器《文子疏義》，中華書局2000年版，第466頁。
〔註101〕參見朱起鳳《辭通》，上海古籍出版社1982年版，第1758～1759頁。朱氏未及《淮南》此例。
〔註102〕楊伯峻《列子集釋》，中華書局1979年版，第185頁。王利器《文子疏義》，中華書局2000年版，第466頁。

（124）是故權勢者，人主之車輿也；大臣者，人主之駟馬也。體離車輿之安，而手失駟馬之心，而能不危者，古今未有也

按：《鄧子·無厚篇》：「勢者君之輿，威者君之策，臣者君之馬，民者君之輪。勢固則輿安，威定則策勁，臣順則馬良，民和則輪利。爲國失此，必有覆車奔馬、折輪敗載之患，安得不危？」〔註 103〕爲此文所本。《類聚》卷 52 引《韓子》：「勢者君之馬也，威者君之輪也。勢固則輿安，威定則策勁，臣從則馬良，民和則輪利。爲國有（者）失於此，覆輿奔馬、折策敗輪矣。輿覆馬奔、策折輪敗，載者安得不危？」《金樓子·立言篇上》：「勢者君之輿，威者君之策，臣者君之馬，民者君之輪。勢固則輿安，威定則策勁，臣從則馬良，民和則輪利。」亦本《鄧子》。有，猶見也〔註 104〕。《御覽》卷 896 引作「古今未之見也」，又卷 624 引作「古今未之聞也」。聞亦見也。

（125）執術而御之，則管晏之智盡矣；明分以示之，則蹠蹻之姦止矣

按：示，《文子·上義》同，《御覽》卷 624 引作「視」。蹠蹻，一本作「蹠蹻」，《御覽》引作「跖蹻」。

（126）夫據除而窺井底，雖達視猶不能見其睛；借明於鑑以照之，則寸之分可得而察也

高注：睛，目童子也。鑑，鏡也。分，毛也，一曰疵。

按：寸之分，一本作「寸分」，無「之」字，是也。《金樓子·立言下》：「夫據榦窺井，雖通視不能見其情；借明於鏡以照之，則分寸可察也。」正本此文。王引之謂「除」當作「榦」，甚確。景宋本作「榦」，蕭氏所見本亦作「榦」。傅山曰：「除字不注。《說文》：『除，堂陛也。』」〔註 105〕失之。「寸分」即「分寸」，指細微之物。馬宗霍謂

〔註 103〕《意林》卷 1 引作「勢者君之輿，威者君之策，臣者君之馬，民者君之輪。勢固則輿安，威定則策勁，臣順則馬馴，民和則輪利。治國者失此，必有覆輿奔馬、折策敗輪。輪敗策折、馬奔輿覆，則載者亦傾矣」。

〔註 104〕訓見徐仁甫《廣釋詞》，四川人民出版社 1981 年版，第 74～75 頁。蕭旭《古書虛詞旁釋》有補證，廣陵書社 2007 年版，第 63 頁。

〔註 105〕傅山《讀子二·淮南存雋》，收入《霜紅龕集》卷 33，《續修四庫全書》第 1395 冊，上海古籍出版社 2002 年版，第 665 頁。

「達」猶決，「達視」即決眥；張雙棣引《論衡·實知》「無達視洞聽之聰明」以駁之，謂「達視」指超出常人之視力，是也。「達視」即通視也。蕭氏所見本「睛」作「情」，則誤。毛，一本作「毫」。毫，細長之毛，此文指眉毛。考《修務篇》：「明鏡之始下型，曚然未見形容，及其粉以玄錫，摩以白旃，鬢眉微毫，可得而察。」《御覽》卷607、717引「毫」作「毛」。此高注「分，毛也」所本。高注「分，毛也，一曰疕」並非訓詁義，乃喻指義。「寸分」即指鬢眉微毫而言。《修務篇》「微」爲「散」借字。散，細小也。何寧謂注「毛」當作「毫」，謂小數，「疕」亦有小義。向宗魯謂「分」爲「介」之誤，草也；又謂「疕」讀爲疥，疥癬也。並非是。于大成謂「寸之分」中「之」字「當本有也」，非是。

（127）是故明主之耳目不勞，精神不竭

按：竭，讀爲歇。下文「精神勞則越，耳目淫則竭。」高注：「越，散也。竭，滅也。」朱駿聲曰：「竭，叚借爲歇。按：氣越泄也。」[註106]「竭」、「越」對舉，竭亦越也。《楚辭·大招》：「精神越散，與形離別。」《俶眞篇》：「故神越者，其言華；德蕩者，其行僞。」高注：「越，散也。蕩，逸也。」《文子·精誠》：「精神越於外，智慮蕩於內。」《文選·七發》：「精神越渫，百病咸生。」「渫」同「泄」。皆其證。《精神篇》：「耳目淫於聲色之樂……則精神馳騁於外而不守矣。」「歇」即馳騁於外而不守，亦即散泄之誼。

（128）物至而觀其象，事來而應其化

按：二句典出《莊子·應帝王》：「至人之用心若鏡，不將不逆，應而不藏，故能勝物而不傷。」郭象注：「鑒物而無情，來即應，去即止。物來即鑒，鑒不以心，故雖天下之廣，而無勞神之苦。」象，讀爲像。故言物至則觀其形狀，事來則隨其變化也。《管子·心術上》：「故物至則應，過則舍矣。」《荀子·解蔽》：「當時則動，物至而應，事起而辯。」又《不苟》：「物至而應，事起而辨。」所謂物至則應，亦言觀其形狀也。《尉繚子·將理》：「故萬物至而制之，萬物至而命

之。」王念孫據《文子‧上義》謂「象」爲「變」之誤，與「化」同義，非也。《詮言篇》：「聖人內藏，不爲物先倡，事來而制，物至而應。」《繆稱篇》：「物來而名，事來而應。」《文子‧符言》：「見物而名，事至而應。」並可互證。

（129）是故不用適然之數，而行必然之道

　　按：《韓子‧顯學》：「故有術之君，不隨適然之善，而行必然之道。」元‧何犿註：「適然，謂偶然也。」爲此文所本。張雙棣謂「適然猶偶然也」，是也。《文子‧上義》「數」作「教」，「行」作「得」。

（130）進退周游，莫不如志

　　按：《御覽》卷 746 引作「進退周旋，無不如意」，鄭良樹、張雙棣謂「游」爲「旋」字之誤，是也。《文子‧上義》作「進退還曲，莫不如意」，還、旋一聲之轉。

（131）雖有騏驥騄駬之良，臧獲御之，則馬反自恣，而人弗能制矣

　　高注：臧獲，古之不能御者，魯人也。

　　按：臧獲，張雙棣解爲奴婢，固是也；但謂高注釋爲人名，則誣矣。高氏未嘗指爲人名。古之御車，皆須高級技術，固非奴婢之人所能掌握。《御覽》卷 746 引作「烏獲」，臆改不足據。何寧謂當作「烏獲」，指秦之力士，非也。《御覽》卷 746 有注：「恣，卻行也。」魯人，向宗魯解爲魯鈍之人，何寧解爲鹵莽之人，甚確。上文「騏驥騄駬，天下之疾馬也，驅之不前，引之不止，雖愚者不加體焉。」于大成指出其文本於《韓子‧外儲說右上》「今有馬於此，如驥之狀者，天下之至良也，然而驅之不前，卻之不止，左之不左，右之不右，則臧獲雖賤，不託其足」，「臧獲」不誤。臧獲即喻指愚者也。

（132）故治者不貴其自是，而貴其不得為非也

　　按：《韓子‧顯學》：「夫聖人之治國，不恃人之爲吾善也，而用其不得爲非也。」爲此文所本。

（133）故曰：「勿使可欲，毋曰弗求；勿使可奪，毋曰不爭。」

按：下二「曰」字，《文子・上義》誤作「日」〔註107〕。

（134）夫釋職事而聽非譽，棄公勞而用朋黨，則奇材佻長而干次，守官者雍遏而不進

高注：奇材，非常之材。佻長，卒非純賢也。故曰「干次」也。奇材佻長之人干超其次，功勞之臣反不顯烈，故爭於朝也。

按：《文子・上義》明本作「夫釋職事而聽非譽，棄功勞而用朋黨，即奇伎天長守職不進」，《纘義》本「天長」作「逃亡」。王利器謂「天長」爲「訧朓」缺誤，即「佻長」之謂〔註108〕，近是。「天」當作「夭」，形之誤也。《書・禹貢》：「厥草惟夭，厥木惟喬。」《釋文》：「馬云：『長也。』」「夭」字或作「訧」，「佻」同「朓」。《廣雅》：「朓、訧，長也。」王念孫曰：「佻與朓，夭與訧，亦同義。」王氏正引此文及《文子》爲證〔註109〕。朓字或作挑，《廣雅》：「挑，高也。」俗字作「挑」，今俗有「高挑」之語。佻長、夭長，與「奇材」平列，言人之高而長也，古代謂之爲有才者。「伎」當作「材」，「公」讀爲「功」。《四庫全書〈文子纘義〉考證》：「明刊本『逃亡』作『天長』，誤。」〔註110〕向宗魯曰：「『佻長』與『雍遏』對文，蓋躁進之意。」于省吾曰：「『佻長』與『干次』對文。佻，輕也。輕其正長而干其次位也。」張雙棣從于說。何寧曰：「長疑良字形譌。佻通跳，良通梁。『佻良』即『跳梁』，與『雍遏』對文。」趙宗乙曰：「佻長謂輕違其純賢者也。」〔註111〕並失之。非，讀爲誹。

（135）吞舟之魚，蕩而失水，則制於螻蟻，離其居也；猿狖失木，擒於狐狸，非其所也

按：《莊子・庚桑楚》：「吞舟之魚，碭而失水，則蟻能苦之。」《釋文》：

〔註107〕參見王利器《文子疏義》，中華書局 2000 年版，第 468 頁。

〔註108〕王利器《文子疏義》，中華書局 2000 年版，第 468 頁。

〔註109〕王念孫《廣雅疏證》，收入徐復主編《廣雅詁林》，江蘇古籍出版社 1998 年版，第 347 頁。

〔註110〕《四庫全書〈文子纘義〉考證》，收入景印文淵閣《四庫全書》第 1499 冊，臺灣商務印書館 1986 年初版，第 697 頁。

〔註111〕趙宗乙《淮南子札記》，黑龍江人出版社 2009 年版，第 150 頁。

「碭而失水，謂碭溢而失水也。」《史記·賈生傳》《索隱》、《文選·吳都賦》李善註、《御覽》卷 947、《事類賦注》卷 29、《記纂淵海》卷 99、100、《古今事文類聚》後集卷 34 引「碭」作「蕩」，《亢倉子·全道篇》亦作「蕩」。《戰國策·齊策一》：「君不聞大魚乎？網不能止，鉤不能牽，蕩而失水，則螻蟻得意焉。」〔註112〕《新序·雜事二》「蕩」作「碭」。爲此文所本。《韓詩外傳》卷 8：「夫吞舟之魚大矣，蕩而失水，則爲螻蟻所制，失其輔也。」《說苑·說叢》：「吞舟之魚，蕩而失水，制於螻蟻者，離其居也。」《金樓子·立言下》：「吞舟之魚，蕩而失水，則制於螻蟻，離其處也。」亦本於《莊》、《策》。碭、蕩並讀爲宕，宕從宀碭省聲。《說文》：「宕，過也。」謂激過也、奔突也。《文選·西征賦》：「靈若翔於神島，奔鯨浪而失水。」浪亦蕩也。《戰國策》鮑彪注：「《集韻》：『蕩，放也。』言自放肆。」非也。王繼如曰：「碭（蕩）應通趤，衝擊、突破之意。《廣韻》訓趤爲『過也』。趤字似也可以『走』爲形旁，《玉篇》：『趤，前走。』此詞南北朝時寫作『盪』。」〔註113〕王說是也，而以「趤」爲本字，尚未得其源。《御覽》卷 456 引《說苑》作「忽而失水」，蓋臆改。擒，《爾雅翼》卷 20 引作「禽」。

（136）君人者釋所守而與臣下爭，則有司以無為持位；守職者以從君取容，是以臣下藏智而弗用

按：王念孫據《文子·上仁》於「爭」下補「事」字，是也。《繆稱篇》：「君不與臣爭功，而治道通矣。」功亦事也。《文子·微明》脫「功」字。

（137）君人者不任能而好自為之，則智日困而自負其責也。數窮於下則不能伸理，行墮於國則不能專制，智不足以為治，威不足以行誅，則無以與（天）下交也

按：《鄧子·轉辭篇》：「君人者不能自專而好任下，則智日困而數日窮，

〔註112〕本書《人間篇》同，《韓子·說林下》「鉤不能牽」作「繳不能絓」。
〔註113〕王繼如《通假字拾詁（續一）》，《語言研究》1992 年第 2 期；收入《訓詁問學叢稿》，江蘇古籍出版社 2001 年版，第 180～181 頁。

迫於下則不能申，行隨於國則不能持，知不足以為治，威不足以行誅，無以與下交矣。」為此文所本。隨，讀為墮。《文子‧上仁》亦作「墮」。《戰國策‧魏策三》：「隨安陵氏而欲亡之。」馬王堆帛書《戰國縱橫家書》作「墮」，是其例也。知，讀為智。《文子‧上仁》「伸」作「申」，「國」作「位」，「專」作「持」，「誅」作「刑」。

（138）上下離心

按：離，《文子‧上仁》作「乖」。《說文》：「乖，戾也。」《廣雅》：「乖，離也。」

（139）毀譽萌生

按：毀，《文子‧上仁》作「非」。非亦毀也。

（140）是猶代庖宰剝牲而為大匠斲也

按：《文子‧上仁》作「是代大匠斲」。為，讀去聲，亦代也〔註114〕。《老子》第74章：「夫代大匠斲者，希有不傷手者矣。」《莊子‧逍遙遊》：「庖人雖不治庖，尸祝不越樽俎而代之矣。」為此文所本。

（141）與馬競走

按：競走，《文子‧上仁》作「逐走」，《治要》卷35引《文子》作「逐遠」。《玉篇》：「逐，競也。」《韓子‧五蠹》：「上古競於道德，中世逐於智謀，當今爭於氣力。」逐亦競也，與「爭」同義對舉。

（142）上車執轡，則馬死于衡下

按：《文子‧上仁》「執」作「攝」，「死」作「服」。《治要》卷35引《文子》「衡」作「銜」。陳昌齊謂「服」字是。《說文》：「攝，引持也。」

（143）故有道之主，滅想去意，清虛以待

按：滅，《呂氏春秋‧知度》、《子華子‧虎會問》作「去」。清虛，《呂氏春秋》、《子華子》作「靜虛」。滅，除去也。

（144）不伐之言，不奪之事

〔註114〕參見裴學海《古書虛字集釋》，中華書局1954年版，第128頁。

按：之，猶其也，代指臣下。《說文》：「伐，一曰敗也。」《漢語大字典》
云：「引申爲批駁。」引《論衡·問孔》「伐孔子之說」以爲例證〔註
115〕。此言君不駁臣下之言，不奪臣下之事也。王念孫謂「伐當作
代」，固非是。楊樹達謂伐訓矜伐，奪當作奮，矜奮。楊氏改作「奮」
字以就矜伐之說，尤誤。陳奇猷謂兩說均通，失之未考。《呂氏春
秋·知度》、《文子·上仁》、《子華子·虎會問》並作「伐」字，其
字固不誤也。

（145）循名責實

按：《文子·上仁》同，《呂氏春秋·知度》作「督名審實」，《子華子·
虎會問》作「循名覈實」。

（146）使自司任而弗詔，責而弗教

按：一本「自」作「有」。使自司，《文子·上仁》作「使自有司」，《子
華子》作「官庀其司」。王念孫謂當從《呂氏春秋·知度》作「官使
自司」，云：「劉本作『使自司』，《文子·上仁篇》作『使自有司』，
皆于義未安。」

（147）如此，則百官之事各有所守矣

高注：有所守，言不離局（局）也〔註116〕。

按：守，《文子·上仁》誤作「考」。

（148）若五指之屬於臂，搏援攫捷，莫不如志，言以小屬於大也

按：捷，讀爲接。《修務篇》：「搏援攫肆，蔑蒙踴躍。」高注：「持捷大
極其巧。」「肆」爲「捷」形誤，高氏所見本正作「捷」字。姚廣文
校作「搏捷攫肆」，未是。

（149）所守甚約，所制甚廣

按：《荀子·不苟》：「故操彌約，而事彌大；五寸之矩，盡天下之方也。」
爲此文所本。《孟子·盡心下》：「守約而施博者，善道也。」亦此意。

〔註115〕《漢語大字典》（第二版），崇文書局、四川辭書出版社 2010 年版，第 153
頁。
〔註116〕「局」字據吳承仕說改。

（150）是故十圍之木，持千鈞之屋；五寸之鍵，制開闔

王念孫曰：「制開闔」三字文義未足，《說苑・談叢》作「而制開闔」，《文子》作「能制開闔」，能亦而也。《道藏》本脫「而」字，劉績不能考正，乃於「制開闔」下加「之門」二字，而諸本及莊本皆從之，謬矣。

按：劉文典謂《意林》卷2引此文「持」上、「制」上並有「能」字，以證王說。《記纂淵海》卷60引「制」上有「以」字，《太白陰經・沈謀篇》：「五寸之鍵，能制闔開。」亦其證。《金樓子・立言上》：「故十圍之木，持千鈞之屋；五寸之楗，制九重之城。」本於此文。鍵，《意林》卷2引亦作「楗」，王叔岷曰：「楗、鍵，正、假字。」《文子・上仁》作「關」，義同。

（151）豈其材之巨小足哉？所居要也

劉文典曰：「足」字無義，疑衍文也。《意林》引作「非材有巨細，所居要耳」。

按：何寧曰：「劉說非也。足猶成也。此乃反詰句，《意林》改爲陳述句，不可爲據。」何氏謂「足」字非衍，是也，而所釋則非。《說苑・談叢》作「豈材足任哉？蓋所居要也」，《金樓子・立言下》作「豈其才之足任哉？所居得其要也」。並本此文。「足」猶言足以、能夠。今本「足」下脫「任」字，當據《說苑》、《金樓子》補作。

（152）楚文王好服解冠，楚國效之

按：解，一本作「獬」。《書鈔》卷127、《御覽》卷684、《事類賦注》卷12、《說文繫傳》「觟」字條引作「觟」，《玉海》卷81引作「獬」。《爾雅翼》卷18引作「解」，《通典》卷57：「或曰楚莊王解冠。」亦同。望山二號墓第62號楚簡有「二觟冠」之語，整理者注：「觟，古音與解極近。」[註117] 字或作「桂宂」，包山第259號楚簡有「一桂（獬）宂」之語。整理者注：「宂，『冠』字。桂，疑讀爲獬。」[註118]《繫傳》引高注作「觟冠，秀冠也，如今御史〔冠〕，以爲豸冠，有角，故曰秀冠」。《集韻》：「獬，獬豸，獸名，或作𧳆、觟。」《爾雅翼》卷18：「獬之字或作𧳆、觟。」張雙棣改作「獬」，非也。《後

[註117]《望山楚簡》，中華書局1995年版，第130頁。
[註118]《包山楚簡》，文物出版社1991年版，第61頁。

漢書‧輿服志》劉昭注引作「鷸冠」,《晉書‧輿服志》亦云:「楚莊王復(服)鷸冠也。」于大成曰:「服涉聲誤爲復,鷸涉形誤爲鷸,遂不可通矣。」〔註119〕

（153）夫民之好善樂正，不得禁誅而自中法度者，萬無一也

按：得，一本作「待」。得，讀爲待〔註120〕。于大成謂「得字誤」,張雙棣改作「待」,並非也。

（154）下必行之今（令），從之者利，逆之者凶

按：從,《文子》作「順」。

（155）今使烏獲藉蕃從後牽牛尾，尾絕而不從者，逆也

高注：烏獲、藉蕃,皆多力人。

梁履繩曰:「藉蕃」恐非人名,蓋勇健之義。《抱朴子‧酒誡》:「怯懦者效慶忌之蕃捷。」疑「蕃捷」即「藉蕃」。

何寧曰:《呂氏春秋‧重己》:「使烏獲疾引牛尾,尾絕力勯,而牛不可行,逆也。」此《淮南》所本。「蕃捷」連文,是蕃亦捷也,捷亦疾也。疾、藉通借。梁氏疑「蕃捷」即「藉蕃」是也,謂爲勇健之義亦非。

按：何氏解爲「疾」,是也;但謂「疾、藉通借」則非。藉讀爲踖,《釋名》:「踖,藉也,以足藉也。」此其相通之證。《爾雅》:「蹷蹷、踖踖,敏也。」郭注:「皆便速敏捷也。」《釋文》:「踖,音夕,又音籍。」蕃讀爲便,亦敏捷之義。「蕃捷」即「便捷」也。牽,《埤雅》卷3引作「曳」。

（156）若指之桑條以貫其鼻，則五尺童子牽而周四海者，順也

按：指,讀爲榰,《廣韻》:「榰,《爾雅》:『榰,柱也。』謂相榰柱也。」今言撐。楊樹達謂桑條大如指者,馬宗霍謂指有執義,何寧謂指訓示、語,並非。

〔註119〕于大成《淮南子遺文考》,收入《淮南鴻烈論文集》,里仁書局2005年版,第1312頁。
〔註120〕參見裴學海《古書虛字集釋》,中華書局1954年版,第448頁。蕭旭《古書虛詞旁釋》有補證,廣陵書社2007年版,第194～195頁。

（157）夫防民之所害，開民之所利，威行也，若發城決塘

  高注：城，水城也。塘，隄也。皆所以畜（蓄）水。

  按：《原本玉篇殘卷》「隄」字條引作「發城毀隄」，又引許注：「隄，隄也。」
   《慧琳音義》卷67「隄隄」條二見，引許注一作「隄，隄也」，一作
   「隄，亦隄也」。楊樹達謂「『威』下疑當有『之』字」，是也。考《兵
   略篇》：「故明王之用兵也，為天下除害，而與萬民共用其利，民之為
   用，猶子之為父，弟之為兄，威之所加，若崩山決塘，敵孰敢當？」
   取譬相同。「威之行」即「威之所加」。陳昌齊謂城當作械，引《玉篇》
   「城，決塘也。械，決塘木也」為證。向宗魯謂城當作械，注當作「械，
   決塘木也」，《和名類聚》卷1引作「發械決塘」。于省吾謂城借為坎。
   何寧駁陳、向二說，謂于說近之。考「坎」為小坑，與塘不類，于說
   亦未允。「城」字不誤，《和名類聚》所引不足據。城讀為潭，淵也。

（158）故循流而下易以至，背風而馳易以遠

  按：《說苑・說叢》：「循流而下易以至，倍風而馳易以遠。」即本此文。
   倍讀為背，背向。

（159）桓公立政，去食肉之獸、食粟之鳥、係罝之網，三舉而百
   姓說

  何寧曰：《呂氏春秋・慎小篇》：「齊桓公即位三年，三言而天下稱賢，群
臣皆說。去肉食之獸，去食粟之鳥，去絲罝之網。」此《淮南》所本。「係」
當為「絲」，形近而譌。

  按：「鳥」當作「馬」，亦形近而譌。《國語・魯語上》：「無衣帛之妾，無
   食粟之馬。」〔註121〕

（160）紂殺王子比干而骨肉怨，斬朝涉者之脛而萬民叛

  按：《書・泰誓下》：「酷虐，民結怨之，斬朝涉之脛，剖賢人之心。」為
   此文所本。

（161）人主租斂於民也，必先計歲收，量民積聚

  按：一本「收」上有「而」字，是也。《治要》卷41引同藏本，亦脫「而」

〔註121〕《左傳・襄公五年》同。

字。劉家立謂「計歲收，量積聚」本三字爲句，下「民」字衍，非
也。《文子・上仁》亦作「計歲而收，量民積聚」。

（162）高臺層榭，接屋連閣

按：《御覽》卷 958 引作「高臺增榭，接屋連桅」。增，讀爲層。

（163）然民無掘穴狹廬所以託身者

按：掘穴，《治要》卷 41、《御覽》卷 958 引作「窟室」，《治要》又引
注：「窟室，土室。」王念孫謂「掘穴」本作「堀室」，「堀」古「窟」
字，非也。《說文》：「穴，土室也。」「穴」、「室」同義，無煩改字。
于省吾謂即《詩》「陶復陶穴」之「穴」，是也。于大成謂王說不可
易，失之未考。土室者取義於掘挖，故掘爲本字，用爲名詞，則制
專字作堀（窟），名、動相因也。朱起鳳曰：「掘、堀、窟三字同音
通用也。」〔註 122〕《戰國策・秦策一》：「窮巷掘門。」亦作「掘」
字，朱駿聲謂掘借爲堀〔註 123〕字或作窋，《左傳・昭公二十七年》：
「光伏甲於堀室而享王。」杜注：「掘地爲室。」《釋文》：「堀，本
又作窟，同。」《御覽》卷 174、346、355 引作「窟」，卷 342 引作
「掘」，《史記・吳太伯世家》作「窟」，《吳越春秋・王僚使公子光
傳》作「窋」。字或作蹶，《大戴禮記・曾子疾病》：「以淵爲淺，而
蹶穴其中。」《荀子・法行》作「堀」，《記纂淵海》卷 52 引《荀》
作「窟」。此則作動詞用，故《說苑・敬愼》、《說叢》、《潛夫論・
忠貴》作「穿」字。

（164）肥醲甘脆，非不美也

按：醲，《慧琳音義》卷 29「醇醲」條引同，《慧琳音義》卷 20「醇醲」
條、《御覽》卷 958 引並作「膿」。醲、膿，正、假字。《慧琳音義》
卷 77「醇醲」條引許注：「醴（醲），肥甘也。」

（165）然民有糟糠菽粟不接於口者

按：菽粟，趙宗乙謂當從《御覽》卷 958 引作「橡栗」〔註 124〕，是也。「橡

〔註 122〕朱起鳳《辭通》，上海古籍出版社 1982 年版，第 2325 頁。又第 2442 頁說同。
〔註 123〕朱駿聲《說文通訓定聲》，武漢市古籍書店 1983 年版，第 620 頁。
〔註 124〕趙宗乙《淮南子札記》，黑龍江人出版社 2009 年版，第 154 頁。

栗」即「橡子」，與「糟糠」皆飢民所食。《齊民要術‧種槐柳楸梓梧柞》：「橡子，儉歲可食以爲飯；豐年放豬食之，可以致肥也。」

（166）然民有處邊城、犯危難、澤死暴骸者

按：于省吾謂「澤死」讀作釋尸，張雙棣、何寧並駁之，是也。但張氏謂澤死猶言野死，何氏謂澤死指死澤者葬澤，恐亦未是。《莊子‧人間世》：「死者以國量乎澤若蕉（樵）。」《呂氏春秋‧期賢》：「無罪之民，其死者量於澤矣。」〔註125〕高注：「量猶滿也。」澤死，狀其死者之多，可以澤量也。《荀子‧富國》：「然後葷菜百疏以澤量。」楊注：「以澤量，言滿澤也，猶俗量牛馬。」

（167）故民至於焦脣沸肝，有今無儲

按：沸，讀爲昲，爲古楚語。《方言》卷 10：「昲、曬，乾物也，揚、楚通語也。」《廣雅》：「昲，曝也。」字或作曊，《集韻》：「昲、曊：《方言》：『昲、曬，乾物也。』或從費。」《呂氏春秋‧順民》：「焦脣乾肺。」是其比也。《禮記‧問喪》：「傷腎乾肝焦肺。」「沸肝」即乾肝也。《修務篇》：「苦身勞形，焦心怖肝。」高注：「怖肝，猶戒懼。」非也。怖讀爲膊，《方言》卷7：「膊、曬，暴也。」「暴」同「曝」。《廣雅》：「膊、曬，曝也。」《釋名》：「膊，迫也，薄椓肉，迫著物使燥也。」《慧琳音義》卷 66 引《考聲》：「膊肉，乾肉也。」字或作膞，《集韻》：「膊、膞：《說文》：『薄脯，膊之屋上。』或從薄。」「沸肝」亦即膊肝也。

（168）是猶貫甲冑而入宗廟，被羅紈而從軍旅

按：《治要》卷41引「甲」作「介」，「羅紈」作「綺羅」。《玉篇》：「介，甲也。」介、甲一聲之轉。紈、綺皆繒類。

（169）一人跖耒而耕，不過十畝

按：過，《文子‧上仁》作「益」。《戰國策‧宋策》：「則富不過有魏，而貴不益爲王。」高注：「益亦過也。」

（170）侵漁其民

按：《文子・上仁》作「涸漁其下」，非也。

（171）是故人君者，上因天時，下盡地財（利），中用人力

按：人君，王念孫據《治要》卷41所引乙作「君人」，何寧申證之，云：「上文『君人者』凡6見，『君人』凡2見，無作『人君』者。」考《齊民要術・種穀》引同今本，《文子・上仁》亦作「人君」。上文「雖在卿相人君」，亦有「人君」之例，何氏失檢。《鹽鐵論・力耕》：「故聖人因天時，智者因地財。」

（172）是以群生遂長，五穀蕃殖

按：遂，《齊民要術・種穀》引同，《文子・上仁》作「以」。

（173）肥墝高下，各因其宜

按：墝，《齊民要術・種穀》引作「磽」。磽、墝，正、俗字。

（174）邱陵阪險不生五穀者，以樹竹木，春伐枯槁，夏取果蓏，秋畜疏食，冬伐薪蒸，以為民資，是故生無乏用，死無轉尸

高注：轉，棄。

按：《逸周書・大聚解》：「陂溝道路、蔡苴丘墳，不可樹穀者，樹以材木，春發枯槁，夏發葉榮，秋發實蔬，冬發薪烝，以匡窮困。揖（輯）其民力，相更為師。因其土宜，以為民資。則生無乏用，死無傳尸。」于大成指出為此文所本。秋畜疏食，《齊民要術・種穀》引作「秋蓄蔬食」，《文子・上仁》同。發，讀為伐。《管子・四時》：「求有功發勞力者而舉之。」安井衡、戴望、顏昌嶢並讀發為伐〔註126〕，是其例。轉，《文子》亦作「傳」。惠棟讀傳為轉〔註127〕，轉運也。《漢書・高惠高后文功臣表》：「生為愍隸，死為轉屍。」顏師古注引應劭曰：「死不能葬，故屍流轉在溝壑之中。」《路史》卷30作「傳尸」，

〔註126〕安井衡、戴望說並轉引自郭沫若《管子集校》，收入《郭沫若全集・歷史編》卷7，人民出版社1984年版，第17頁。顏昌嶢《管子校釋》，嶽麓書社1996年版，第357頁。

〔註127〕轉引自黃懷信《逸周書彙校集注（修訂本）》，上海古籍出版社2007年版，第405頁。

－227－

注：「傳，音轉。」高注訓棄，爲引申義。《國語·吳語》：「子之父母將轉於溝壑。」韋昭注：「轉，入也。」《孟子·公孫丑下》：「凶年饑歲，子之民老羸轉於溝壑。」趙岐注：「轉，轉尸於溝壑也。」《散氏盤》：「傳棄之。」傳亦讀爲轉。蔡偉讀爲斷，訓棄〔註128〕，非也。資，《路史》卷 18 作「貲」，蓋俗字。

（175）畋不掩群，不取麑夭

高注：掩，猶盡也。鹿子曰麑，麋子曰夭。

按：《逸周書·文傳解》：「不麛不卵，以成鳥獸之長。畋漁以時，童不夭胎。」《禮記·王制》：「不麛不卵，不殺胎，不殀夭。」爲此文所本。「夭」取幼小之義，《本經篇》：「刳胎殺夭。」亦同。字或作「麛麌」。《爾雅》：「麋，牡麔，牝震，其子麌。」郭注：「《國語》曰：『獸長麑麌。』」今本《國語·魯語上》作「麑麌」，韋昭注：「鹿子曰麑，麋子曰麌。」韋與高合。《文子·上仁》作「不掩群而取麌跳」，誤解作「麌跳」，未得厥誼。許建平謂掩亦取也〔註129〕，亦非是。

（176）豺未祭獸，罝罘不得布於野；獺未祭魚，網罟不得入於水

按：《逸周書·文傳解》：「川澤非時，不入網罟，以成魚鼈之長。」又《大聚解》：「旦聞禹之禁：夏三月川澤不入網罟，以成魚鼈之長。」《禮記·王制》：「獺祭魚，然後虞人入澤梁；豺祭獸，然後田獵。」爲此文所本。《漢書·貨殖傳》：「豺獺未祭，罝網不布於墅澤。」合言之也。墅，古「野」字。罘，《文子·上仁》作「罘」。「罘」爲「罦（罦）」借字。《說文》：「罦，覆車也。罦，或從孚。」《玉篇》：「罦，覆車罔（網）。罦，同上。」《集韻》：「罦、罦、罘：《爾雅》：『罦，覆車也。』今曰翻車，有兩轅中施冒以捕鳥，或從包、從否。」

（177）鷹隼未摯，羅網不得張於谿谷

按：《禮記·王制》：「鳩化爲鷹，然後設罻羅。」爲此文所本。《漢書·

〔註128〕蔡偉《讀書叢札》，《出土文獻與古文字研究》第 3 輯，復旦大學出版社 2010年版，第 507 頁。

〔註129〕許建平《淮南子補箋》，《中國典籍與文化論叢》第 6 輯，中華書局 2000 年版，第 349 頁。

貨殖傳》：「鷹隼未擊，矰弋不施於徯隧。」顏師古注：「徯隧，徑道也。」《漢紀》卷 7 作「蹊隧」。摯，讀爲鷙，亦擊也。《說文》：「鷙，擊殺鳥也。」《文子·上仁》亦作「擊」字。何寧謂摯讀爲擊，未得。

（178）草木未落，斤斧不得入山林

按：《逸周書·文傳解》：「山林非時，不升斤斧，以成草木之長。」又《大聚解》：「旦聞禹之禁：春三月山林不登〔斤〕斧，以成草木之長。」〔註 130〕《禮記·王制》：「草木零落，然後入山林。」爲此文所本。張雙棣據上文文例，於「入」下補「於」字，是也。《文子·上仁》正有「於」字，《漢書·貨殖傳》：「草木未落，斧斤不入於山林。」《漢紀》卷 7 作「斤斧不入於山林」，亦有「於」字。

（179）魚不長尺不得取

按：梁玉繩曰：「《淮南》諱『長』，疑是『及尺』。」考《爾雅翼》卷 23、28 二引並作「長尺」，《文子·上仁》同。蓋《淮南》偶失諱。

（180）蝦蟇鳴、燕降而達路除道

按：《御覽》卷 922 引作「蝦蟇鳴、鷰雀降而達路除道」，趙宗乙謂今本脫「雀」字〔註 131〕，是也。《齊民要術·種穀》引已脫。達，通也。《齊民要術》、《玉燭寶典》卷 2 引正作「通」。《時則篇》：「通路除道。」《廣博物志》卷 4、《古微書》卷 2 引誤作「逵」。

（181）昏張中，則務種穀

高注：三月昏，張星中於南方。張，南方朱鳥之宿也。

劉文典曰：《御覽》卷 823 引「張」作「弧」，又引注：「二月昏時，弧星中於南方，朱雀之宿也。

按：張，《齊民要術·種穀》、《玉燭寶典》卷 2 引同，《齊民要術》引注作「三月昏，張星中於南方，朱鳥之宿」。《御覽》所引「弧」爲「張」之誤，「二」爲「三」之誤。張星爲南方朱雀之宿七星之一，三月中於南方。考《說苑·辨物》：「古者有主四時者，主春者張，昏而中，

〔註 130〕「斤」字據《文傳解》補，《書鈔》卷 6 引已脫。
〔註 131〕趙宗乙《淮南子札記》，黑龍江人出版社 2009 年版，第 154 頁。

可以種穀。」《書‧堯典》孔疏引《書傳》云:「主春者,張昏中,可以種穀。」《周禮‧秋官‧司寇》賈疏引《書傳》云:「春,昏張中,可以種稷。」《史記‧五帝本紀》《正義》引《尚書考靈耀》:「主春者,張昏中,可以種稷。」尤為「張」字不誤之證。弧星則共九星,在天狼星東南,二月中於南方。《呂氏春秋‧仲春紀》二月紀:「昏弧中旦建星中。」高注:「弧星在輿鬼南,建星在斗上。是月昏旦時,皆中於南方。」鄭良樹謂「弧」字是,于大成已駁之。何寧曰:「疑許作『張』而高作『弧』也。」非也。

（182）故堯為善而眾善至,桀為非而眾非來矣

按:《呂氏春秋‧名類》:「故堯為善而眾善至,桀為非而眾非來。」為此文所本。

（183）善積即功成,非積即禍極

按:即,一本作「則」,《記纂淵海》卷 66 引作「則」。《黃石公素書‧原始章》:「福在積善,禍在積惡。」為此文所本。極,至也。

（184）凡人之論,心欲小而志欲大,智欲員而行欲方,能欲多而事欲鮮

按:《文子‧微明》「論」作「道」,「鮮」作「少」。論,讀為倫,道也,理也。員,《治要》卷 41 引作「圓」,《文子》同,古字通。《舊唐書‧方伎傳》孫思邈云:「膽欲大而心欲小,智欲圓而行欲方。」即本此文。

（185）所以（謂）心欲小者,慮患未生,備禍未發,戒過慎微,不敢縱其欲也

按:「備禍未發,戒過慎微」八字,《文子‧微明》作「戒禍慎微」。過,古字通「禍」。《路史》卷 9:「是戒禍於微而防患於未朕也。」即「慮患未生,戒禍慎微」之誼。「備禍未發」疑是「戒禍慎微」後人旁注之語而誤入正文者。

（186）是非輻輳,而為之轂

高注:轂,以論王。

莊逵吉曰：「不穀」之訓，古皆云：「穀，善。」錢別駕云：「《道德經》：『侯王自稱孤、寡、不穀。』河上本作『轂』，注云：『不轂，不爲輻所湊也。』又別一解。與此『轂以諭王』之注正同。知古兩義並有，後人但識穀善，而不知有輻轂之訓矣。」

　　按：《人間篇》：「不穀親傷。」高注：「不穀，不祿也。人君謙以自稱也。」朱駿聲謂穀借爲祿〔註132〕。此又一解。

（187）旁流四達

　　按：《文子・微明》作「方流四遠」，明刊本「方」字下有小注「音旁」二字。「遠」爲「達」之誤。

（188）窮不易操，通不肆志

　　按：通，《文子・微明》、《道德》作「達」。《晏子春秋・內篇問下》：「富貴不傲物，貧窮不易行。」爲此文所本。

（189）無所擊戾

高注：擊，掌也。失（戾），破也。

　　按：《荀子・脩身篇》：「行而俯項，非擊戾也。」楊倞註：「擊戾，謂項曲戾不能仰者也。擊戾，猶言乖戾也。」朱謀㙔曰：「擊戾，違忤也。」〔註133〕擊，讀爲㪉，《說文》：「㪉，難也。」《廣韻》：「㪉，意難。」字或作憨、憨，《集韻》：「㪉、憨、憨，《說文》：『難也。』或從心，亦省。」即乖戾之義。《泰族篇》：「天地之間，無所繫戾。」「繫」亦借字。洪頤煊曰：「韋昭曰：『古文隔爲擊。』擊戾即隔背，高注非。」馬宗霍說同，可備一通。俞樾曰：「擊者㪉之假字。」考《說文》：「㪉，相擊中也。」㪉、擊，正、俗字，非其誼也。朱駿聲曰：「擊，叚爲乖。戾，叚爲裂。」〔註134〕吳承仕曰：「《荀子》、《淮南》『擊戾』字，當依《泰族篇》作『繫戾』，此注當作『繫，攣也』。俱因形近致譌……蓋『繫戾』云者，拘牽乖刺之稱……注『戾，破

〔註132〕朱駿聲《說文通訓定聲》，武漢市古籍書店 1983 年版，第 374 頁。
〔註133〕朱謀㙔《駢雅》卷 1，收入《叢書集成新編》第 38 冊，新文豐出版公司 1985 年版，第 336 頁。
〔註134〕朱駿聲《說文通訓定聲》，武漢市古籍書店 1983 年版，第 534、580 頁。

也』，亦不應雅詁，疑當作『戾，反也』。」何寧申證吳說。吳說改字，無版本依據，未可信從。高注擊訓掌，則讀爲擊，又訓戾爲破，以就其說，尤誤。

（190）得要以應眾

按：《文子・微明》作「秉要以偶眾」。偶，亦應對之義。《氾論篇》：「應時偶變。」字或作耦，《原道篇》：「夫執道理以耦變。」《齊俗篇》：「此皆聖人之所以應時耦變。」又「欲以耦化應時。」《兵略篇》：「而欲以少耦眾，不能成其功。」

（191）執約以治廣，處靜持中

按：俞樾曰：「《文子・微明篇》作『處靜以持躁』，當從之。」持，讀爲待。《長短經》卷2引《文子》正作「待」字。《李衛公問對》卷中：「以靜待躁。」亦其旁證。《兵略篇》：「治以持亂。」《文選・五等諸侯論》：「以治待亂。」李善注引《淮南子》作「治以待亂」。《墨子・備梯》：「皆立而持鼓而撚火。」《備蛾傳》「持」作「待」。皆其例。《韓子・功名》：「名實相持而成。」持亦讀爲待，《御覽》卷370引作「須」，須亦待也。

（192）故心小者禁於微也，志大者無不懷也

按：上文「所謂心欲小者，慮患未生，備禍未發，戒過慎微」，禁，謹慎也。《繆稱篇》：「故君子禁於微。」亦同。《禮記・緇衣》：「君子道人以言，而禁人以行……則民謹於言而慎於行。」鄭注：「禁，猶謹也。」禁亦慎也，異字同義。《荀子・君道》：「禁盜賊，除姦邪。」《韓詩外傳》卷5「禁」作「謹」。《荀子・王制》：「謹盜賊。」楊倞註：「謹，嚴禁也。」

（193）故堯置敢諫之鼓，舜立誹謗之木，湯有司直之人，武王立戒慎之鞀

高注：欲諫者，擊其鼓。欲戒君令慎疑者，搖鞀鼓。

按：《鄧子・轉辭篇》：「堯置敢諫之鼓，舜立誹謗之木，湯有司直之人，武有戒慎之銘。」爲此文所本。《呂氏春秋・自知》：「堯有欲諫之鼓，

舜有誹謗之木，湯有司過之士，武王有戒慎之鞀。」亦本《鄧子》。劉履芬影摹宋刻本《鄧子》「敢」作「欲」，《文選・策秀才文》李善注引同。作「敢」蓋《鄧子》舊本，《大戴禮記・保傅》：「有誹謗之木，有敢諫之鼓。」是其證也。作「欲」亦有所據，《治要》卷 41 引《淮南》作「欲」。《漢書・王莽傳》：「令王路設進善之旌，非謗之木，欲諫之鼓。」敢，猶欲也〔註135〕。呂傳元、蔣維喬、馬宗霍、何寧謂此文本作「欲」，許維遹、于大成、陳奇猷謂當作「敢」，並未得。《鄧子》「銘」當據《呂氏》、《淮南》作「鞀」，字之誤也。《呂氏》高誘注：「欲戒者搖其鞀鼓之。」「鞀」同「鼗」，如鼓而小，持其柄而搖之，旁耳自擊。《玉篇》：「鼗，似鼓而小。亦作鞀。」《玉海》卷 90 引此文作「鼗」。字亦作鞉，《廣韻》：「鼗，小鼓著柄者。鞉、鞀：並上同。」《劉子・貴言》：「昔堯設招諫之鼓，舜樹誹謗之木，湯立司過之士，武王置誡慎之鼗。」亦本《鄧子》。《路史》卷 13 引《鄧子》作「堯置諫鼓，舜立謗木，湯有總街之誹，武有憸戒之鼗」。其字作「鼗」，尤可證「銘」當作「鞀」字。《貞觀政要》卷 5 作「銘」，注引太公《丹書》以說之，非也。《御覽》卷 77、《玉海》卷 31 引《鄧子》作「銘」，《治要》卷 41 引《淮南》亦作「銘」。則作「銘」字誤自唐宋時也。《太平廣記》卷 241 引《王氏聞見錄》：「臣聞堯有敢諫之鼓，舜有誹謗之木，湯有司過之士，周有誠慎之鞀。」則宋代猶見不誤之本。于大成謂「銘」、「鞀」為許、高之異，非也。

（194）夫聖人之於善也，無小而不舉；其於過也，無微而不改

高注：舉，用。改，更。

按：舉，《文子・微明篇》作「行」，《雲笈七籤》卷 40 引老君語作「得」。《繆稱篇》：「君子不謂小善不足為也而舍之，小善積而為大善；不為（謂）小不善為無傷也而為之，小不善積而為大不善。」《賈子・審微》：「善不可謂小而無益，不善不可謂小而無傷。」《古文苑》卷 10 漢・鄒長倩《遺公孫賢良書》：「勿以小善不足修而不為也。」《吳越春秋・越王無余外傳》：「惡無細而不誅，功無微而不賞。」並可互證。《華陽國志》卷 7：「善無微而不賞，惡無纖而不貶。」《三國

〔註135〕參見蕭旭《古書虛詞旁釋》，廣陵書社 2007 年版，第 131～132 頁。

志・諸葛亮傳》陳壽評語同。《御覽》卷 459 引《諸葛亮集・先主遺詔勅後主》：「勿以惡小而爲之，勿以善小而不爲。」並本於《易・繫辭下》：「小人以小善爲無益而弗爲也，以小惡爲無傷而弗去也。」

（195）堯、舜、禹、湯、文、武王皆坦然天下而南面焉

按：《鹽鐵論・雜論》：「吾所聞周秦粲然皆有天下而南面焉。」文例同此。疑「天下」二字上脫「有」字。《廣韻》：「坦，明也。」字或作炟，《玉篇》：「炟，爆也。」《廣韻》：「炟，火起。」《六書故》：「炟，火氣赫脅也。」字或作憚、燀，《莊子・外物》：「憚赫千里。」《記纂淵海》卷 84 引作「燀」，《六書故》：「憚，與炟通。」舊解多誤〔註136〕。「坦然」即粲然也。王念孫曰：「次句當作『皆坦然南面天下而王天下焉』，今本顛倒，不成文理。劉本刪去『王』字尤非，莊本同。」劉殿爵校作「皆坦然南面而王天下」〔註137〕，蔣禮鴻校作「皆坦然南面天下而王天下」，以「焉」字屬下句〔註138〕，並非也。

（196）使各處其宅，田其田，無故無新，唯賢是親

按：《治要》卷 41 引作「唯賢之親」。《後漢書・申屠剛傳》：「無舊無新，唯仁是親。」李賢注引《尚書大傳》：「各安其宅，各田其田，無故無新，唯仁之親。」爲此文所本。《說苑・貴德》：「使各居其宅，田其田，無變舊新，唯仁是親。」亦本之。

（197）用非其有，使非其人，晏然若故有之

按：《管子・事語》：「善者用非其有，使非其人。」又《輕重甲》：「故聖人善用非其有，使非其人。」爲此文所本。王叔岷曰：「『固』與『故』同。」

（198）於是略智博聞，以應無方

〔註136〕參見蕭旭《敦煌賦校補》之《酒賦》「興洽文章光怛赫」條，收入《群書校補》，廣陵書社 2011 年版，第 878 頁。

〔註137〕劉殿爵《讀淮南鴻烈札記》，香港《聯合書院學報》第 6 期，1967 年出版，第 156 頁。

〔註138〕蔣禮鴻《續〈淮南子校記〉》，收入《蔣禮鴻集》卷 3，浙江教育出版社 2001 年版，第 367 頁。

按：《修務篇》：「誦詩書者期於通道略物。」高注：「略，達也。」略智，通達其智。博聞，廣博其聞。馬宗霍謂「略智猶言廣求其知」，非也。

（199）足躡郊菟

按：《文選・藉田賦》李善註引《說文》：「躡，追也。」《漢書・王嘉傳》顏師古注：「踵，猶躡也。」《說文》：「踵，追也。」吳承仕、楊樹達謂郊讀爲狡，是也。《史記・淮陰侯傳》：「狡兔死，良狗亨。」《索隱》：「《吳越春秋》作『郊兔』。」〔註139〕狡，壯健多力也。《集解》引張晏曰：「狡，猶猾。」未是。足躡郊菟，言其疾速，足可追及狡兔也。吳承仕謂「郊兔」是良馬之名，亦未確。

（200）吳起張儀，智不若孔墨，而爭萬乘之君，此其所以車裂支解也

孫志祖曰：《日知錄》：「張儀未嘗車裂，必蘇秦之誤。」案：或「商鞅」之誤。

于鬯曰：張儀不聞車裂支解，若改作蘇秦，則合矣。又案：《繆稱篇》云「商鞅立法而支解，吳起刻削而車裂」，此張儀恐本作商鞅。

按：楊樹達謂「張儀」乃「蘇秦」之誤，王叔岷謂本作「商鞅」。何寧據《泰族篇》、《繆稱篇》「商鞅」、「吳起」並舉，謂孫、于後說是。考《韓子・姦劫弒臣》：「此商君之所以車裂於秦而吳起之所以枝解於楚者也。」又《和氏》：「然而枝解吳起而車裂商君者，何也？」又《問田》：「然而吳起支解而商君車裂者，不逢世遇主之患也。」《韓詩外傳》卷 1：「吳起峭刑而車裂，商鞅峻法而支解。」作「商鞅」或「商君」爲長。

（201）夫以正教化者，易而必成；以邪巧世者，難而必敗

按：《文子・微明篇》作「故以政教化其勢，易而必成；以邪教化其勢，難而必敗」，《纘義》本「政」作「正」，「邪」作「衰」。《四庫全書〈文子纘義〉考證》：「明刊本『正』作『政』。案此『正』字與下

〔註139〕今本《吳越春秋・夫差內傳》：「狡兔以死，良犬就烹。」又《勾踐伐吳外傳》：「狡兔已盡，良犬就烹。」皆作「狡」字，與《索隱》所見不同。

『衰（褒）』字對，不當作『政』。」〔註140〕疑《文子》「勢」當作「世」，此文「巧」當作「教」，二句當校作「以正教化其世者」、「以褒教化其世者」。

（202）仁者愛其類也，智者不可惑也

按：《御覽》卷441引杜預《女記》：「夫智者不可惑以事，仁者不可脅以死。」即本此文。

（203）見（凡）人之性，莫貴於仁，莫急於智

按：貴，《董子・必仁且知》作「近」。

（204）其施之不當，其處之不宜

按：宜，《董子・必仁且知》作「義」。義，讀爲宜。

（205）孝於父母，弟於兄嫂，信於朋友，不得上令而可得為也

按：上「得」，讀爲待〔註141〕。顧廣圻謂「得」當作「待」，則未得通借之誼。

（206）〔信〕於友有道，事親不說，不信於友。說親有道，修身不誠，不能事親矣。誠身有道，心不專一，不能專誠

按：《禮記・中庸》：「信乎朋友有道，不順乎親，不信乎朋友矣。順乎親有道，反諸身不誠，不順乎親矣。誠身有道，不明乎善，不誠乎身矣。」《家語・哀公問》略同。《孟子・離婁上》：「信於友有道，事親弗悅，弗信於友矣。悅親有道，反身不誠，不悅於親矣。誠身有道，不明乎善，不誠其身矣。」並爲此文所本。順，悅也〔註142〕。「說」同「悅」。王念孫校「不能專誠」爲「不能誠身」，是也；而謂此文與《中庸》次句異義，則亦不達「順」有悅義。

〔註140〕《四庫全書〈文子纘義〉考證》，收入景印文淵閣《四庫全書》第1499冊，臺灣商務印書館1986年初版，第692頁。
〔註141〕參見蕭旭《古書虛詞旁釋》，廣陵書社2007年版，第194～195頁。
〔註142〕參見蕭旭《〈魏晉文舉要〉札記》，《古漢語研究》2001年第4期；又《〈韓詩外傳〉補箋》，《文史》2001年第4期。後者收入《群書校補》，廣陵書社2011年版，第464頁。

（207）道在易而求之難，驗在近而求之遠

　　按：《孟子·離婁上》：「道在邇而求諸遠，事在易而求諸難。」爲此文所本。

《繆稱篇》校補　卷第十

（1）包裹宇宙而無表裏，洞同覆載而無所礙

　　許注：礙，挂也。

　　按：《文子・符言》明刊本作「包裹天地而無表裏，洞同覆蓋而無所硋」，《纘義》本「硋」作「礙」。《廣韻》：「礙，止也，距也。硋，上同。」《文子》作「覆蓋」，義則未備，當據此文作「覆載」。《原道篇》：「夫道者，覆天載地……包裹天地，稟授無形。」亦其證也。《玉篇殘卷》「絯」字條引作「洞目（同）覆而無所絯」，又引許注：「絯，挂也。」脫「載」字。《廣韻》：「絯，掛也，出《淮南子》。」疑許本作「絯」而高本作「礙」。今本爲許注，而字作「礙」者，後人所改也。訓挂者，爲阻止、阻礙之義。《廣雅》：「挂，止也。」王念孫曰：「挂，與礙同義。」〔註1〕《穀梁傳・昭公八年》《釋文》：「挂，礙也。」「絯」借爲「硋（礙）」。陶方琦謂「硋」即「絯」字，何寧謂今本作「礙」，無挂訓，乃後人據《文子》改，胥失考矣。

（2）其坐無慮，其寢無㝱

　　按：寢，《文子・符言》《纘義》本同，明刊本作「寤」。㝱，《文子》作「夢」。《玉篇》：「㝱，《說文》云：『寐而有覺也。』《周禮》太卜掌三㝱之法。㝱者，人精神所寤。」又「夢，今以爲㝱想字。」則此

〔註1〕 王念孫《廣雅疏證》，收入徐復主編《廣雅詁林》，江蘇古籍出版社1998年版，第242頁。

文作「其寢無癙」爲是，《文子》明刊本作「其癙」誤。《四庫全書〈文子纘義〉考證》：「原本癙訛寢，據明刊本改。」〔註2〕傎矣。考《莊子‧大宗師》、《刻意》並云：「其寢不夢，其覺無憂。」《列子‧周穆王》：「其覺自忘，其寢不夢。」爲此文所本。尤爲「其寢」不誤之證。《文子‧道原》：「是以其寢不夢，覺而無憂。」《精神篇》：「是故其寢不夢，其智不萌。」許注：「其寢不夢，神內守其。智不萌，無思念。」皆其旁證。《俶眞篇》：「是故其寐不癙，其覺不憂。」寢、寐義同，與「坐」字對舉。慮，憂思也。

（3）物來而名，事來而應

按：《文子‧符言》作「見物而名，事至而應」。《詮言篇》：「聖人內藏，不爲物先倡，事來而制，物至而應。」《主術篇》：「物至而觀其象，事來而應其化。」亦可互證。考《莊子‧應帝王》：「至人之用心若鏡，不將不逆，應而不藏，故能勝物而不傷。」郭象注：「鑒物而無情，來即應，去即止。物來即鑒，鑒不以心，故雖天下之廣而無勞神之苦。」爲此文所本。

（4）主者，國之心，心治則百節皆安

按：《泰族篇》：「神清志平，百節皆寧。」可互參證。

（5）故其心治者，支體相遺也；其國治者，君臣相忘也

按：《文子‧上德》「心」誤作「身」。《論衡‧自然篇》：「故曰：政之適也，君臣相忘於治，魚相忘於水，獸相忘於林，人相忘於世。」即本此文。

（6）故至德者言同略，事同指

按：《文子‧符言》明刊本作「言同輅，事同福」，《纘義》本「輅」作「路」。王利器曰：「輅，義不可通，《繆稱篇》作『略』，今據改正。」〔註3〕「福」亦「指」之誤。

〔註2〕　《四庫全書〈文子纘義〉考證》，收入景印文淵閣《四庫全書》第 1499 冊，臺灣商務印書館 1986 年初版，第 689 頁。

〔註3〕　王利器《文子疏義》，中華書局 2000 年版，第 188 頁。

－240－

（7）遏障之於邪，關〔開〕道之於善

按：道，讀爲導。《後漢書・馬援傳》：「實欲導之於善，非敢譎以非義。」

（8）道者，物之所導也；德者，性之所扶也

按：《文子・微明》「性」作「生」，借字。

（9）中世守德而弗壞也

按：壞，《文子・微明》作「懷」，古字通借本字作「裹」。《易・旅》：「懷其資。」帛書本作「壞」。《荀子・禮論》：「諸侯不敢壞。」《大戴禮記・禮三本》、《史記・禮書》作「懷」。是其例。俞樾謂「壞」爲「懷」字之誤，非也。

（10）其施厚者其報美，其怨大者其禍深。薄施而厚望，畜怨而無患者，古今未之有也。是故聖人察其所以往，則知其所以來者

按：《管子・形勢解》：「故上施厚則民之報上亦厚，上施薄則民之報上亦薄。故薄施而厚責，君不能得之於臣，父不能得之於子。故曰：往者不至，來者不極。」爲此文所本。望亦責求之義。

（11）聖人之道，猶中衢而致尊邪

許注：道六通謂之衢。尊，酒器也。

按：致尊，《意林》卷 2 引作「置罇」，引注作「衢，六通。罇，酒罇。」《類聚》卷 73、《御覽》卷 761 引作「設樽」，《御覽》卷 195 引作「設罇」，《玉海》卷 89、《永樂大典》卷 3582 引作「設尊」；《御覽》卷 401、403 引作「樽」，脫「致」字。王念孫謂致爲設之誤，非也。楊樹達、馬宗霍、裴學海謂致讀爲置〔註4〕，是也。《漢書・外戚傳》：「會稽郡致園邑三百家。」《御覽》卷 553 引作「置」，《史記・外戚世家》亦作「置」。王先謙曰：「致，同『置』。」〔註5〕亦其例。設亦置也。「樽」、「罇」並「尊」之後出專字。

（12）人以其所願於上以與其下交，誰弗載？以其所欲於下以事

〔註4〕裴學海《評高郵王氏四種》，《河北大學學報》1962 年第 2 期，第 56 頁。
〔註5〕王先謙《漢書補注》，書目文獻出版社 1995 年版，第 1654 頁。

其上，誰弗喜

按：載，一本作「戴」，古字通。《詩·伐柯》：「伐柯伐柯，其則不遠。」
毛傳：「以其所願乎上交乎下，以其所願乎下事乎上，不遠求也。」
可互參證。

（13）慎德大矣，一人小矣，能善小斯能善大矣

按：《關尹子·九藥篇》：「能周小事，然後能成大事；能積小物，然後能
成大物；能善小人，然後能契大人。」爲此文所本。《文心雕龍·書
記》：「契者，結也。」

（14）禹無廢功，無蔽財，自視猶欿如也

許注：欿，不滿也。

按：蔽，一本作「敝」，一本作「廢」，《永樂大典》卷 20425 引作「廢」。
廢、蔽、敝並棄也。《禮記·郊特牲》：「冠而敝之可也。」《釋文》：
「敝，本亦作弊，棄也。」《抱朴子外篇·務正》：「乘役其所長，則
事無廢功；避其所短，則世無棄材矣。」即本此文，正作「棄」字。
于大成讀蔽爲㡀，訓敗，猶未安。朱駿聲謂欿借爲缺〔註6〕，是也。
《莊子·逍遙遊》：「吾自視缺然。」正作「缺」字。「欿如」即「缺
然」也。成玄英疏：「自視缺然不足。」《中論·虛道》：「視彼猶賢，
自視猶不足也。」「缺然」即不足之義，故許注訓不滿也。《原本玉
篇殘卷》：「欿，《淮南》：『目（自）視欿如也。』許叔重曰：『欿，
不滿也。』」《說文》：「欿，食不滿也，讀若坎。」疑許本作「欿」
而高本作「欿」。今本爲許注，而字作「欿」者，後人所改也。「欿」
亦借「欲」字爲之。《孟子·盡心上》：「如其自視欲然。」宋·孫奭
《音義》：「欲，張音坎，《字林》云：『欲得也。』今詳此義，內顧
不足而有所然也。」《集韻》：「欲，欲然，不自滿足意。」宋·王觀
國《學林》卷 5：「此欲字亦讀音坎，其義則虛己也。案字書臽音坎，
窖也。故字凡從臽者，皆有虛闕之義。」〔註7〕陶方琦謂「欿」爲「欿」
字之誤，朱駿聲謂「欲」借爲「歉」〔註8〕，何寧謂「欿」爲「欲」

〔註6〕 朱駿聲《說文通訓定聲》，武漢市古籍書店 1983 年版，第 662 頁。
〔註7〕 王觀國《學林》，中華書局 1988 年版，第 158 頁。
〔註8〕 朱駿聲《說文通訓定聲》，武漢市古籍書店 1983 年版，第 132 頁。

字之誤，並非。

（15）滿如陷，實如虛，盡之者也

許注：陷，少也。

按：《大戴禮記・武王踐阼》：「滿而不滿，實如虛，過之如不及。」爲此文所本。《說苑・說叢》：「君子實如虛，有如無。」亦本之。而，讀爲如。陷，讀爲歁（欿），《原本玉篇殘卷》引正作「歁」字。朱駿聲謂「陷」借爲「歉」〔註9〕，何寧謂「陷」爲「欿」之形誤，並非。

（16）己未必得賢，而求與己同者，而欲得賢，亦不幾矣

按：幾，讀爲覬〔註10〕。《韓子・姦劫弒臣》：「我以忠信事上，積功勞而求安，是猶盲而欲知黑白之情，必不幾矣。」又《五蠹》：「而人主兼舉匹夫之行而求致社稷之福，必不幾矣。」考《商子・農戰》：「我不以貨事上而求遷者，則如以狸餌鼠爾，必不冀矣。」文例相同，《左傳・哀公十六年》：「日月以幾。」杜注：「冀君來。」《釋文》：「幾，音冀，本或作冀。」《漢書》顏師古注，每云：「幾，讀曰冀。」〔註11〕「冀」亦「覬」借字。《治要》卷41引許注：「幾，近也。」非是。

（17）今謂狐狸，則必不知狐，又不知狸。非未嘗見狐者，必未嘗見狸也。狐狸非（異）同類也，而謂狐狸，則不知狐狸

按：《子思子外篇・逸篇》：「謂狐爲狸者，非直不知狸（狐）也，忽（勿）得狐，復失狸者也。」〔註12〕《意林》卷3引桓譚《新論》：「譚曰：『人有以狐爲狸，以瑟爲箜篌，此非徒不知瑟、狐，又不知狸與箜篌。』」〔註13〕宋・晁補之《治通小序》：「謂狐爲狸，則不知狐，又不知狸，謂之胥失。」宋・崔德符《乞辨忠邪書》：「《傳》曰：『謂

〔註9〕 朱駿聲《說文通訓定聲》，武漢市古籍書店1983年版，第133頁。

〔註10〕 參見朱駿聲《說文通訓定聲》，武漢市古籍書店1983年版，第567頁。

〔註11〕 參見宗福邦主編《故訓匯纂》，商務印書館2003年版，第690～691頁。

〔註12〕 敦煌寫卷S.1380《應機抄》引子思曰：「以狐爲狸者，非直不知狐，亦不知狸也。」「非直不知狸」之「狸」，《御覽》卷912引作「狸」，並當據唐寫本訂作「狐」。「忽」字《御覽》卷912引同，當作「勿」。「勿得狐」即「不知狐」也。

〔註13〕 《類聚》卷44引作「鄙人謂狐爲狸，以瑟爲箜篌，此非徒不知狐與瑟，乃不知狸與箜篌也」。

狐爲狸，則非特不知狐，又不知狸。』」此文「謂狐狸」者，蔣禮鴻指出即謂狐爲狸〔註 14〕，是也。于鬯曰：「謂狐狸者，謂狐爲狸，謂狸爲狐也。」張雙棣曰：「謂狐狸者，蓋混稱狐與狸皆爲狐狸也。」胥失之。劉殿爵謂上「非」下脫「直」，「者」當在「見狸」下，可從；而謂「同」字衍〔註 15〕，則非也。

（18）侏儒瞽師，人之困慰者也，人主以備樂

許注：慰，可蹶也。一曰：慰，極。

按：慰，一本作「懟」，《記纂淵海》卷 57 引作「憅」。《類說》卷 25 引《炙轂子》亦作「憅」，是宋人所見有作「憅」字者。一說訓「極」亦困憅之誼。吳闓生曰：「慰，猶鬱也。」朱起鳳曰：「慰與畏同聲通用。」朱氏引《莊子・列禦寇》「緣循、偃佒、困畏不若人，三者俱通達」郭象注「困畏，怯弱者也」〔註 16〕。吳承仕曰：「懟即慰之譌也。困慰者，假慰爲瘃，困也，極也。可蹶之訓，未聞其審，疑有譌文。」于省吾曰：「吳說未允。慰應讀作鬱，愁也。鬱可蹶也即愁可蹶也。侏儒與瞽師不利於行，故以憂鬱顚蹶爲言。鬱，盛也。按物盛則極，故許注云：『一曰：慰，極。』」馬宗霍曰：「困慰猶困怨也。極亦有困義，又有病義。」王叔岷曰：「作懟者，後人所改……作憅，亦後人所改。」〔註 17〕何寧校「可蹶」爲「句（拘）蹶」。各備一通。傅山曰：「《玉篇》：『懟，直類切，怨也。徒對切，愚也。』與『憝』同，《法言》：『楚惇群策。』注『廢也。』此當從廢意。」〔註 18〕《法言》見《重黎篇》，字作「憝」。傅說失之。莊逵吉曰：「疑作懟者是。」金其源曰：「慰、懟字異而義同，不必作懟。」許匡一曰：「困慰，意謂困窘抑鬱。《莊子・外物》《釋文》：『慰，鬱也。』」

〔註 14〕 蔣禮鴻《續〈淮南子校記〉》，收入《蔣禮鴻集》卷 3，浙江教育出版社 2001年版，第 367 頁。

〔註 15〕 劉殿爵《讀淮南鴻烈札記》，香港《聯合書院學報》第 6 期，1967 年出版，第157 頁。

〔註 16〕 朱起鳳《辭通》，上海古籍出版社 1982 年版，第 1730 頁。

〔註 17〕 王叔岷《文子斠證》，收入《諸子斠證》，中華書局 2007 年版，第 380 頁。

〔註 18〕 傅山《讀子二・淮南存雋》，收入《霜紅龕集》卷 33，《續修四庫全書》第 1395冊，上海古籍出版社 2002 年版，第 665 頁。

〔註 19〕並非也。

（19）勇士一呼，三軍皆辟，其出之也誠

按：《韓詩外傳》卷 6 作「勇士一呼，而三軍皆避，士之誠也」，《新序·雜事四》作「勇士一呼，三軍皆辟，士之誠也」。《御覽》卷 437 引《新序》「辟」下有「易」字。「士」為「出」形誤。本篇下文「誠出於己」，亦其證。石光瑛曰：「出、士形近，〔出〕似優。一曰『士』當作『志』。」〔註 20〕一說非也，《文子·精誠》亦作「出」字。

（20）故倡而不和，意而不戴，中心必有不合者也

許注：意，悉聲也。戴，嗟。

按：戴，《文子·精誠》作「載」。下文「上意而民載」，亦作「載」字。王念孫、洪頤煊並謂載訓行。朱駿聲謂「意」與「噫」、「懿」同，申許注〔註 21〕。《韓詩外傳》卷 6 作「夫倡而不和，動而不償，中心有不全者矣」，《新序·雜事四》作「唱而不和，動而不隨，中必有不全者矣」〔註 22〕。「償」當為「償」字形誤，《說文繫傳》：「償，順也。」《廣雅》：「隨，順也。」償、隨音近義同。許維遹曰：「償讀為貢，進也。」〔註 23〕屈守元曰：「償，動也。」〔註 24〕于大成曰：「償，動也。或償是隨字之誤。」並非也〔註 25〕。「全」當作「合」，下文「動於上不應於下者，情與令殊也」，「不合」即殊也。何寧謂「合」當作「全」，非是。

（21）故舜不降席而王天下者，求諸己也

按：王，王念孫據下文「故舜不降席而天下治」及《文子·精誠》、《韓

〔註 19〕許匡一《〈淮南子〉校注獻疑》，《武漢教育學院學報》第 13 卷 50 期，1994 年，第 96 頁。

〔註 20〕石光瑛《新序校釋》，中華書局 2001 年版，第 616 頁。

〔註 21〕朱駿聲《說文通訓定聲》，武漢市古籍書店 1983 年版，第 178 頁。

〔註 22〕《搜神記》卷 11、《法苑珠林》卷 36 同。

〔註 23〕許維遹《韓詩外傳集釋》，中華書局 1980 年版，第 231 頁。

〔註 24〕屈守元《韓詩外傳箋疏》，巴蜀書社 1996 年版，第 577 頁。

〔註 25〕參見蕭旭《韓詩外傳補箋》，收入《群書校補》，廣陵書社 2011 年版，第 460 頁。

詩外傳》、《新序・雜事》校作「匡」。《外傳》卷 3、卷 6 二見，並作「匡」字，《搜神記》卷 11、《法苑珠林》卷 36 同。《道德指歸論》卷 2：「故不郊祀而天心和，不降席而正四海。」「正」、「匡」同義。「王」讀為匡，王氏失考。《董子・深察名號》：「王者，皇也；王者，方也。王者，匡也。王者，黃也；王者，往也。」字或作皇，《爾雅》：「皇、匡，正也。」《詩・破斧》：「四國是皇。」毛傳：「皇，匡也。」《詩攷》引《齊詩》作「匡」，《法言・先知》引作「王」，司馬光註：「王，當為匡。」《白虎通義・巡狩》解之云：「言東征述職周公黜陟而天下皆正也」。惠棟曰：「皇，讀為匡。」〔註26〕《墨子・迎敵祠》：「唯乃是王。」于省吾曰：「『王』本應作『匡』，宋人避諱而改為『王』……是『皇』、『匡』、『王』亦音近義通。」〔註27〕于氏讀王為匡是，謂宋人避諱而改則非是。

（22）身曲而景直者，未之聞也

按：《金樓子・立言篇下》：「身曲影直者，未之聞也。」即本此文。

（23）三苗之民，皆可使忠信，或賢或不肖，唯唐虞能齊其美

按：《論衡・率性》：「三苗之民，或賢或不肖，堯舜齊之。」即本此文。

（24）用百人之所能，則得百人之力；舉千人之所愛，則得千人之心，辟若伐樹而引其本，千枝萬葉則莫得弗從也

按：《精神篇》：「譬猶本與末也，從本引之，千枝萬葉，莫得不隨也。」《文子・微明》：「故用眾人之所愛，則得眾人之力；舉眾人之所喜，則得眾人之心。」可互參證。《金樓子・立言篇下》：「用百人之所能，則〔得〕百人之力，舉〔千人之所愛，則得千人之心〕，譬若伐樹而引其本，千枝萬葉莫能弗從也。」即本此文而有脫文，當據此訂正。

（25）慈父之愛子，非為報也，不可內解於心；聖王之養民，非求用也，性不能已

按：《說苑・貴德》：「聖王布德施惠，非求報於百姓也。」文例同。為

〔註26〕 惠棟《九經古義》卷 5，收入阮元《清經解》，鳳凰出版社 2005 年版，第 2829 頁。

〔註27〕 于省吾《雙劍誃諸子新證》，上海書店 1999 年版，第 309 頁。

亦求也〔註28〕，《文子·微明》作「非求其報……非爲己用也」。《國語·晉語九》：「欲爲繫援焉。」《白帖》卷 17 引「爲」作「求」，亦其例。

（26）若失火舟中

按：失，《意林》卷 2、景宋本《御覽》卷 869 引同，《四庫》本《御覽》引誤作「救」。

（27）媒妁譽人，而莫之德也；取庸而強飯之，莫之愛也

按：《韓子·外儲說左上》：「故父子或怨譟，取庸作者進美羹。」爲此文所本。取，請也。取庸，猶言雇請工人。《史記·周勃世家》：「取庸苦之，不予錢。」「取庸」義同。《漢書》顏師古注：「庸，謂賃也。」句謂雇請工人，勸其進飯，欲盡其力，而非愛之也。于鬯謂庸當訓償，解爲雖飯之而欲取償其飯值也，非是。《劉子·去情》：「是以謀揚譽人，而受譽者不以爲德，身膚強飯，而蒙飽者不以爲惠。」〔註29〕即本此文。

（28）雖親父慈母，不加於此，有以爲，則恩不接矣

按：以，猶所也〔註30〕。爲亦求也。

（29）故舜不降席而天下治，桀不下陛而天下亂

按：黃以周、楊樹達引《書鈔》卷 15、卷 133、《類聚》卷 69、《御覽》卷 709 引《子思子》：「舜不降席而天下治，桀紂不降席而天下亂也。」〔註31〕按《大戴禮記·王言》：「昔者舜左禹而右皐陶，不下席而天下治。」〔註32〕亦爲此文所本。

（30）蓋情甚乎叫呼也

按：叫，《文子·精誠》明刊本作「譟」，《纘義》本作「梟」。「譟」同「噪」，

〔註28〕 參見蕭旭《古書虛詞旁釋》，廣陵書社 2007 年版，第 46～47 頁。

〔註29〕 「身膚」，孫楷第、王叔岷並校爲「取庸」，參見傅亞庶《劉子校釋》，中華書局 1998 年版，第 22 頁。《記纂淵海》卷 61 引「身膚」作「臣虜」，亦爲臆改。

〔註30〕 參見裴學海《古書虛字集釋》，中華書局 1954 年版，第 30 頁。

〔註31〕 《書鈔》卷 15、卷 133、《御覽》卷 709 亦引，詳略不同。

〔註32〕 《家語·王言解》同。

為「叫」古字。「梟」則省借字。《集韻》:「叫,或作嘂。」《漢書‧
息夫躬傳》:「如使狂夫嘂謼於東崖。」顏師古注:「嘂,古叫字。」
《海錄碎事》卷 10 引作「叫」。「叫呼」即「嘂謼」也。字或作訆,
《說文》:「叫,呼也。訆,大呼。」

（31）同言而民信,信在言前也;同令而民化,誠在令外也

按:《中論‧貴驗》引子思曰:「同言而信,信在言前也;同令而化,化
在令外也。」《意林》卷 1 引《子思子》:「言而信,信在言前;令而
化,化在令外,聖人在上,而遷其化。」《後漢書‧王良傳》:「語曰:
『同言而信,則信在言前;同令而行,則誠在令外。』」李賢注謂出
於《子思子‧累德篇》。《御覽》卷 390 引《子思子》:「同言而信,
信在言前。」又卷 430 引《子思子》:「同言而信,信在言前;同令
而化,化在令外。」為此文所本。誠,《文子‧精誠》、《劉子‧履信》
同,當據《中論》、《意林》、《御覽》所引作「化」,《後漢書》所引
亦誤。《顏氏家訓‧序致篇》:「夫同言而信,信其所親;同命而行,
行其所服。」亦本《子思子》。

（32）聖人在上,民遷而化

按:《御覽》卷 430 引《子思子》:「聖人在上,民遷如化。」為此文所本。
而,讀為如。《意林》卷 1 引《子思子》作「而遷其化」,誤也。《文
子‧精誠》作「民化如神」。

（33）故言之用者,昭昭乎小哉;不言之用者,曠曠乎大哉

按:《文子‧精誠》作「故言之用者,變變乎小哉;不言之用者,變變
乎大哉」。楊樹達曰:「《禮記‧中庸》:『今夫天,斯昭昭之多。』
鄭注云:『昭昭,猶耿耿,小明也。』疏云:『昭昭,狹小之貌。』」
考《莊子‧天地》:「上神乘光,與形滅亡,此謂照曠。」《文選‧
富春渚》李善注引作「昭曠」,又引《說文》:「曠,明也。」「昭」、
「照」通用,蓋為小明;曠則大明。此文「昭曠」,即《莊子》之
「照曠」也。《原本玉篇殘卷》引作「縣乎小哉,曠乎大哉」。何寧
謂「昭昭」當作「縣縣」,未必是。

（34）故禹執干戚舞於兩階之間而三苗服

許注：三苗畔禹，禹風以禮樂而服之

按：舞，《御覽》卷 932 引作「儛」。《干祿字書》：「儛、舞：上俗下正。」

（35）非出死以要名也

按：要，《文子・精誠》作「求」。要亦求也。

（36）人之甘甘，非正為蹠也

按：馬宗霍謂正猶定，是也。下文「桀紂非正賊之也」，亦同。《公羊傳・
僖公二十六年》：「師出不正反，戰不正勝也。」《穀梁傳》「正」作「必」。
《白虎通・三軍》：「師行不必反，戰不必勝。」亦作「必」字。王引
之曰：「正之言定也、必也。」〔註33〕《呂氏春秋・功名》高注引此
文，范耕研謂蹠訓雞足踵，是也。陳奇猷謂蹠訓跳躍〔註34〕，王利器
謂蹠訓踐履〔註35〕，並非也。本字為跖，《說文》：「跖，足下也。」《呂
氏春秋・用眾》：「善學者若齊王之食雞也，必食其跖。」高注：「跖，
雞足踵。」本書《說山篇》「跖」作「蹠」，注同。言人之甘其美味者，
不一定是為雞足踵。吳承仕、馬宗霍謂蹠讀為庶，義為願，非也。

（37）君子之慘怛，非正為偽形也，諭乎人心，非從外入，自中出者也

按：吳闓生、呂傳元謂「偽」字衍，是也。《禮記・祭統》：「夫祭者，非
物自外至者也，自中出生於心也。」為此文所本。

（38）不能使無憂尋

許注：憂尋，憂長也，仁念也。

于省吾曰：按「憂尋」與上文「苟易」對文，訓憂長則非對文。下文「其
憂尋推之也。」注：「憂尋，憂深也。」于義亦未符。尋應讀作燖。《廣雅》：
「燖，思也。」又「悇燖，懷憂也。」憂燖即憂思。

〔註33〕王引之《經義述聞》卷 24，江蘇古籍出版社 1985 年版，第 578 頁。蕭旭《古
書虛詞旁釋》有補證，廣陵書社 2007 年版，第 343～344 頁。
〔註34〕陳奇猷《呂氏春秋新校釋》，上海古籍出版社 2002 年版，第 113～114 頁。
〔註35〕王利器《呂氏春秋注疏》，巴蜀書社 2002 年版，第 237～238 頁。

按：許注不誤，從「尋」之字多有深長之義。于氏讀爲憛亦是也，「憛」
即謂憂思之長。于氏謂許注誤，猶隔於一間。字或作憛，《集韻》：「憛、
憛：《博雅》：『思也。』一曰：憛憛，憂惑也。一曰：惶遽也。一曰：
禍福未定意。或作憛。」「撢」同「探」，是其比。字或作憛，《集韻》：
「憛，憛忒，心不寧。」又「譸，譸諼，言不定。」〔註36〕俗作「忐
忑」者〔註37〕，即「憛忒」、「譸諼」也。字或作慘，《爾雅》：「慘，
憂也。」字或作瞫，《方言》卷 1：「愼、瞫，憂也，宋、衛或謂之
愼，或曰瞫。」郭注：「瞫者，憂而不動也，作念反。」《廣雅》：「瞫，
憂也。」《廣韻》：「瞫，閉目內思。」《集韻》：「瞫，閉目思也，一
曰憂也。」王念孫曰：「慘與瞫聲近義同。」〔註38〕本字蓋爲憛，《說
文》「憛，痛也。」引申訓憂。朱起鳳尋讀爲勤，勤亦憂也〔註39〕，
可備一通。朱駿聲謂尋讀爲深〔註40〕，非也。

（39）夫察所夜行，周公〔不〕慙乎景，故君子慎其獨也

按：《晏子春秋・外篇下》：「嬰聞之，君子獨立不慙於影，獨寢不慙於
魂。」爲此文所本。《文子・精誠》：「察其所行，聖人不慙於景，
君子慎其獨也。」《修務篇》：「魏文侯曰：『吾日悠悠慙於影，子何
以輕之哉？』」亦可互參。《劉子・慎獨》：「獨立不慚影，獨寢不愧
衾。」亦本《晏子》。

（40）夫子見禾之三變也

許注：夫子，孔子也。三變，始於粟，粟生於苗，苗成於穗也。

按：《類聚》卷 85 引《春秋說題辭》：「粟五變，生爲苗，秀爲禾，三變
而發謂之粟，四變曰米，五變而蒸飯可食。」〔註41〕《初學記》卷

〔註36〕 《漢語大字典》引「忒」誤從「感」作「諼」，《漢語大字典》（第二版），崇
文書局、四川辭書出版社 2010 年版，第 4286 頁。

〔註37〕 《五音集韻》：「忐，忐忑，心虛也，怯也，懼也。」另參見蕭旭「忐忑」
考》。

〔註38〕 王念孫《廣雅疏證》，收入徐復主編《廣雅詁林》，江蘇古籍出版社 1998 年
版，第 45 頁。

〔註39〕 朱起鳳《辭通》，上海古籍出版社 1982 年版，第 508 頁。

〔註40〕 朱駿聲《說文通訓定聲》，武漢市古籍書店 1983 年版，第 98 頁。

〔註41〕 《御覽》卷 840 引作「粟五變，一變而以陽生爲苗，二變而秀爲禾，三變而

26 引《春秋運斗樞》：「粟五變，以陽化生而爲苗，秀爲禾，三變而粲謂之粟，四變入臼米出甲，五變而烝飯可食。」〔註42〕

（41）滔滔然曰：「狐鄉丘而死，我其首禾乎？」

許注：禾穗垂而向根，君子不忌（忘）本也。

按：許注十二字，《後漢書・張衡傳》李賢注引作高誘注，「穗」作「穟」，同。《御覽》卷839、《孔子集語》卷上、《天中記》卷45引作正文，誤也。

（42）所求者同，所期者異乎

按：期，《文子・符言》作「極」。期讀爲極，至也。常詁耳。《荀子・王霸篇》：「夫人之情，目欲綦色，耳欲綦聲，口欲綦味，鼻欲綦臭，心欲綦佚。」楊倞註：「綦，極也。綦，或爲其，傳寫誤耳。」此其相通之證。乎，猶也也。何寧改「乎」爲「夫」，屬下句，非也。

（43）擊舟水中，魚沉而鳥揚，同聞而殊事，其情一也

按：《齊俗篇》引曾子曰：「擊舟水中，鳥聞之而高翔，魚聞之而淵藏，故所趨各異，而皆得所便。」〔註43〕二篇蓋皆本之《曾子》。《莊子・至樂》引孔子曰：「咸池、九韶之樂，張之洞庭之野，鳥聞之而飛，獸聞之而走，魚聞之而下入，人卒聞之，相與還而觀之，魚處水而生，人處水而死，彼必相與異，其好惡故異也。故先聖不一其能，不同其事。」曾子語又本孔子。

（44）聖人爲善，非以求名而名從之，名不與利期而利歸之

按：《列子・說符》引楊朱曰：「行善，不以爲名而名從之，名不與利期而利歸之，利不與爭期而爭及之。故君子必慎爲善。」爲此文所本。爲亦求也，《文子・符言》亦作「求」。《後漢紀》卷3：「崇善，非以求名而名彰於外。」即本此文。

（45）今夫夜有求，與瞽師併，東方開，斯照矣

粲然謂之粟，四變入臼米出甲，五變而蒸飯可食」。

〔註42〕《御覽》卷850引同。

〔註43〕《御覽》卷914引「淵藏」作「沉淵」，非是。淵，深也。

按：《禮記·仲尼燕尼》：「治國而無禮，譬猶瞽之無相與？倀倀乎其何之？譬如終夜有求於幽室之中，非燭何見？若無禮，則手足無所措耳。」〔註44〕為此文所本。照即照耀義，劉績謂「照」當作「昭」，非也。

（46）故君子日孳孳以成輝，小人日快快以至辱

按：下文：「故唐虞日孳孳以致於王，桀紂日快快以致於死。」二處「快快」，一本皆誤作「怏怏」，參見陳昌齊、向宗魯、劉殿爵說〔註45〕。王利器謂作「怏怏」是，解為「倔強不服」〔註46〕，儽矣。《說文》：「孳，汲汲生也。」孳孳，勤勉之貌。《文子·上德》作「汲汲」，義同。字或作「孜孜」，《說文》：「孜，汲汲也。」《書·益稷》：「予思日孜孜。」《史記·夏本紀》引作「孳孳」。字或作「滋滋」，《孔叢子·居衛》：「夜思之，晝行之，滋滋焉，汲汲焉，如農之赴時，商之趨利。」《隸釋》卷8漢《金鄉長侯成碑》：「滋滋履真，安貧樂道。」顧炎武曰：「其文有云『滋滋履真』者，孳孳之異。《濟陰太守孟郁修堯廟碑》亦以『滋滋』為『孳孳』。」〔註47〕字或作「茲茲」，《史記·陳杞世家》：「苗裔茲茲，有土者不乏焉。」方以智曰：「此『茲茲』則是『孳孳』之義。」〔註48〕

（47）其消息也，離珠弗能見也

按：《文子·上德》「離」誤作「雖」，又脫「珠」字。

（48）文王聞善如不及，宿不善如不祥，非為日不足也，其憂尋推之也

許注：憂尋，憂深也。

按：《墨子·公孟》：「公孟子曰：『善！吾聞之曰：宿善者不祥。』」《逸

〔註44〕《家語·論禮》同。終，讀為中，《記纂淵海》卷57引正作「中」。
〔註45〕劉殿爵《讀淮南鴻烈札記》，香港《聯合書院學報》第6期，1967年出版，第157頁。
〔註46〕王利器《文子疏義》，中華書局2000年版，第300頁。
〔註47〕顧炎武《金石文字記》卷1，收入景印文淵閣《四庫全書》第683冊，臺灣商務印書館1986年版，第715頁。
〔註48〕方以智《通雅》卷9，收入《方以智全書》第1冊，上海古籍出版社1988年版，第372頁。

周書・大開解》:「戒後人其用汝謀,維宿不悉、日不足。」清華簡
《保訓》:「日不足,惟宿不羕。」銀雀山漢簡《六韜》:「吾聞宿善
者不悉,且日不足。」《說苑・政理》「(呂望)對曰:『宿善不祥。』」
《文子・上德》說:「故見善如不及,宿不善如不祥。苟向善,雖過
無怨;苟不向善,雖忠來惡。」可互參證。宿不善,向宗魯據《墨
子》、《說苑》刪「不」字,是也。「悉」爲「恙」誤,「恙」、「羕」
並讀爲祥。宿,留止也。宿善如不祥,言不及時行善,不祥也。《逸
周書》言要及時聽取汝謀,如果放到明天再聽,那也不好。丁宗洛
曰:「宿,夜也。或曰:宿讀爲肅,戒也。宿不悉,言戒之不盡也。」
〔註49〕李學勤謂丁氏後說是,並謂「不羕讀爲不詳。詳,悉也」〔註
50〕,並失之。

(49) 懷情抱質,天弗能殺,地弗能薶也

按:郭店楚簡《太一生水》:「此天之所不能殺,地之所不能釐。」《荀子・
儒效篇》:「天不能死,地不能埋,桀蹠之世不能汙。」《韓詩外傳》
卷1:「名傳於世,與日月並而〔不〕息,天不能殺,地不能生。」
〔註51〕《公羊傳・哀公十二年》漢何休注:「天不能殺,地不能理。」
諸文並可參證。楚簡整理者根據《古文四聲韻》和金文釋讀「釐」
爲「釐」,並引《後漢書・梁統傳》李賢注「釐,猶改也」解之,郭
沂采其說〔註52〕。李零曰:「整理者以爲簡文『殺』是衰減之義,『釐』
是改正之義,似可商榷。因爲類似的話見於《荀子・儒效篇》,是作
『天不能死,地不能埋』,這裏讀爲埋。」〔註53〕劉釗曰:「釐爲釐

〔註49〕轉引自黃懷信《逸周書彙校集注(修訂本)》,上海古籍出版社2007年版,第
216頁。

〔註50〕李學勤《〈程寤〉、〈保訓〉「日不足」等語的讀釋》,《清華大學學報》2011年
第2期。

〔註51〕「不」字據《說苑・節士》補。

〔註52〕《郭店楚墓竹簡》,文物出版社1998年版,第126頁。郭沂《〈太一生水〉
考釋》,收入《郭店竹簡與先秦學術思想》,上海教育出版社2001年版,第
138頁。

〔註53〕李零《讀郭店楚簡〈太一生水〉》,又《郭店楚簡校讀記》,並收入《道家文
化研究》第17輯,三聯出版社1999年版,第319、477頁。又李氏《郭店
楚簡校讀記》,北京大學出版社2002年版,第33頁。李零的意見還見於美
國達慕思學院「郭店《老子》研究會論文」(1998年),戴卡琳、趙建偉、

字古文，讀爲埋。」〔註54〕鄭剛引《管子・五行》「所以待天地之殺斂也」，謂「殺堇」即「殺斂」，是「生成」的反對意義〔註55〕友人龐光華博士謂「埋」是漢代以後的俗字，據《逸周書・諡法》「有伐而還曰釐」，謂「釐」有「伐」義，並認爲古本《荀子》很可能是作「地不能里（或堇）」，「里」或「堇」當讀爲「釐」；《外傳》「生」字義不可通，當爲「里」或「堇」之誤，讀爲釐；「埋」是「里」的異體字，只是增加了「土」作偏旁而已。增加「土」爲繁化偏旁，這在戰國文字中是比較常見的現象〔註56〕友人李銳博士據龐說，認爲「此一問題牽涉頗廣，恐怕還有待更多的材料來說明問題，今且將此處讀爲釐」〔註57〕。龐說《外傳》「生」當爲「里」之誤，是也。「里」爲「理」之省。整理者釋讀「堇」爲「釐」是也，《集韻》：「釐，或作堇。」亦其證。堇（釐）、理，並讀爲薶。《說文》：「薶，瘞也。」《廣雅》：「薶，藏也。」俗作埋字，《玉篇》：「薶，與『埋』同。」《干祿字書》：「埋、薶：上通下正。」《雲笈七籤》卷 32 引《養性延命錄》：「《神農經》曰：『食元氣者，地不能埋，天不能殺。』」亦作「埋」。惠棟曰：「（何休注）二語見《荀子》，『理』當作『埋』。」〔註58〕以爲誤字，拘矣。《俶眞篇》：「夫鑑明者，塵垢弗能薶；神清者，嗜欲弗能亂。」高誘注：「薶，污也。薶讀倭語之倭。」《詮言篇》：「崑山之玉瑱，而塵垢弗能污也。」《文子・九守》：「夫鑑明者，則塵垢不污也；神清者，嗜欲不誤也。」

陳偉引而從之。戴卡琳《〈太一生水〉初探》，趙建偉《郭店楚墓竹簡〈太一生水〉疏證》，並收入《道家文化研究》第 17 輯，三聯出版社 1999 年版，第 343、386 頁。陳偉《郭店竹書別釋》，湖北教育出版社 2003 年版，第 28 頁。

〔註54〕劉釗《郭店楚簡校釋》，福建人民出版社 2005 年版，第 46 頁；又見《讀郭店楚簡字詞札記》，收入《郭店楚簡國際學術研討會論文集》，湖北人民出版社 2000 年版，第 84 頁。

〔註55〕鄭剛《「地之所不能堇」考》，收入《楚簡道家文獻辨證》，汕頭大學出版社 2004 年版，第 56 頁。

〔註56〕龐光華《論漢語上古音無複輔音聲母》，中國文史出版社 2005 年版，第 237~238、361~362 頁。

〔註57〕李銳《郭店〈太一生水〉補疏》，收入《新出簡帛的學術探索》，北京師範大學出版社 2010 年版，第 235 頁。

〔註58〕《十三經注疏校勘記》所引，中華書局 1980 年版，第 2354 頁。

《雲笈七籤》卷 91 引《文子》：「夫鑒明者，塵垢弗污染也；神清者，嗜欲弗躭著也。」此「薶」訓污染之切證。《劉子‧防慾》：「是以珠瑩則塵埃不能附，性明則情慾不能染也。」薶亦即埋字，塵垢所埋，是爲污染之義也，故《劉子》易作「附」字，正與「埋」義相因也。朱駿聲讀薶爲霾〔註59〕，非也。字或省作貍，《五經文字》卷中：「貍，力之反，經典或借用爲埋字。」《集韻》：「薶，謨皆切，或作貍、埋。」《莊子‧寓言》：「天有歷數，地有人據。」此即「天弗能殺，地弗能薶」之誼。

（50）聲自召也，貌自示也，名自命也，文（人）自官也

按：馬王堆帛書《經法‧論》：「勿（物）自正也，名自命也，事自定也。」〔註60〕《中論‧貴驗》：「子思曰：『事自名也，聲自呼也，貌自眩也，物自處也，人自官也。』」《治要》卷36引《申子‧大體》：「名自正也，事自定也。」又引《尸子‧分》：「令名自正，令事自定。」《韓子‧主道》：「故虛靜以待令，令名自命也，令事自定也。」又《揚權》：「故聖人執一以靜，使名自命，令事自定。」《史記‧晉世家》：「名自命也，物自定也。」「物自處」即「物自定」、「事自定」也。《廣韻》：「處，定也。」眩，讀爲炫，炫耀。黃以周謂「眩」當作「眹」，同「示」，非也。貌自示也，《文子‧上德》誤作「類自求也」。文，《文子》作「人」。

（51）故兩心不可以得一人，一心可以得百人

按：《意林》卷 1 引《子思子》：「百心不可得一人，一心可得百人。」〔註61〕《晏子春秋‧內篇問下》、《外篇下》：「一心可以事百君，三心不可以事一君。」〔註62〕爲此文所本。得，疑本作「待」，音之訛也。待，讀爲侍，與「事」同義。

〔註59〕 朱駿聲《說文通訓定聲》，武漢市古籍書店 1983 年版，第 187 頁。

〔註60〕 馬王堆帛書《經法‧論》，收入《馬王堆漢墓帛書〔壹〕》，文物出版社 1980 年版，第 54 頁。

〔註61〕 《御覽》卷 376 引同。

〔註62〕 《孔叢子‧詰墨》、《類聚》卷 20、《意林》卷 1、《白帖》卷 30《龍筋鳳髓判》卷 3、《御覽》卷 376、《記纂淵海》卷 49 引「三」作「百」，《列女傳》卷 1、《說苑‧說叢》、《反質》同。今本蓋誤。

（52）男子樹蘭，美而不芳；繼子得食，肥而不澤。情不相與往來也

許注：繼子，有假母也。

按：《御覽》卷 849 引《晏子》：「寡婦樹蘭，生而不芳；繼子得食，肥而不澤。」為此文所本。樹，《爾雅翼》卷 2、14 引作「植」，《本草綱目》卷 14、49 引作「種」。《爾雅翼》卷 14：「鶪……又能療繼病。繼病者，母有娠而乳子，使子得疾如痁。《淮南鴻烈》曰：『男子植蘭，美而不芳；繼子得食，肥而不澤。情不相與往來也。』蓋情在腹中之子，故於所乳之子為情不往來，所以病而不澤也。世傳伯奇化為鶪，豈亦母所不愛為此耶？」《本草綱目》卷 49：「鶪鳩毛，氣味平，有毒，主治小兒繼病。取毛帶之。繼病者，母有娠乳兒，兒病如瘧痢，他日相繼，腹大或瘥或發，他人有娠相近亦能相繼也，北人未識此病。時珍曰：按《淮南子》云：『男子種蘭，美而不芳；繼子得食，肥而不澤，情不相往來也。』益（蓋）情在腹中之子故也。繼病，亦作魃病。魃乃小鬼之名，謂兒羸瘦如魃鬼也，大抵亦丁奚疳病。」則以「繼」為繼病，許注非也。《巢氏諸病源候總論》卷 47：「小兒所以有魃病者，婦人懷娠，有惡神導其腹中胎，妬嫉而制伏他小兒令病也……魃之為疾，喜微微下，寒熱有去來，毫毛髮鬐鬐不悅，是其證也。」《小兒衛生總微論方》卷 16：「小兒魃病，其論有二。一者聖惠云：小兒生十餘月，已後母又娠，因以乳兒，令兒生病，其候精神不爽，身體痿瘁，骨立髮落，名曰魃病，又曰繼病。」此文蓋言患繼病之小兒，雖得食，其身體仍肥而無光澤也。《靈樞經》卷 9：「肥而不澤者，氣有餘血不足。」情，《御覽》卷 378、《爾雅翼》卷 2、14、《記纂淵海》卷 73 引同，《御覽》卷 983 引作「精」。鄭良樹謂「精」字誤。張雙棣引《呂氏春秋・精通》「精或往來也」，謂「情」為「精」之誤。情讀為精，而非誤字。《俶真篇》：「攬取吾情。」《御覽》卷 720 引作「精」，《文子・九守》同。《說林篇》：「情泄者中易測。」《文子・上德》作「精」，並其例。與，《御覽》卷 378 引無。此段下《御覽》卷 378 引尚有「適子懷於燕，慈母喻於利，情相往來也」15 字，疑今本脫之。《記纂淵海》卷 73、《天中記》卷 21 引「利」作「荆」，《記纂淵海》卷 39 引《列子》

同。考《說林篇》：「行者思於道，而居者夢於牀，慈母吟於巷，適子懷於荊。」高注：「精相往來。」則「利」爲「荊」字缺誤，「喻」同「諭」。「荊」、「燕」異地，精神相通感也。

（53）故世治則以義衛身，世亂則以身衛義

按：衛，《文子・符言》同〔註63〕，營衛也。《意林》卷1引《子思子》：「國有道，以義率身；無道，以身率義，荀息是也。」爲此文所本。「率」爲「衛」之誤。陳季皋曰：「『衛』本並作『衞』，字形相涉致誤。經傳多以『率』爲之。率猶順也。」傎矣。

（54）故若行獨梁，不爲無人不競其容

許注：獨梁，一木之水㩙（權）也，行其上，常兢兢恐陷也。

按：競，讀爲兢。景宋本《御覽》卷430、《喻林》卷81引正作「兢」〔註64〕。《說文》：「兢，競也。一曰：兢，敬也。」《抱朴子・刺驕》：「競競以御用。」一本作「兢兢」，亦其例。

（55）夫織者日以進，耕者日以卻，事相反，成功一也

按：《劉子・文武》：「織者漸進，耕者漸退，進退異勢，成務等焉。」即本此文。日，猶漸也。

（56）文者，所以接物也

按：《氾論篇》：「目無以接物也。」《說林篇》：「盲者不觀，無以接物。」高誘注並云：「接，見也。」

（57）聖王以治民，造父以治馬，醫駱以治病，同材而各自取焉

許注：醫駱，越醫。

按：《齊俗篇》：「昔者馮夷得道以潛大川，鉗且得道以處崑崙，扁鵲以治病，造父以御馬，羿以之射，倕以之斲，所爲者各異，而所道者一也。」可互參證。「駱」爲醫者之名。

〔註63〕《白帖》卷26、《御覽》卷421引《文子》、《記纂淵海》卷61引《文中子》亦作「衛」。「中」字蓋衍，是唐宋人所見《文子》固作「衛」字也。

〔註64〕《四庫》本《御覽》卷430引同今本。

（58）華誣生於矜

許注：矜，貪功也。

按：楊樹達謂華當讀爲誇，何寧申之，是也。《俶眞篇》：「於是博學以疑聖，華誣以脅眾。」《詮言篇》：「通而不華，窮而不懾。」亦並同。

（59）春女思，秋士悲，而知物化矣

許注：春女感陽則思，秋士見陰而悲。

按：《詩·七月》毛傳：「悲，感事苦也。春女悲，秋士悲，感其物化也。」爲此文所本。《文選·勵志詩》李善註、《類聚》卷3、《御覽》卷19、24引此文作「春女悲，秋士哀」〔註65〕。《書鈔》卷154「春女悲」注引同。《文選·秋懷詩》李善註引此文「秋士哀」三字。思亦悲憂也，諸書所引，乃以同義改之。趙宗乙謂此文本作「春女悲，秋士哀」〔註66〕，未可必也。

（60）昔東戶季子之世，道路不拾遺，耒耜餘糧宿諸畮首，使君子小人各得其宜也

按：《路史》卷4引《子思子》：「東戶氏之熙載也，紹荒屯，遺美好，垂精拱默，而九寰以承流。當是之時，禽獸成群，竹木遂長，道上顏行而不拾遺，耕者餘饙宿之隴首，其歌樂而無謠，其哭哀而不聲，皆至德之世也。」《初學記》卷9、《困學紀聞》卷10節引作「東戶季子之時，道上鴈行而不拾遺，耕耨餘糧宿諸虱首」。爲此文所本。鴈，讀爲顏，首也。顏行猶首行、前行。方以智曰：「雁行，猶顏行。前行曰顏，通作雁……後又爲之解曰：『雁飛大者居前，故世習稱雁行。』而不知用顏行。」〔註67〕得之矣。《漢書·嚴助傳》顏師古注引文穎曰：「顏行，猶鴈行，在前行，故曰顏也。」則傎矣。

（61）小快害道，斯頵害儀

許注：斯頵，近也。

按：《泰族篇》：「故小快害義，小慧害道，小辯害治。」《說苑·說叢》

〔註65〕《四庫》本《類聚》卷3引「知」誤作「至」字。
〔註66〕趙宗乙《淮南子札記》，黑龍江人出版社2009年版，第160頁。
〔註67〕方以智《通雅》卷7，收入《方以智全書》第1冊，上海古籍出版社1988年版，第296頁。

「辯」作「辨」。《文子‧微明》作「小德害義，小善害道，小辯害治」。《文子‧上仁篇》：「小辯害義。」《家語‧好生》：「小辯害義。」可互參證。儀讀爲義，慧讀爲惠，辨讀爲辯〔註68〕。

（62）成國之道，工無僞事，農無遺力，士無隱行，官無失法

按：《類聚》卷52引「成」作「盛」，「隱」作「諂」。成，讀爲盛。「隱」字是，與上「遺」對舉成義。隱行謂隱逸之行。士無隱行，皆效其力也。《齊俗篇》：「是以士無遺行，工無苦事，農無廢功，商無折貨。」正作「遺」字。何寧、趙宗乙謂當從宋本《類聚》作「諂行」〔註69〕，非也。

（63）譬若設網者，引其綱而萬目開（張）矣

按：《呂氏春秋‧用民》：「壹引其紀，萬目皆起；壹引其綱，萬目皆張。」《韓子‧外儲說右下》：「善張網者引其綱，若一一攝萬目而後得，則是勞而難引其綱。」爲此文所本。

（64）鑿地漂池，非止以勞苦民也

許注：人或有鑿穿，或有塡也（池），言用心異也。

王念孫曰：如高注，則「漂池」當作「湮池」，湮訓爲塞，故注言塡池也。

按：許注非也，王氏據以校作「湮」，斯未爲得也。漂，當作「深」，字之誤也。鑿地深池，言作武備也，故言非止以勞苦民也。《鹽鐵論‧論勇》：「所謂金城者，非謂築壤而高土，鑿地而深池也。」

（65）善生乎君子，誘然與日月爭光

許注：誘，美稱也。

按：許注非也。此文「誘然」亦以狀善之生也，誘當讀爲油。《說文》：「抽，搐或從由。挏，搐或從秀。」是其相通之證。《莊子‧駢拇》：「故天下誘然皆生，而不知其所以生。」亦同。《禮記‧祭義》：「則易直子諒之心油然生矣。」鄭注：「油然，物始生好美貌。」《樂記》文同，鄭注：「油然，新生好貌也。」《莊子‧知北遊》：「惛然若亡而存，

〔註68〕參見蕭旭《說苑校補》，收入《群書校補》，廣陵書社2011年版，第536頁。
〔註69〕趙宗乙《淮南子札記》，黑龍江人出版社2009年版，第160頁。

油然不形而神。」《孟子‧梁惠王上》:「天油然作雲,沛然下雨。」
趙岐注:「油然,興雲之貌。」油然,狀其舒緩之生長也。字或作由、
猶,《大戴禮記‧文王官人》:「喜色由然以生。」盧辯注:「由,當
爲油。油然,新生好貌。」《逸周書‧官人解》作「喜色猶然以出」。
王樹柟曰:「由、油、猶古通借字。」〔註70〕朱右曾曰:「猶然,舒
和貌。」〔註71〕得之矣。林希逸注:「誘,與莠同。」潘振曰:「猶,
身搖動也。猶然,喜貌。」〔註72〕朱起鳳曰:「《爾雅》:『繇,喜也。』
由、猶兩字,並即繇字之叚。」又「褎、誘聲相近。」〔註73〕馬宗
霍謂「誘」同「羞」、「羑」,訓進善,故爲美稱。並非是。

（66）故治國樂其所以存,亡國亦樂其所以亡也

按:《子華子‧執中》:「王者樂其所以王,亡者亦樂其所以亡。」《呂氏
春秋‧誣徒》引同。爲此文所本。

（67）衛武侯謂其臣曰:「小子無謂我老而羸我,有過必謁之。」

許注:武侯蓋年九十五矣。羸,劣也。

按:《國語‧楚語上》:「昔衛武公年數九十有五矣,猶箴儆於國曰:『自
卿以下至于師長士,茍在朝者,無謂我老耄而舍我,必恭恪於朝,
朝夕以交戒我。』」韋昭注:「武公,衛僖公之子,共伯之弟,武公
和也。箴,刺也。儆,戒也。舍,謂不諫戒也。」于大成指出爲此
文及許注所本。《中論‧虛道》:「昔衛武公年過九十,猶夙夜不怠,
思聞訓道,命其群臣曰:『無謂我老耄而舍我,必朝夕交戒。』」亦
本《國語》。「無」貫至「羸我」二字,與《國語》貫至「舍我」二
字同例。向宗魯謂「而」當作「不」,非也。

（68）是武侯如弗羸之,必得羸,故老而弗舍,通乎存亡之論者
也

〔註70〕 轉引自方向東《大戴禮記匯校集解》,中華書局 2008 年版,第 1051 頁。
〔註71〕 轉引自黃懷信《逸周書彙校集注(修訂本)》,上海古籍出版社 2007 年版,第
779 頁。
〔註72〕 轉引自黃懷信《逸周書彙校集注(修訂本)》,上海古籍出版社 2007 年版,第
779 頁。
〔註73〕 朱起鳳《辭通》,上海古籍出版社 1982 年版,第 626、638 頁。

按：如，假設之詞。如弗贏之，必得贏，謂武侯如果不謂其臣以贏我之言，則必然導致羣臣贏之也。陶鴻慶、向宗魯謂「如」爲「知」誤，非也。

（69）君，根本也；臣，枝葉也。根本不美，枝葉茂者，未之聞也

按：《御覽》卷 620 引「美」作「善」。于大成、何寧據《意林》卷 1 引《子思子》「君，本也；臣，枝葉也。本美則葉茂，本枯則葉凋」，謂「美」字是，《文子·微明》亦作「美」字。《管子·五行》：「草木根本不美。」是其確證。

（70）人之情，於害之中，爭取小焉；於利之中，爭取大焉

按：二語亦見《說山篇》。

（71）弗甘弗樂，而能爲表者，未之聞也

許注：表，立見也。

按：表，讀爲幖。《說文》：「幖，幟也。」俗作「標」字。字或作俵，《隸釋》卷 1《濟陰太守孟郁脩堯廟碑》：「俵著口銘，宣颺厥休。」又「俵著孟府君美勳於陽口。」注云立見者，言立標識而可見也。

（72）君子時則進，得之以義，何幸之有？不時則退，讓之以義，何不幸之有

按：時則進，《文子·符言》作「逢時即進」。

（73）故《傳》曰：「魯酒薄而邯鄲圍，羊羹不斟而宋國危。」

按：《莊子·胠篋》：「故曰：脣竭則齒寒，魯酒薄而邯鄲圍，聖人生而大盜起。」爲此文上句所本。《劉子·愼隙》：「魯酒薄而邯鄲圍，羊羹偏而宋師敗。」即本此文。

（74）明主之賞罰，非以爲己也，以爲國也。通於己而無功於國者，不施賞焉；逆於己〔而〕便於國者，不加罰焉

按：《韓子·姦劫弒臣》：「聖人之治國也，賞不加於無功，而誅必行於有罪者也。」又《難一》：「明主賞不加於無功，罰不加於無罪。」爲

此文所本。王叔岷曰：「《漢魏叢書》本、莊本通並作適，通即適之形誤。《文子・微明篇》亦作『適』。」〔註74〕張雙棣亦據別本改作「適」字，是也。《劉子・賞罰》：「是以明主一（之）賞善罰惡，非為己也，以為國也。適於己而無功於國者，不加賞焉；逆於己而有勞於國者，不施罰焉。」即本此文，亦作「適」字。《慧琳音義》卷27：「適其：《三蒼》：『適，悅也。』謂稱適耳。《廣雅》：『適，善也。』謂事物善好稱人心也。」

（75）可謂不踰於理乎

許注：踰，越。

按：許注是也。不踰於理，言合乎理也。陶鴻慶謂「踰」為「諭」之誤，蔣禮鴻校作「可不為諭於理乎」，並非也。

（76）周政至，殷政善，夏政行

許注：至，至於道也。善施教，未至於道也。行，尚粗也。

按：《玉篇》：「至，善也。」

（77）君脩近彌遠，而後世稱其大

按：《管子・版法》：「召遠在修近。」為此文所本。彌，讀為敉、侎，安撫也。《周禮・小祝》：「彌菑兵。」鄭注：「彌，讀曰敉。敉，安也。」《說文》：「敉，撫也。《周書》：『亦未克敉公功。』讀若弭。侎，敉或從人。」《廣雅》：「侎，安也。」《玉篇》：「侎，安也。本作彌，注作敉。」《廣韻》：「敉，撫也，愛也。侎，上同。」《龍龕手鑑》：「侎，音弭，安也，撫也。」字或作㣆，《集韻》：「敉、侎、㣆：《說文》：『撫也。』一曰：愛也，安也。或從人、從心。」字或作弭，《逸周書・作雒解》：「周公、召公內弭父兄，外撫諸侯。」孔晁注：「弭，安也。」弭亦撫也。《漢書・谷永傳》：「以弭遠方。」顏師古注：「弭，安也。」朱駿聲曰：「敉，《周禮・小祝》：『彌菑兵。』以彌為之。《男巫》：『春招弭以除疾病。』以弭為之。」〔註75〕字或作靡，《史記・太史公自序》：「為秦開地益眾，北靡匈奴。」《文

〔註74〕王叔岷《文子斠證》，收入《諸子斠證》，中華書局2007年版，第381頁。
〔註75〕朱駿聲《說文通訓定聲》，武漢市古籍書店1983年版，第575頁。

選‧揚雄傳》:「麾節西征,羌僰東馳。」呂向注:「麾,按也。」
又《爲鄭沖勸晉王牋》:「迴戈弭節,以麾天下。」李善注:「《長楊
賦》曰:『麾節西征,羌僰東馳。』今以麾爲弭,誤也。」李周翰
注:「弭,按也。」後漢‧張衡《羽獵賦》:「羲和奉轡,弭節西征。」
《史記‧司馬相如傳》《弔秦二世賦》:「彌節容與兮。」《漢書》、《類
聚》卷 40 作「弭節」。方以智曰:「弭節,通作『麾節』。」〔註 76〕
《漢書‧李廣傳》:「彌節白檀。」李奇曰:「彌節,少安之貌。」
顧炎武曰:「彌,與弭同。」〔註 77〕

（78）古人味而弗貪也,今人貪而弗味

按:貪,《文子‧微明》作「捨」,誤。

（79）是故德之所施者博,則威之所行者遠;義之所加者淺,則武之制者小矣

按:淺,《文子‧微明》作「薄」。《兵略篇》:「故文之所以加者淺,則勢
之所勝者小;德之所施者博,則威之所制者廣。」《漢書‧刑法志》:
「文德者,帝王之利器;威武者,文德之輔助也。夫文之所加者深,
則武之所服者大;德之所施者博,則威之所制者廣。」《文子‧下德》:
「故文之所加者深,則權之所服者大;德之所施者博,則威之〔所〕
制者廣。」可互證。此文「義」當據校作「文」字,《文子‧微明》
亦誤。《治要》卷 35 引《文子‧下德》又誤「文」作「材」,「深」
作「淺」。

（80）矣（吳）鐸以聲自毀,膏燭以明自鑠

按:《莊子‧人間世》:「山木自寇也,膏火自煎也。」爲此文所本。《文
子‧上德》:「老子曰:『鳴鐸以聲自毀,膏燭以明自煎。』」〔註 78〕

〔註 76〕方以智《通雅》卷 7,收入《方以智全書》第 1 冊,上海古籍出版社 1988 年
版,第 304 頁。
〔註 77〕顧炎武《日知錄》卷 27,黃汝成集釋,嶽麓書社 1994 年版,第 962 頁。
〔註 78〕《意林》卷 1 引作「鐸以聲自毀,膏以明自煎。」《類聚》卷 80 引作「鳴鐸
以聲自毀,蘭膏以明自銷。」《書鈔》卷 121、《御覽》卷 338 引作「鳴鐸以
聲自毀,膏燭以明自消。」《御覽》卷 870 引作「鳴鐸以聲自毀,膏燭以明
自銷。」

《御覽》卷 459 引《韓子》：「吳鐸以聲自毀，膏燭以明自鑠。」又卷 983 引《蘇子》：「蘭以芳自燒，膏以肥（明）自焫（炳）。」〔註79〕《古文苑》卷 4 揚雄《太玄賦》：「薰以芳而致燒兮，膏含肥而見炳。」《漢書・龔勝傳》：「薰以香自燒，膏以明自銷。」〔註 80〕《鹽鐵論・利議》：「吳鐸以其舌自破，主父偃以其舌自殺。」敦煌寫卷 S.1380《應機抄》引《析言》：「鐸以聲自毀，燭以明自銷。」〔註81〕陳直謂《御覽》所引《韓子》為此文所本〔註82〕，失考也。

（81）虎豹之文來射，猨狄之捷來措

許注：措，刺也。

按：《莊子・應帝王》：「虎豹之文來田，猨狙之便、執斄之狗來藉。」為此文所本。《釋文》：「司馬云：『藉，繩也，由捷見結縛也。』崔云：『藉，繫也。』」林希逸《口義》：「藉，繩也，所以束縛者也。」朱駿聲謂藉借為索〔註83〕。並非也。《埤雅》卷 4 引《淮南》此文，注云：「置之於檻曰措。」蓋高注，亦非是。便亦捷也。《詮言篇》：「故虎豹之彊來射，猨狄之捷來措。」《說林篇》：「虎豹之文來射，猨狄之捷來乍。」高注：「乍，暫疾。以其操捷，來使疾擊而取之。」《意林》卷 2 引作「虎豹以文彩射，猨狄以捷來刺」，《御覽》卷 910 引作「虎豹之文來射，猨狖之捷來乍」，注：「狖，女滑切。狖，猨屬。乍，暫疾。以其捷，故使人疾擊之。」《文子・上德》「措」作「格」。「狖」同「貀」、「貀」，獸無前足，似虎而黑者也，《御覽》注云「猨屬」，非也。狄，鼠屬，字當作「狖」。狖，長尾猴。顧炎武曰：「乍，鉏駕切，古音助。」〔註 84〕楊樹達、蔣禮鴻並謂「措」讀為籍，引《說文》「籍，刺也」以證之。王叔岷曰：「藉借為籍……措與籍同。王氏《雜志》云：『措與乍古同聲而通用。』格借為挌，《說文》：『挌，

〔註79〕《困學紀聞》卷 10 引「肥」作「明」，「焫」作「炳」。並是也。

〔註80〕《白帖》卷 22 引「銷」作「煎」，皇甫謐《高士傳》卷中同。

〔註81〕據《隋書・經籍志三》，《析言論》20 卷，晉議郎張顯撰。

〔註82〕陳直《讀子日札・淮南子》，收入《摹廬叢著七種》，齊魯書社 1981 年版，第 100 頁。

〔註83〕朱駿聲《說文通訓定聲》，武漢市古籍書店 1983 年版，第 464 頁。

〔註84〕顧炎武《唐韻正》卷 12，收入景印文淵閣《四庫全書》第 241 冊，臺灣商務印書館 1986 年初版，第 345 頁。

擊也。』」〔註85〕挌字或作㩁，《集韻》：「挌、㩁：擊也，或從樂。」
籍字或作稽，《集韻》：「稽、籍：刺取也。《國語》：『稽魚鼈。』或
作籍。」按《國語》見《魯語上》，《玉篇》、《切韻》、《廣韻》、《列
子・仲尼》殷敬順《釋文》引並作「籍」，宋庠《國語補音》：「稽，
或作籍……又按經典竝作籍，從手……今《國語》從矛，古字通耳。」
楊慎曰：「措，與稽同。措又作乍。」〔註86〕又云：「措，音稽，與
《莊子》『櫔（擉）鼈』音義同。《文子》作『虎豹之文來乍』。」〔註
87〕字或作搩，《類篇》：「搩、稽：刺也，或作稽。」字或作擉，《莊
子・則陽》《釋文》：「擉，初角反，又敕角反。司馬云：『刺也。』
郭音觸，徐丁綠反，一音捉。」楊慎《古音略例》引《淮南》此文，
注云：「措，讀作擉。」〔註88〕《玉篇》：「擉，指也。《莊子》曰：『冬
則擉鼈于江刺鼈也。』」「指」當作「措」，形之誤也〔註89〕。《周禮・
天官・冢宰》：「（鼈人）以時籍魚鼈。」鄭司農曰：「籍，謂以杈刺
泥中搏取之。」《集韻》：「籍、擉：以杈刺泥中搏取龜鼈之屬，鄭眾
說。或作擉。」今吳語尚謂刺取為擉，音觸。字或作籍，《列子・仲
尼》殷敬順《釋文》引《周禮》「籍」作「籍」。字或作戳，俗作戳。
《廣韻》：「戳，刺也，痛也。」《六書故》：「擉，又作籍。按：籍，
刺也，今刀刺人者又作戳。」字或作揀、挏，《集韻》：「擉、籍、揀、
挏：刺取鱉蜃也，或作籍、揀、挏。」又「挏、狤、搩、籍：刺也，
或作狤、搩、籍。」「狤」當作「稽」，亦形之誤也。彭裕商曰：「格，
《淮南子》作『措』、『乍』，不知本當為何字，然由文義觀之，總之
是被人擒獲一類的意思。」〔註90〕闕疑固然可貴，然未能採擇楊樹
達・蔣禮鴻等前人之說，亦是後出轉粗也。

〔註85〕王叔岷《莊子校詮》，中華書局 2007 年版，第 285 頁。

〔註86〕楊慎《古音叢目》卷 5，收入景印文淵閣《四庫全書》第 239 冊，臺灣商務印
書館 1986 年初版，第 275 頁。

〔註87〕楊慎《古音餘》卷 5，收入景印文淵閣《四庫全書》第 239 冊，臺灣商務印書
館 1986 年初版，第 321 頁。

〔註88〕楊慎《古音略例》，收入景印文淵閣《四庫全書》第 239 冊，臺灣商務印書館
1986 年初版，第 341 頁。

〔註89〕胡吉宣改「指」為「挏」，未得。胡吉宣《玉篇校釋》，上海古籍出版社 1989
年版，第 1279 頁。

〔註90〕彭裕商《文子校注》，巴蜀書社 2006 年版，第 113 頁。

（82）故子路以勇死，萇弘以智困

按：萇弘，《意林》卷 2 引作「武仲」。《文子‧上德》作「故勇武以強梁死，辯士以智能困」，武亦士也，古楚語。參見附錄二《〈淮南子〉古楚語舉證》。

（83）故行險者不得履繩，出林者不得直道

按：《說林篇》：「出林者不得直道，行險者不得履繩。」《泰族篇》：「猶出林之中，不得直道。」《文子‧上德》：「步於林者不得直道，行於險者不得履繩。」此蓋當時成語。《金樓子‧雜記篇上》：「出林不得直道，行險不得履繩。」即本《淮南》。

（84）夜行暝目而前其手，事有所至，而明有〔所〕不害

按：《說林篇》：「夜行者掩目而前其手，涉水者解其馬載之舟，事有所宜，而有所不施。」王念孫謂「害」當作「用」。俞樾謂「至」當作「宜」，「害」當作「容」，容猶用也。王叔岷曰：「俞氏謂『害當為容』，是也。惟『至』不必為『宜』之誤。『至』有『當』義。《荀子‧正論篇》：『不知逆順之理，小大至不至之變也。』註：『至不至，猶言當不當也。』宜亦當也。」〔註91〕王叔岷說是，《玉篇》：「至，善也。」亦近。《慧琳音義》卷 2 引《字書》：「掩，閤也。」「閤」同「閉」。後出專字作晻，《廣韻》：「晻，閉目。」《說文》：「暝，翕目也。」《慧琳音義》卷 53 引《考聲》：「暝，閉目也。」

（85）人能貫冥冥入於昭昭，可與言至矣

按：《莊子‧知北遊》：「夫昭昭生於冥冥。」為此文所本。《精神篇》：「甘暝太宵之宅，而覺視於昭昭之宇。」《人間篇》：「人能由昭昭於冥冥，則幾於道矣。」《道德指歸論》卷 5：「是以立民於昭昭，而身處乎混冥。」可互為證。至，謂至道也。

（86）鵲巢知風之所起

按：所起，《埤雅》卷 3、《海錄碎事》卷 22、《毛詩名物解》卷 10 引作「自」，蓋高本。

〔註91〕王叔岷《文子斠證》，收入《諸子斠證》，中華書局 2007 年版，第 382 頁。

（87）故通於一伎，察於一辭，可與曲說，未可與廣應也

按：《管子・宙合》：「是故辯於一言，察於一治，攻於一事者，可以曲說，而不可以廣舉。」為此文所本。本篇下文云：「察於一事，通於一伎者，中人也。」《文子・符言》作「察於一事，通於一能者，中人也」。《泰族篇》：「故能化夫徹於一事，察於一辭，審於一技，可以曲說，而未可〔以〕廣應也。」《文子・上仁》作「故能化夫通於一伎，審於一事，察於一能，可以曲說，不可以廣應也」。《文子・上德》：「故勇於一能，察於一辭，可與曲說，未可與廣應。」可互為證。「勇」當作「通」，字之誤也。「通」、「徹」義同。

（88）雍門子以哭見孟嘗君

按：《覽冥篇》：「昔雍門子以哭見於孟嘗君。」高注：「見，猶感也。」

（89）紂為象箸而箕子譏，魯以偶人葬而孔子嘆

許注：譏，唬（嘻）也。偶人，桐人也。

按：譏，《說山篇》作「唏」，高注：「唏，驚號啼也。」《史記・十二諸侯年表》、《文子・微明》亦作「唏」，《索隱》：「唏，歎聲，音許既反。又音希，希亦聲餘。」《文子》《纘義》本作「啼」。《潛夫論・浮侈》：「箕子所唏，今在僕妾。」亦作「唏」。《論衡・實知》作「譏」，《鹽鐵論・散不足》：「箕子之譏始在天子，今在匹夫。」亦同。《韓子・喻老》作「怖」。顧廣圻曰：「怖，當作悑。下文及《說林上》同。」〔註92〕陳奇猷曰：「唏、悑、譏、譏同聲通用，並與泣義近。」〔註93〕張雙棣說同。並是也。考《論衡・龍虛》作「泣」字，《後漢書・西羌傳》：「故微子垂泣於象箸。」李賢注：「《帝王紀》曰：『紂作象箸，箕子為父師，歎曰……』案《史記》及《韓子》並云箕子，今云微子，蓋誤。」《抱朴子外篇・嘉遁》：「昔箕子覩象箸而涕泣，尼父聞偶葬而永歎。」即本《淮南》。是「譏」為「啼泣」之義也。《玉篇》：「譏，紂為象箸而箕子譏。譏，唏也。」《集韻》、

〔註92〕顧廣圻《乾道本韓非子二十卷識誤》，收入《叢書集成續編》第 39 冊，新文豐出版公司 1991 年印行，第 369 頁。
〔註93〕陳奇猷《韓非子新校注》，上海古籍出版社 2000 年版，第 445 頁。

－267－

《類篇》同。王先愼謂顧廣圻說非，訓怖惶〔註94〕。盧文弨曰：「此
（引者按：指《韓子》）自作『怖』。」〔註95〕並失之。劉文典謂許
注「桐人」當從一本作「相人」，張雙棣引《說文》「偶，桐人也」
以駁之。張說是也。《越絕書・外傳記吳王占夢》：「桐不爲器用，
但爲俑，當與人俱葬。」《漢書・江充傳》：「遂掘蠱於太子宮，得
桐木人。」又《武五子傳》同。「桐人」即「桐木人」，指俑。

（90）故水出於山，〔而〕入於海；稼生乎野，而藏乎倉；聖人見其所生，則知其所歸矣

按：《呂氏春秋・審己》：「水出於山而走於海，水非惡山而欲海也，高下
使之然也；稼生於野而藏於倉，稼非有欲也，人皆以之也。」爲此
文所本。《詮言篇》：「水出於山，而入於海；稼生於野，而藏於廩；
見所始，則知終矣。」《泰族篇》：「夫水出於山，而入於海；稼生於
田，而藏於倉；聖人見其所生，而知其所歸矣。」《說苑・說叢》：「夫
水出於山，而入於海；稼生於田，而藏於廩；聖人見所生，則知所
歸矣。」並可互證。

（91）水濁者魚噞，令苛者民亂

按：《鄧子・無厚篇》：「夫水濁則無掉尾之魚，政苛則無逸樂之士。故令
煩則民詐，政擾則民不定。」爲此文所本。《說山篇》：「水濁而魚噞，
形勞則神亂。」《主術篇》：「夫水濁則魚噞，政苛則民亂……是以上
多故則下多詐，上多事則下多態，上煩擾則下不定，上多求則下交
爭。」《文子・精誠》：「夫水濁者魚噞，政苛者民亂。」〔註96〕《韓
詩外傳》卷1：「水濁則魚喁，令苛則民亂。」《說苑・政理》：「水濁
則魚困，令苛則民亂。」《劉子・愛民》：「故水濁無掉尾之魚，土确
無威蕤之木，政煩無逸樂之民。」並可互證。

（92）城峭者必崩，岸崝者必陀。故商鞅立法而支解，吳起刻削

〔註94〕 王先愼《韓非子集解》，中華書局1998年版，第162頁。

〔註95〕 盧文弨《群書拾補》，收入《續修四庫全書》第1149冊，上海古籍出版社2002
年版，第444頁。

〔註96〕 《御覽》卷58引作「水濁者魚噞喁」，衍「喁」字。「者」猶則也。

而車裂

許注：峭，峭也。陀，落也。

按：陀，景宋本作「陁」。馬王堆帛書《稱》：「埤（卑）而正者增，高而倚者倗（崩）。」〔註97〕《黃石公素書》：「山峭者崩，澤滿者溢。」〔註98〕爲此文所本。《韓詩外傳》卷1：「城峭則崩，岸峭則陂。」《說苑·政理》：「城峭則必崩，岸竦則必陁。」又《說叢》：「卑而正者可增，高而倚者且崩。」《太玄·銳》：「陵崢岸峭，陁。測曰：『陵崢岸峭，銳極必崩也。』」范望注：「陁，墮也。峭，峻峭。」並可互證。《文選·長笛賦》：「臒陗陁，腹陉阻。」李善註引作「岸陗者必陁」，又引許愼曰：「陗，峻也。陁，落也。」又《七里瀨》：「徒旅苦奔峭。」李善註引作「岸峭者必陁」，又引許愼曰：「陁，落也。」陶方琦謂「峭」爲「峻」之譌，于省吾引《方言》卷6「峭，高也」以駁之。于說是也。「峭」爲「崢」本字，《太玄》用借字也。《說文》：「嶸，崝嶸也。」《玉篇》：「崝，崝嶸，高峻貌。崢，同上。」《慧琳音義》卷88：「崢嶸：許叔重注《淮南子》云：『崢，山谷高險貌也。』《說文》正作崝。」字亦作嶒，《集韻》：「崝、崢、嶒：《說文》：『嶸也。』或作崝、嶒，亦書作崝。」《玉篇殘卷》「崝」、「陁」字條二引《淮南子》，並作「崝」字。《廣韻》「崝」字條引《淮南子》云：「崝，陗也。」《五音集韻》引作「崝，俏也」，當即此文許注，可證「峭」字不誤，于大成亦持此說。「俏」、「峭」同源〔註99〕。《文選》李善註引作「陗（峭）」，改字以就正文也。朱季海曰：「峭謂之崝，當是楚語。嬰引傳作陂，當是故書如此。《說苑》作陁，《淮南》作陀，陁、陀字同，蓋漢人語。」〔註100〕《玉篇殘卷》「崝」字條引「岸」誤作「崒」。劉文典據《韓詩外傳》卷1「故吳起峭刑而車裂，商鞅峻法而支解」，謂「立法」當作「峻法」。

〔註97〕馬王堆帛書《稱》，收入《馬王堆漢墓帛書〔壹〕》，文物出版社1980年版，第82頁。

〔註98〕敦煌寫卷S.1380《應機抄》引《傅子》：「山峭（峭）者崩，澤滿者溢。」

〔註99〕參見蕭旭《釋「俏」「俏醋」「波俏」「醋大」》，收入《群書校補》，廣陵書社2011年版，第1398～1404頁。

〔註100〕朱季海《韓詩外傳校箋》，收入《學術集林》第5輯，上海遠東出版社1995年版，第162頁。

尋《玉篇殘卷》「陠」字條引《淮南子》:「陠法刻刑」,則「立法」
當作「陠法」,「刻削」當作「刻刑」。《原道篇》:「夫峭法刻誅者,
非霸王之業也。」「陠法刻刑」即峭法刻誅也。

(93) 治國辟若張瑟,大絃組（絙）則小絃絕矣

許注:組（絙）,急也。

按:《意林》卷 2 引作「治國者若張琴瑟,大絃絙小絃絕」,《類聚》卷
52 引作「張琴瑟者,小絃絙而大絃緩」,並有注:「絙,急也。」《文
選‧長笛賦》:「若絙瑟促柱,號鍾高調。」李善注引作「張瑟者,
小絃絙大絃緩。」又引高注曰:「絙,急也。」《玉篇殘卷》「絙」
字條引作「大絃絙則小絃絕」。《玉篇殘卷》又云:「絙,與『揎』
字同。揎,急引也。」「揎」同「捾」,《說文》:「捾,引急也。」疑
此文當作「張琴瑟」,今本脫「琴」字,《意林》、《類聚》所引不脫。
《御覽》卷 624 引此文作「治國譬若張琴,大絃不絙,則小絃絕矣。」
則脫「瑟」字。《後漢紀》卷 11:「夫為政猶張琴瑟,大弦急者小弦
絕。」〔註 101〕《劉子‧愛民》:「政之於人,由琴瑟也。張絃急則
小絃絕,大絃關矣。」《書鈔》卷 27 引《新序》:「夫政猶張琴瑟。」
《類聚》卷 52、《通鑑》卷 46 胡三省注引《新序》:「夫政猶張琴瑟
也,大絃急則小絃絕矣。」並其證。《泰族篇》:「故張瑟者,小絃
急而大絃緩。」亦脫「琴」字。《詮言篇》:「譬如張琴,小絃雖急,
大絃必緩。」《說苑‧政理》:「夫治國譬若張琴,大絃急則小絃絕
矣。」《韓詩外傳》卷 1:「治國者譬若乎張琴,然大絃急則小絃絕
矣。」則脫「瑟」字。《文子‧上仁》:「夫調音者,小絃急大絃緩。」

(94) 故急轡數策者,非千里之御也

按:《抱朴子外篇‧用刑》:「夫繁策急轡,非造父之御。」又《審舉》:
「夫急轡繁策,伯樂所不為。」即本此文。數亦繁也。《原道篇》:
「箠策繁用者,非致遠之術也。」高注:「繁,數也。」《呂氏春秋‧
功名》高注引《淮南記》:「急轡利錣,非千里之御也;嚴刑峻法,
非百（伯）王之治也。」當即此文。

（95）有聲之聲，不過百里；無聲之聲，施於四海

　　按：施於，《韓詩外傳》卷1、《說苑・政理》作「延及」。何寧施訓延，
　　是也。《道德指歸論》卷2：「有聲之聲，聞於百里；無聲之聲，動
　　於天外，震於四海。」可以互證。

（96）是故祿過其功者損，名過其實者蔽

　　按：《韓詩外傳》卷1：「故祿過其功者削，名過其實者損。」《說苑・政
　　理》：「故祿過其功者損，名過其實者削。」並可互證。蔽，讀爲敝，
　　損害、敗損。于大成謂「蔽字當爲削之誤文」，非也。

（97）身有醜夢，不勝正行；國有妖祥，不勝善政

　　按：《家語・五儀解》：「災妖不勝善政；寤夢不勝善行。」〔註102〕爲此
　　文所本。《說苑・敬愼》：「故妖孽不勝善政，惡夢不勝善行也。」《劉
　　子・禍福》：「妖孽不勝善政，則凶反成吉；怪夢不勝善言，則禍轉
　　爲福。」並可互證。張雙棣謂醜訓惡，是也。正，亦善也。《儀禮・
　　士冠禮》：「以歲之正，以月之令，咸加爾服。」鄭注：「正，猶善也。」
　　令亦善也，同義對舉。

（98）是故前有軒冕之賞，不可以無功取也；後有斧鉞之禁，不
　　可以無罪蒙也

　　按：《莊子・胠篋》：「雖有軒冕之賞弗能勸，斧鉞之威弗能禁。」

（99）君子不謂小善不足爲也而舍之，小善積而爲大善；不爲小
　　不善爲無傷也而爲之，小不善積而爲大不善

　　按：已詳《主術篇》校補。

（100）三代之善，千歲之積譽也；桀紂之謗，千歲之積毀也

　　按：王念孫據《文選・運命論》李善注所引，改「謗」爲「惡」。檢《運
　　命論》云：「其爲名乎？則善惡書于史策，毀譽流於千載。」李善注
　　引此文改「謗」爲「惡」，以就正文。《記纂淵海》卷66引同今本，
　　「謗」字不誤。

〔註102〕《御覽》卷874、《記纂淵海》卷5引「寤」作「怪」。

（101）善之由我，與其由人，若仁德之盛者也

按：若，猶此也〔註103〕，指「由我」與「由人」二者。陶鴻慶謂「若」
為「皆」之誤，失之。何寧誤以「若」字屬上。

（102）勿驚勿駭，萬物將自理；勿撓勿攖，萬物將自清

許注：攖，纓。

按：撓，《文子・九守》同，《雲笈七籤》卷91引《文子》作「惑」。《廣
雅》：「攖、撓、攪，亂也。」《莊子・庚桑雜》《釋文》：「相攖：於
營反，徐又音嬰。《廣雅》云：『亂也。』崔云：『猶貫也。』」又《大
宗師》成疏：「攖，擾動也。」《呂氏春秋・本生》：「勿攖之。」高
注：「攖，戾也。」戾亦亂也。並同義。此文攖、撓同義對舉，自當
訓亂。許注「纓」者，當讀為嬰。《文選・遊天臺山賦》：「方解纓
絡。」李善注：「《說文》曰：『嬰，繞也。』纓與嬰通。」《玉篇》：「攖，
結也。」《莊子・大宗師》《釋文》：「崔云：『攖，有所繫著也。』」
馬宗霍謂攖訓羈絡，則從許注。朱駿聲謂嬰繞義之本字為「營」〔註
104〕。「攖」又訓迫，則讀為膺。《六書故》：「嬰，又借為嬰當之嬰，
《荀子》曰：『延則若莫邪之長刃，嬰之者斷。』與膺通。又作攖，
《孟子》曰：『虎負嵎，莫之敢攖。』」吳承仕謂「纓疑當作繞，或
當作結，傳寫失之」，非也。張雙棣謂攖訓迫、戾；何寧謂「馬說是
也。《俶眞篇》高注：『迫也。』羈絡與迫義相近。」張、何以二義
牽合為一，皆未晰。

（103）日不知夜，月不知晝，日月為明而弗能兼也

按：《說山篇》：「陰陽不能〔常〕，且多且夏，月不知晝，日不知夜。」
〔註105〕高注：「陰不能陽，陽不能陰。多自為多，夏自為夏也。言
不能相兼也。」高注即據此文為說。陶鴻慶謂「為明」上脫「能」
字，非也。《御覽》卷4、《記纂淵海》卷58引無「能」字，《類聚》
卷38引《禮稽命徵》：「陰陽為符，日月為明。」

〔註103〕參見王引之《經傳釋詞》，嶽麓書社1984年版，第151頁。
〔註104〕朱駿聲《說文通訓定聲》，武漢市古籍書店1983年版，第859頁。
〔註105〕「常」字據《文子・上德》補。

（104）驕溢之君無忠臣，口慧之人無必信

按：《韓詩外傳》卷 5：「驕溢之君寡忠，口惠之人鮮信。」可以互證。楊樹達謂慧與惠通，向宗魯、何寧說同〔註 106〕，是也。《外傳》正其確證。

（105）交拱之木無〔盈〕把之枝，尋常之溝無吞舟之魚

許注：拱，抱也。把，握也。

按：拱訓抱，本字為巩、𢸅〔註 107〕。《韓詩外傳》卷 5：「故盈把之木無合拱之枝，滎澤之水無吞舟之魚。」可以互證。《抱朴子外篇・喻蔽》：「夫尺水之中，無吞舟之鱗；寸枝之上，無垂天之翼。」即本《外傳》及此文。劉殿爵、何寧謂此文「把」上當脫「盈」字，劉氏又乙作「盈把之木無交拱之枝」〔註 108〕，是也。滎讀為滎，《說文》：「滎，絕小水也。」《廣韻》：「滎，小水也。」字或作潡、瀅、濚、灤、淡、澄，《玉篇》：「滎，絕小水也。瀅，同上。」《集韻》：「淡、瀅、滎、澄：洴淡，小水貌。或從螢，亦作滎、瀅。」《六書故》：「滎之為小水，他亦無所見，別作潡、灤、澄、灤、淡。」俞樾改「滎澤」為「潡潭」，屈守元從之〔註 109〕，非也。

（106）根淺則末短，本傷則枝枯

按：《韓詩外傳》卷 5：「根淺則枝葉短，本絕則枝葉枯。」可以互證。陶鴻慶謂「末」、「枝」當互易，蔣禮鴻已駁之〔註 110〕。張雙棣申陶說，非也。

（107）福生於無為，患生於多慾，害生於弗備，穢生於弗耨

按：《韓詩外傳》卷 5：「福生於無為，而患生於多欲。」《說苑・說叢》：「福生於微，禍生於忽。」又《敬慎》：「患生於所忽，禍起於細微。」

〔註 106〕向說轉引自屈守元《韓詩外傳箋疏》，巴蜀書社 1996 年版，第 485 頁。
〔註 107〕參見朱珔《說文假借義證》，黃山書社 1997 年版，第 179 頁。
〔註 108〕劉殿爵《讀淮南鴻烈札記》，香港《聯合書院學報》第 6 期，1967 年出版，第 159 頁。
〔註 109〕屈守元《韓詩外傳箋疏》，巴蜀書社 1996 年版，第 486 頁。
〔註 110〕蔣禮鴻《續〈淮南子校記〉》，收入《蔣禮鴻集》卷 3，浙江教育出版社 2001 年版，第 369 頁。

《史記·淮陰侯傳》：「患生於多欲，而人心難測也。」《後漢書·馮衍傳》：「凡患生於所忽，禍發於細微。」可以互證。

（108）蒙塵而欲毋昧（眛），涉水而欲毋濡，不可得也

按：昧，《御覽》卷 37 引同，當從一本作「眛」。《齊俗篇》：「夫吹灰而欲無眛，涉水而欲無濡，不可得也。」《文子·上德》：「蒙塵而欲無眛，不可得潔。」正作「眛」字。《御覽》卷 871 引《齊俗篇》亦誤作「昧」字，《意林》卷 2 所引不誤。《記纂淵海》卷 61 引《淮南》二文並誤作「昧」。

（109）是故知己者不怨人，知命者不怨天

按：《意林》卷 1 引《太公金匱》：「知天者不怨天，知己者不怨人。」《荀子·榮辱》：「自知者不怨人，知命者不怨天。」爲此文所本。《說苑·說叢》：「知命者不怨天，知己者不怨人。」可以互證。

（110）聖人不求譽，不辟誹，正身直行，眾邪自息。今釋正而追曲，倍是而從眾，是與俗儷走而內行無繩

按：《中論·審大臣》：「不與時爭是非，不與俗辯曲直，不矜名，不辭謗，不求譽。」即本此文。辟，讀爲避。

（111）大戟去水，亭歷愈張

按：張，一本作「脹」，有注：「大戟、亭歷，二藥名。」楊樹達曰：「張，今作脹，古只作張。」是也。《記纂淵海》卷 91、《景岳全書》卷 48、《本草綱目》卷 16 引作「葶藶愈脹」。「葶藶」爲後出專字。《玉篇》：「葶，又音亭，葶藶也。」

（112）善御者不忘其馬，善射者不忘其弩，善為人上者不忘其下。誠能愛而利之，天下可從也；弗愛弗利，親子叛父

按：《韓詩外傳》卷 4：「善御者不忘其馬，善射者不忘其弓，善爲上者不忘其下。誠愛而利之，四海之內闔若一家；不愛而利，子或殺父，而況天下乎？」可以互證。

（113）原心反性則貴矣，適情知足則富矣，明死生之分則壽矣

按：原心，《類聚》卷 23 引作「愿恕」，《御覽》卷 459 引《韓子》同〔註111〕，疑臆改。《精神篇》：「衰世湊學，不知原心反本。」《要略篇》：「乃原心術，理情性。」「原心反性」即原心反本、原心術理情性也。《漢書・薛宣傳》：「春秋之義，原心定罪。」顏師古注：「原，謂尋其本也。」

（114）言無常是，行無常宜者，小人也

按：《荀子・不苟篇》：「言無常信，行無常貞，唯利所在，無所不傾，若是則可謂小人矣。」〔註112〕《韓子・顯學》：「故海內之士，言無定術，行無常儀。」為此文所本。《論衡・問孔篇》：「言無定趨，則行無常務矣。」亦本之。是，猶正也、定也。《釋名》：「貞，定也。」《廣雅》：「貞，正也。」儀，讀為宜，《說文》：「儀，所安也。」《漢書・地理志》：「伯益能儀百物以佐舜。」顏師古曰：「儀與宜同。宜，安也。」《國語・鄭語》「儀」作「議」，亦借字。韋昭注：「議使各得其宜。」讀議如字，而添「各得其宜」以足句，非也。顧廣圻改「儀」為「議」；劉文典謂顧說非是，儀當訓度；陳奇猷謂顧說是，解為「議立其行」〔註113〕。並非也。

（115）兼覆蓋而并有之，度伎能而裁使之者，聖人也

許注：裁，制也。度其伎能而裁制使之。

按：《御覽》卷 360 引作「若（兼）覆而并有之，技能而裁使之者，聖人也」，《文子・符言》作「兼覆而並有之，技能而才使之者，聖人也」。王念孫謂「蓋」、「度」為衍文，「伎」之言支，度也。莊吉逵、王念孫引《御覽》作「兼覆」，並失檢。才，讀為裁。

〔註111〕《御覽》卷 459 上條引《淮南子》，此條引作「《韓子》」，蓋誤記。《御覽》卷 472 引亦作《淮南子》，而未引「原心反性則貴矣」七字。《廣弘明集》卷 12 釋明槩《決對傅奕廢佛僧事》引《淮南子》：「夫天下有貴而非位勢，有壽而非千歲，適情知足則貴矣，明死生之分則壽矣。」雖略不同，要知決為《淮南子》文也。

〔註112〕《記纂淵海》卷 44 引作「言無常正，行無常信」，又卷 49 引作「言無常信，行無常眞」。眞，讀為貞。

〔註113〕並見陳奇猷《韓非子新校注》，上海古籍出版社 2000 年版，第 1133 頁。

《齊俗篇》校補　卷第十一

（1）率性而行謂之道，得其天性謂之德。性失然後貴仁，道失然
　　後貴義

　　按：楊樹達指出語木《禮記・中庸》「率性之謂道」。《文子・上禮》：「循
　　　　性而行謂之道，得其天性謂之德。性失然後貴仁義。」馬宗霍謂「性
　　　　失」當作「德失」，與上下文相應。王叔岷謂「道失」當作「行失」。
　　　　何寧謂原文不誤，「性失」即「德失」。考《後漢書・朱穆傳》《崇厚
　　　　論》：「故率性而行謂之道，得其天性謂之德。德性失然後貴仁義。」
　　　　李賢注：「率，循也。」朱穆云「德性失然後貴仁義」，似原文本作
　　　　「性失然後貴仁，德失然後貴義」。《文子》「性失」上脫一「德」字。

（2）是故仁義立而道德遷矣，禮義飾則純樸散矣，是非形則百姓
　　眩矣，珠玉尊則天下爭矣

　　按：《後漢書・朱穆傳》《崇厚論》：「是以仁義起而道德遷，禮法興而淳
　　　　樸散。」李賢注：「遷，徙也。」《文子・上禮》：「仁義立而道德廢，
　　　　純樸散而禮樂飾，是非形而百姓眩，珠玉貴而天下爭。」純、淳，
　　　　並讀爲惇，《說文》：「惇，厚也。」字或作醇，《廣雅》：「醇，厚也。」
　　　　禮義，當據《文子》作「禮樂」，《御覽》卷803引正作「禮樂」，《文
　　　　子》又云「禮樂飾則生詐僞」，亦其證。

（3）義者，所以合君臣父子兄弟夫妻朋友之際也

按：合，《文子・上禮》作「和」。合，讀爲詥，《說文》：「詥，諧也。」和亦諧也。

（4）今世之爲禮者，恭敬而忮；爲義者，布施而德

許注：忮，害也。

按：《說文》：「忮，很也。很，不聽從也。」《六韜・龍韜・選將》：「有貌恭敬而心慢者。」《書・堯典》：「象恭滔天。」孔傳：「滔，漫也。言共工……貌象恭敬，而心傲很若漫天。」恭敬而忮，即貌恭敬而心慢、貌恭敬而心傲很也。許注未允。《文子・上禮》作「末世之禮，恭敬而交；爲義者，布施而得」。交，很戾、傲慢也，與「忮」同義。《詩・桑扈》：「彼交匪敖，萬福來求。」鄭箋：「與人交必以禮。」《左傳・襄公二十七年》引作「匪交匪敖」，又《成公十四年》引作「彼交匪傲」，杜注：「彼之交於事而不惰傲。」《漢書・五行志》引作「匪傲匪傲」，顏師古注引應劭曰：「言在位者，不傲訐，不倨傲也。」顏注：「傲，謂傲幸也。」臧琳曰：「《論語》：『惡徼以爲知者。』《釋文》云：『徼，鄭本作絞。』是徼、絞古通。毛詩作交，蓋絞之省借，故《漢書》作傲。鄭箋依字訓爲交接，恐非……當從應仲援說，爲『不傲訐』，師古改爲『傲幸』，非是。」〔註1〕胡承珙曰：「臧說是也。……此『匪交匪敖』當與『不吳不敖』一例耳。」〔註2〕王引之曰：「彼亦匪也，交亦敖也。交之言姣也。《廣雅》曰：『姣，侮也。』字通作佼，《淮南・覽冥篇》：『而燕雀佼之。』言燕雀輕侮鳳皇也。……交或作傲。乃《韓詩外傳》引《詩》『彼交匪紓』，而釋之曰：『言必交吾志，然後予。』則已誤解爲『交接』之交。而應劭注《漢書》又以爲『傲訐』，顏師古以爲『傲幸』，皆與『匪敖』之義不倫。」〔註3〕按王說是也，胡承珙引「不吳不敖」以證之，已得其義，而謂臧說是也，則猶未達一間。《禮記・投壺》：「毋憮毋敖。」鄭注：「憮，敖慢也。」「彼交匪敖」即「毋憮毋敖」，

〔註1〕 臧琳《經義雜記》卷1，收入阮元《清經解》，鳳凰出版社2005年版，第1375頁。

〔註2〕 胡承珙《毛詩後箋》，黃山書社1999年版，第1129～1130頁。

〔註3〕 王引之《經義述聞》，江蘇古籍出版社1985年版，第155頁。

交亦傲也。朱駿聲謂交借爲懱〔註4〕，馬瑞辰謂交借爲傲〔註5〕，
並以爲「懱倖」字，亦非。交當讀爲絞，絞切也，急切也，故引申
爲很戾之義。《論語・陽貨》：「好直不好學，其蔽也絞。」言好直
不好學，則其蔽在很戾。皇疏：「絞，猶刺也。好譏刺人之非以成
已之直也。」朱駿聲誤作「刺」，云：「按刺猶鑿也。」〔註6〕朱氏
未得其字，而所說則得其義。郢燕之說，亦有當者。《論語・陽貨》：
「惡徼以爲知者。」鄭本作絞，用本字，「徼」則借字也。字或作
効，《荀子・大略》：「故其行効，其立効，其坐効，其置顏色出辭
氣効。」楊注：「効，放也。」朱駿聲謂佼借爲傲〔註7〕，二說並
非也。字或作佼，《管子・七臣七主》：「好佼反而行私請。」尹注：
「佼，謂很詐也。背理爲反。」得之矣。朱駿聲謂佼借爲狡〔註8〕，
亦非也。字或作狡，《大戴禮記・子張問入官》：「故臨之無抗民之
志，勝之無犯民之言，量之無狡民之辭。」《家語・入官》作「佼」。
言無違戾民之辭也。「狡（佼）」與「抗」、「犯」義相近。盧辯注：
「狡，害也。」王肅注：「佼，猶周也。」王聘珍曰：「狡謂狡詐。」
俞樾曰：「狡當讀爲校，校之言校量也。」黃懷信曰：「狡，猜也。」
〔註9〕並非也。《晏子春秋・內篇問下》：「莊敬而不狡，和柔而不
銓。」王念孫曰：「狡，急也。字通作絞。」〔註10〕孫星衍曰：「狡，
狡猾。」〔註11〕王說近之，言莊敬而不很戾也。《左傳・僖公十五
年》：「亂氣狡憤。」杜注：「狡，戾也。」《禮記・樂記》鄭注引作
「血氣狡憤」，《釋文》：「狡，本又作交。」《文選・登樓賦》：「氣
交憤於胸臆。」李善注：「杜預《左氏傳》注曰：『交，戾也。』」
交、狡並讀爲絞，故訓戾。《廣韻》：「交，古肴切，戾也。」字又
作捄，《集韻》：「捄，戾也。」字或作按，《集韻》：「㧇，很戾也，

〔註4〕　朱駿聲《說文通訓定聲》，武漢市古籍書店1983年版，第310頁。
〔註5〕　馬瑞辰《毛詩傳箋通釋》，中華書局1989年版，第734頁。
〔註6〕　朱駿聲《說文通訓定聲》，武漢市古籍書店1983年版，第312頁。
〔註7〕　朱駿聲《說文通訓定聲》，武漢市古籍書店1983年版，第310頁。
〔註8〕　朱駿聲《說文通訓定聲》，武漢市古籍書店1983年版，第311頁。
〔註9〕　並轉引自黃懷信主編《大戴禮記彙校集注》，三秦出版社2005年版，第854頁。
〔註10〕王念孫《讀書雜志》，中國書店1985年版。
〔註11〕孫星衍《晏子春秋音義》卷下，收入《諸子百家叢書》，上海古籍出版社影印
　　　　浙江書局本1989年版，第86頁。

或作挍。」此書以「挍」、「仿」爲一字，或誤。《文選・關中詩》：
「蠢爾戎狄，狡焉思肆。」李周翰註：「狡，亂。」《中說・禮樂篇》：
「狡乎逆上。」阮逸註：「狡，謂志不直也。」俞樾曰：「交與忮形
之誤也，得與德古字通。」〔註12〕王利器曰：「《文子》『忮』誤作
『交』，當據改正。」〔註13〕彭裕商曰：「恭敬而交，不好講。《淮
南子》作『忮』，許注：『忮，害也。』害即嫉恨之意。則此『交』
當爲『忮』字之誤。」〔註14〕李定生、徐慧君以「交爲」連文，云
「交爲，相互爲禮」〔註15〕。諸家並失考也。

（5）君臣以相非，骨肉以生怨，則失禮義之本也，故搆而多責

許注：搆，謂以權相交，權盡而交疏。搆搆然也。

按：搆，景宋本作「構」，並讀爲覯、遘。《說文》：「覯，遇見也。」又
「遘，遇也。」言君臣骨肉相遇則多責也。吳承仕謂注「搆搆然也」
當從朱本作「搆，搆怨也」，與「骨肉生怨」文意相承。吳說非也，
「搆」當與君臣相非、骨肉生怨相應，不當獨承骨肉生怨也。《莊子・
天運》：「覯而多責。」正作「覯」字。《莊子》《釋文》：「覯，見也，
遇也。」林希逸《口義》：「覯，見也。」責，過也。

（6）夫水積則生相食之魚，土積則生自穴（肉）之獸

按：《意林》卷1引《尸子》：「水積則生吞舟之魚，土積則生豫章之木。」
〔註16〕爲此文所本。

（7）貌不羨乎情，而言不溢乎行

按：《文子・道原》作「貌不離情，言不出行」。

（8）其衣（致）煖而無文，其兵（戈）銖而無刃

許注：楚人謂刃頓爲銖。

〔註12〕俞樾《讀〈文子〉》，收入《春在堂全書》，《俞樓雜纂》卷21，光緒九年刻本。
〔註13〕王利器《文子疏義》，中華書局2000年版，第525頁。
〔註14〕彭裕商《文子校注》，巴蜀書社2006年版，第238頁。
〔註15〕李定生、徐慧君《文子校釋》，上海古籍出版社2004年版，第476頁。
〔註16〕《文選・子虛賦》李善注、《御覽》卷607、《爾雅翼》卷12引作「水積則生
吞舟之魚，土積則生梗楠豫章」，《記纂淵海》卷66引《尹子》同，「尹」爲
「尸」誤。

按：《文子・道原》作「其衣煖而無采，其兵鈍而無刃」。朱駿聲謂銖借爲錭，亦鈍也，劉盼遂、楊樹達、王利器說並同〔註 17〕，是也。洪頤煊謂銖借爲殊，殊死也，胡懷琛從之〔註18〕；張文虎曰：「銖直是鈍之譌。」〔註19〕並非是。俞樾謂「煖」當作「緩」，讀爲縵，殊爲迂曲，不可信從。

（9）其歌樂而無轉，其哭哀而無聲

按：《路史》卷 4 引《子思子》：「其歌樂而無謡，其哭哀而不聲。」爲此文所本。

（10）鑿井而飲，耕田而食

按：《韓子・外儲說右上》：「耕作而食之，掘井而飲之，吾無求於人也。」爲此文所本。

（11）則必有穿窬、拊楗、抽箕、踰備之姦

許注：抽，握（掘）也。備，後垣也。

按：拊，擊也。拊揵，擊斷戶楗。字或作「拊鍵」，《法言・重黎》：「曰：賢者司禮，小人司巇，況拊鍵乎？」宋咸注：「拊，拍也。」楊樹達謂拊疑讀爲剖，非也。抽箕，王引之校爲「扫墓」，吳承仕、何寧從之。王說未必是。《廣雅》：「抽，拔也。」《左傳・昭公六年》：「不抽屋，不強匄。」孔疏引服虔曰：「抽，裂也。言不毀裂所舍之屋也。」箕，讀爲基。《說文》：「基，牆始也。」抽基，今言挖牆腳。穿窬、拊揵、抽基、踰備，四者皆言入室爲盜也。《史記・律書》：「箕者，言萬物根棋（基），故曰箕。」《後漢書・馬融傳》《廣成頌》：「面據衡陰，箕背王屋。」王念孫曰：「箕讀爲基。基亦據也。」〔註20〕

〔註 17〕朱駿聲《說文通訓定聲》，武漢市古籍書店 1983 年版，第 355 頁。劉盼遂《淮南許注漢語疏》，《國學論叢》第 1 卷第 1 號，1927 年；又收入《劉盼遂文集》，北京師範大學出版社 2002 年版，第 546 頁。王利器《文子疏義》，中華書局 2000 年版，第 58 頁。

〔註 18〕胡懷琛《淮南鴻烈集解補正》，收入《叢書集成續編》第 40 冊，新文豐出版公司 1991 年印行，第 478 頁。

〔註 19〕張文虎《舒藝室隨筆》卷 6，收入《續修四庫全書》第 1164 冊，上海古籍出版社 2002 年版，第 401 頁。

〔註 20〕王念孫《讀書雜志》，中國書店 1985 年版。

（12）有詭文繁繡弱緆羅紈，必有菅屩跰跨短褐不完者

　　許注：弱緆，細布也。羅，縠。紈，素也。菅，茅也。跰，偶也。跨，
適也。

　　按：《類聚》卷 85 引作「有詭文繁繡弱錫羅紈」，日本舊鈔本古類書《秘
府略》卷 868 引作「有詭文繁繡弱錫羅紈，必有菅履比跨短褐不完
者」，注作「繁羅，文綉也。弱錫，細布」。《說文》：「緆，細布也。
𦂅，緆或從麻。」《玉篇》：「𦂅，細布也，亦作緆。」謂治麻布，加
錫灰使之細膩滑潤，故名此細布為錫，製專字從衣作緆，或從麻作
𦂅。《周禮·春官·宗伯》：「王為三公六卿錫衰。」鄭司農曰：「錫，
麻之滑易者。」《儀禮·大射儀》：「用錫若絺，綴諸箭蓋。」鄭注：
「錫，細布也。今文錫或作緆。」賈公彥疏：「謂之錫者，治其布使
之滑易也。」《史記·司馬相如傳》《子虛賦》：「被阿錫。」《類聚》
卷 66、《御覽》卷 819 引作「緆」，《文選》亦作「緆」，李善注：「緆
與錫古字通。」《修務篇》：「衣阿錫。」高注：「阿，細縠。錫，細
布。」字或作析，《古文苑》卷 4 揚雄《蜀都賦》：「其布則細都弱折。」
「絺」當作「絺」，《御覽》卷 820 所引不誤。「折」當為「析」形誤。
方以智曰：「析即錫也。」陳元龍說同〔註21〕。《秘府略》引作「比」，
則「跰」字脫誤，另參楊樹達等說。

（13）夫蝦蟆為鶉，水蠆為蟌蟴，皆生非其類，唯聖人知其化

　　許注：蟌蟴，青蛉也。音矛音務。

　　按：《廣韻》「蟌」字條引作「蝦蟆為鶉，水蠆為蟌」，又「鶉」字條引
作「蝦蟆化為鶉」；《慧琳音義》卷 78 引作「蝦蟆變為鷸鶉」，《希
麟音義》卷 9 引作「蝦蟆化為鶉也」。《墨子·經說上》：「化，若鼃
為鶉。」《列子·天瑞》：「若蛙為鶉。」為此文所本〔註22〕。《搜神
記》卷 12 引《淮南畢萬（萬畢）》：「蟾蜍得苽，卒時為鶉。」《論
衡·無形》、《講瑞》亦云：「蝦蟆為鶉，雀為蜄蛤。」可以互證。蟌
蟴，王念孫據《廣韻》、《御覽》卷 949 所引校作「蟌」。方以智亦

〔註21〕方以智《通雅》卷 37，收入《方以智全書》第 1 冊，上海古籍出版社 1988
　　　　年版，第 1134 頁。陳元龍《格致鏡原》卷 27，收入景印文淵閣《四庫全書》
　　　　第 1031 冊，臺灣商務印書館 1986 年初版，第 385 頁。
〔註22〕《說文》：「鼃，蝦蟆屬。」

云：「《造化權輿》云：『水蠆爲蟌。』《本草》作蟌，則蟌爲訛，蟌
莣即蟌莣之訛。」〔註23〕《六書故》「蟌」字條引亦作「蟌」。《爾
雅翼》卷25引同今本，則宋代已誤矣。徐文靖曰：「《正字通》：《淮
南》本作『蟌莣』，非獨舊注誤也。按：《淮南子・齊俗訓》：『水蠆
爲蟌莣。』注音矛務。又《說林訓》：『水蠆爲蟌。』爲蟌、爲蟌莣，
皆見《淮南子》。」〔註24〕徐氏似謂《淮南》二作皆可，非也。王念
孫曰：「蟌爲蟌之誤……莣爲莣之誤，莣俗書蔥字也，與蟌同音。校
書者記莣字於蟌字之旁，而寫者因誤合之耳。」王氏說「莣」字可
議。考《爾雅》：「蘩，由胡。莣，杜榮。」蓋既誤蟌爲蟌，校書者
熟知《爾雅》「蘩莣」之文，因添一「莣」字耳。

（14）夫胡人見黂，不知其可以爲布也；越人見氄，不知其可以爲旃也

許注：黂，麻子也。

按：《說林篇》：「黂不類布而可以爲布。」可以互證。郭璞《山海經序》：
「故胡人見布而疑黂，越人見罽而駭氄。」即本此文。楊樹達、馬
宗霍謂旃借爲氈，是也。《書鈔》陳禹謨本卷134、《御覽》卷708、
《記纂淵海》卷54引「黂」作「麻」，「旃」作「氈」。《書鈔》孔廣
陶校注本「黂」作「蕡」，孔校云：「陳、俞本蕡改麻，考《爾雅》『蕡』
作『黂』，《儀禮・喪服》傳：『苴絰者，麻之有蕡者也。』此古本之
不可妄改也。」〔註25〕于大成謂「蕡借爲黂」，何寧謂旃假爲氈，皆
是也。

（15）故不通於物者，難與言化

按：難與言化，《書鈔》卷134、《御覽》卷708、《記纂淵海》卷54引作
「不可與言俗」，鄭良樹謂「俗」字誤。難，猶言不可也〔註26〕。

〔註23〕方以智《通雅》卷47，收入《方以智全書》第1冊，上海古籍出版社1988
年版，第1385頁。

〔註24〕徐文靖《管城碩記》卷23，中華書局1998年版，第417頁。

〔註25〕《書鈔》孔廣陶校注本，收入《續修四庫全書》第1212冊，上海古籍出版社
2002年版，第632頁。

〔註26〕參見劉淇《助字辨略》，中華書局1954年版，第66頁；蕭旭《古書虛詞旁釋》
有補證，廣陵書社2007年版，第225～226頁。

（16）太公曰：「舉賢而上功。」

按：舉，《韓詩外傳》卷 10、《漢書‧地理志》同，《呂氏春秋‧長見》作「尊」。上，《呂氏》、《漢書》同，《外傳》作「賞」。上、賞，並讀爲尚。《群書考索》卷 61：「太公治齊，舉賢尚功。」

（17）故糟丘生乎象楮，炮烙生乎熱升（斗）

按：楊樹達謂楮乃箸之或字，于大成舉《書鈔》卷 41、135、《御覽》卷 712、760 引並作「箸」以證之。字亦作筯，《玉篇》：「筯，匙箸，與箸同。」

（18）子路撜溺而受牛謝

許注：撜，舉也。升出溺人，主謝以牛也。

按：撜，《治要》卷 41、《長短經》卷 3、《記纂淵海》卷 55、56 引並作「拯」，《呂氏春秋‧察微》、《御覽》卷 899 引《家語》同。「撜」同「抍」，「拯」爲俗字。字或作承，《列子‧黃帝》：「使弟子竝流而承之。」《釋文》：「承，音拯。《方言》：『出溺爲承。』諸家直作拯，又作撜。」《莊子‧達生》作「拯」。《方言》卷 13：「抍，拔也。出休爲抍。」字或作登，《文子‧上德》：「夫待利而登溺者，必將以利溺人矣。」《說林篇》作「拯」。俗字亦作拯，見《字彙》。

（19）子贛讓而止善

按：《呂氏春秋‧察微》高注引《淮南記》作「子貢讓而亡義」。王叔岷謂「亡」爲「止」誤，「義」與「善」通。何寧謂「亡義」爲「止善」之譌。《長短經》卷 3、《記纂淵海》卷 55、56 引並作「止善」，《論衡‧定賢》同。

（20）廉有所在而不可公行也

按：劉文典謂《治要》卷 41 引「在」上有「不」字義長，楊樹達、王叔岷等駁之，是也。《長短經》卷 3 引無「不」字。

（21）故行齊於俗，可隨也；事周於能，易為也

按：行，《文子‧道原》作「風」。

（22）矜偽以惑世，伉行以違眾

按：《文子‧道原》明刊本「伉」作「軻」，「違」作「迷」，《纘義》本「伉」
作「畸」。「畸」字是，讀為奇。王利器讀軻為苛，云：「謂煩苛之行
也。」〔註27〕朱起鳳謂「伉行」為「抗衡」之省缺〔註28〕，並未是。

（23）廣廈闊屋，連闥通房，人之所安也，鳥入之而憂；高山險
阻，深林叢薄，虎豹之所樂也，人入之而畏；川谷通原，
積水重泉，黿鼉之所便也，人入之而死

按：廣廈闊屋，《記纂淵海》卷 57 引作「廣堂廈屋」。《意林》卷 2 引作
「廣廈宏屋，連闥通房，人所安也，鳥入之而憂；深林藜薄，人入
而畏，鳥入之則安」。「藜」同「叢」，《御覽》卷 932 引亦作「藜」，
《御覽》卷 892 引作「榛」，有注：「藜，木曰榛，深草曰薄。」泉，
《御覽》卷 892、932 引作「淵」，蓋舊本。

（24）形殊性詭

按：詭，張雙棣訓異，是也。《文子‧自然》正作「異」字。

（25）柱不可以摘齒，筐不可以持屋

許注：筐，小簪也。

按：摘，一本作「摘」。《御覽》卷 187、《記纂淵海》卷 57 引「摘」作
「刺」，「筐」作「蓬」。柱，《記纂淵海》引作「拄」，同。王念孫
讀摘為剔，是也。字或作擿，已詳《主術篇》「擿齒易貌」條校補。
王念孫謂筐、蓬並為筳字之誤，亦是也。朱駿聲謂筐借為桄、橫〔註
29〕，未允。

（26）銅不可以為弩

按：《御覽》卷 346、348、813 引同。銅，《類聚》卷 88、《御覽》卷 956、
《事類賦注》卷 25、《記纂淵海》卷 95 引作「桐」，《記纂淵海》卷 57
引作「鈗」。趙宗乙謂「銅」當作「桐」〔註30〕，是也。銅固可製作

〔註27〕王利器《文子疏義》，中華書局 2000 年版，第 59 頁。
〔註28〕朱起鳳《辭通》，上海古籍出版社 1982 年版，第 925 頁。
〔註29〕朱駿聲《說文通訓定聲》，武漢市古籍書店 1983 年版，第 907 頁。
〔註30〕趙宗乙《淮南子札記》，黑龍江人出版社 2009 年版，第 168 頁。

弓弩也。《御覽》卷 348 引《南越志》：「龍川有營澗，嘗有銅弩牙流出水……父老云：『越王弩營處也。』」于大成亦知銅可為弩，而云「本是銅字」，非也。陳直曰：「現出土之弩機皆為銅質，本文大義，謂發弩之器用銅，射出之矢，必用弓也。」〔註31〕如陳說，則與上下文不類也，陳說非是。

（27）鐵不可以為舟

按：舟，《御覽》卷 813、《記纂淵海》卷 57 引同，《御覽》卷 346、348引作「弓」。「舟」字是。敦煌寫卷 S.1380《應機抄》引《尹文子》：「鐵為舟矣，不可乘之以利涉；錫作刀焉，不可奇之以剖割。」

（28）木不可以為釜

按：釜，《御覽》卷 348、757、《記纂淵海》卷 57 引同，《御覽》卷 346引作「斧」。

（29）其於以致雨，不若黑蜧

許注：黑蜧，神蛇也。潛於神淵，蓋能興雲雨。

按：《御覽》卷 933 引「蜧」作「戾」，引注作「黑戾，黑色虯屬也。戾潛於水。神象。能致雨也」。《白帖》卷 2 引《淮南子》：「黑蜧，神虯，潛泉中而居，天將雨則躍。」《初學記》卷 2、《御覽》卷 10 引《淮南子》：「黑蜧，神蛇。潛泉而居，將雨則躍。蜧音麗。」《事類賦注》卷 3 引同，無「蜧音麗」三字。《記纂淵海》卷 2 引《淮南子》：「黑蜧居潛泉，將雨則躍。」皆當為注文，與此略不同。

（30）夫玉璞不猒厚，角觿不猒薄

許注：角觿，刀劍羽間之覆角也。

按：孫詒讓曰：「刀劍無羽飾，此羽疑當為削之誤。《釋名》：『刀，其室曰削。』」楊樹達曰：「《廣韻》觿字訓角長，與本文義不合。疑觿當讀為䚦。《說文》云：『䚦，杖耑角也。』《玉篇》云：『䚦，以角飾策本末也。』」考《太玄·格》：「郭其目，觿其角。」《釋音》：「觿，

〔註31〕陳直《讀子日札·淮南子》，收入《摹廬叢著七種》，齊魯書社 1981 年版，第100 頁。

音紹，角長。」《集韻》：「觩，角高貌。《太玄》：『觩其角。』」此「觩」讀如字之證，楊說非也。角觩，言角之高者。言其角雖長，不厭其薄也。許注謂刀劍之覆角，恐非。

（31）漆不猒黑，粉不猒白

按：猒，《書鈔》卷135、《御覽》卷719引作「厭」，借字。

（32）此代為常者也

按：陳昌齊、劉台拱、吳闓生校「常」爲「帝」，訓爲主，引《說林篇》、《莊子·徐無鬼》「是時爲帝者也」爲證。諸說是也。《御覽》卷694、《天中記》卷47引正作「帝」，《御覽》有注：「代，更也。帝王（主）貴。」《御覽》卷765引馮敬通《詣鄧禹牋》「代」作「更」，「常」作「適」。代，更也、迭也。帝讀爲適，亦主也。

（33）不致魚於木，沉鳥於淵

按：致，讀爲置。《文子·自然》作「放」，義同。

（34）水處者漁，山處者木

按：山處者木，《御覽》卷80引同，《文子·自然》作「林處者採」。俞樾謂「木」當作「采」，馬宗霍、王叔岷、何寧駁之。「採」同「采」，當爲「木」字形誤，俞說僨矣。《治要》卷35、《初學記》卷22、《御覽》卷833引《文子》正作「山處者木」。《說林篇》：「漁者走淵，木者走山。」是其確證。「木」用如動詞，指砍木。名、動相同〔註32〕。字或作沐，《玉篇》：「沐，斬樹枝也。」《管子·輕重丁》：「管子曰：『請以令沐途旁之樹枝，使無尺寸之陰。』」又《輕重戊》：「沐涂樹之枝也。」《黃氏日抄》卷55《讀諸子·管子》：「沐途旁之樹以絕游息，農人皆務本業而農以富。」自注：「沐，去樹枝也。」黃說得之。「沐」訓斬樹枝之由，段玉裁曰：「沐，濯髮也。引伸爲芟除之義。」〔註33〕豬飼彥博、安井衡、何如璋、張佩綸亦並謂得義

〔註32〕參見劉師培《古書疑義舉例補》「使用器物之詞同於器物之名例」，收入俞樾等《古書疑義舉例五種》，中華書局1956年版，第165～167頁。
〔註33〕段玉裁《說文解字注》，上海古籍出版社1981年版，第563頁。

於洗濯〔註34〕，皆失之〔註35〕。《齊民要術・種桑柘》：「栽後二年，慎勿採沐。」又《種榆白楊》：「初生三年，不用採葉，尤忌採心，不用剝沐。」某氏注：「諺曰：『不剝不沐，十年成轂。』言易麤也。」〔註36〕繆啓愉曰：「沐，剪伐。」又「剝沐，指剪枝。」〔註37〕字或作枚，《玉篇》：「枚，莫鹿切，枚桑也。」《原本玉篇殘卷》：「沐，《管子》：『沐樹之枝，日中無天蔭。』野王案：斬樹之枝也。《字書》爲枚字，在木部。」敦煌寫卷 S.617《俗務要名林》：「枚，枚桑也。」《廣韻》「木」、「沐」、「枚」同音莫卜切，《集韻》：「枚，刀治桑也。」此字從刀會義，從木得聲。《慧琳音義》卷 97：「枚樹：蒙卜反，《說文》：『枚，斫桑也。從刀、木，木亦聲。』」此卷爲《廣弘明集》卷10《周天元立有上事者對衛元嵩》《音義》，經文作「類野芸田之法，禾莠須分，條桑扐樹，豈當盡杌？」《龍龕手鑑》：「扐，音木，曰乘。」〔註38〕《康熙字典》列入《備考》，云：「扐，《龍龕》音木，桑也。」「扐」當爲「枚」形誤，字從「木」得聲。「乘」或字作「乗」，「桑」俗字作「桒」，形近而誤〔註39〕。《四聲篇海》：「扐，音木，桑也。」《字彙補》：「扐，明竹切，音木，桑也。」「曰」字當作「曰」，爲「抈」音誤。《說文》：「抈，折也。」指斫斷。《篇海》、《字彙補》解作「桑也」，義有不周。膠遼官話謂剪除全部樹枝曰「抹頭」〔註40〕，「抹」即「沐」之音轉。

〔註34〕 並轉引自郭沫若《管子集校》，收入《郭沫若全集・歷史編》卷8，人民出版社 1984 年版，第 383 頁；馬非百《管子輕重篇新詮》，中華書局 1979 年版，第 669 頁。

〔註35〕 參見黃樹先《比較詞義探索十例》，《語言研究》2011 年第 2 期。

〔註36〕 《四庫全書提要》考爲孫氏注，其名不可考耳；景印文淵閣《四庫全書》第730 冊，臺灣商務印書館 1986 年初版，第 2 頁。「不剝不沐，十年成轂」蓋唐宋俗諺。宋・衛湜《禮記集說》卷 22 引陸佃說亦引此諺。

〔註37〕 繆啓愉《齊民要術校釋》，農業出版社出版 1998 年版，第 321、341 頁。

〔註38〕 《龍龕手鏡》高麗版景印遼刻本，《四部叢刊續編》、《續古逸叢書》之十五景印宋刊本，光緒壬午年樂道齋本並作「曰乘」，《四庫全書》本作「自乘」。高麗版影遼刻本，中華書局 1985 年影印，第 218 頁。景印文淵閣《四庫全書》第 226 冊，臺灣商務印書館 1986 年初版，第 713 頁。

〔註39〕 陳飛龍、鄭賢章皆未辨考其誤。陳飛龍《〈龍龕手鑑〉研究》，文史哲出版社中華民國 63 年初版；鄭賢章《〈龍龕手鏡〉研究》，湖南師範大學出版社 2004 年版。

〔註40〕 參見許寶華、宮田一郎《漢語方言大詞典》，中華書局 1999 年版，第 3194 頁。

（35）谷處者牧，陸處者農

按：陸處者農，《文子·自然》作「陵處者田」，《纘義》本「陵」作「陸」。
陵，陸也，爲古楚語。疑《淮南》原本亦作「陵」，作「陸」爲後
人所改也。《說林篇》：「褰衣涉水，至陵而不知下，未可以應變。」
「陵」、「水」對舉，陵亦陸也。參見附錄二《〈淮南子〉古楚語舉
證》。《四庫全書考證》：「明刊本陸訛陵。」〔註41〕非是。

（36）以所工易所拙

按：工，《文子·自然》同，《治要》卷35引《文子》作「巧」。《廣雅》：
「工，巧也。」

（37）譬若播棊丸於地，員者走澤，方者處高

按：《荀子·大略》：「語曰：『流丸止於甌臾，流言止於知者。』」爲此
文所本。《意林》卷2引作「翻棊丸於地，圓者走澤，方者處高」，
《御覽》卷80引作「譬若播棊於地，員者走室，方者處高」。《酉
陽雜俎》續集卷4引作「夫播棊丸於地，圓者趣窒，方者止高」。
「室」、「翻」、「基」分別爲「窒」、「播」、「棊」形誤。《呂氏春秋·
任地》：「子能以窒爲突乎。」高注：「窒，容汙下也。突，理出豐
高也。」字或作宎、洼、窪、㝅，今猶有「低洼」之語。作「澤」
爲許本，作「窒」蓋高本。「澤」正低窪之處，亦與「高」對舉。
趙宗乙謂「澤與高不對」〔註42〕，失考。《四庫》本《御覽》改「室」
爲「屋」，非也。

（38）若風之遇簫，忽然感之

許注：簫，籟也。

按：遇，景宋本作「過」，陳昌齊據《文子·自然》校作「過」，是也。
《酉陽雜俎》續集卷4引此文亦作「過」字。《治要》卷35引《文
子》作「若風之過箭」，「過」字尚不誤，「箭」則「簫」之形誤。
是唐人所見，固作「過」字也。

〔註41〕《四庫全書〈文子纘義〉考證》，收入景印文淵閣《四庫全書》第1499冊，
　　　　臺灣商務印書館1986年初版，第693頁。
〔註42〕趙宗乙《淮南子札記》，黑龍江人出版社2009年版，第169頁。

（39）夫獿狄得茂木，不舍而穴；狟狢得埵防，弗去而緣

許注：狟，狟豚也。埵，水埒也。防，隄。

按：陳昌齊曰：「埵，當作塍，即塍字。《玉篇》『䏶』下有『塍』字，訓水埒，即用此注。《說林》：『窟穴者，託埵防。』亦當作塍。」考陳潢《河防述言·隄防》：「埵，當作塍，與『塍』同。」〔註43〕陳昌齊曾參與編校《四庫全書》，則其說當襲於陳潢也。《玉篇》：「䏶，隄也，埒也，畔也，《說文》曰：『稻田畦也。』亦作塍。埵，水埒，亦同上。」明·楊慎《升菴集》卷63：「塍，水埒也，一作塴。」明·焦竑《俗書刊誤》卷11：「田畔曰塍，音丞，俗訛音繩。」吳語音倫。又此文當乙作「夫獿狄得茂木，弗去而緣；狟狢得埵防，不舍而穴」，言獿狄得林木則緣木，狟狢得埵防則穴之也。《抱朴子外篇·博喻》：「失林而居檻，則獿狄與玁貉等矣。」是獿狄固宜林木者也。《說林篇》：「榛巢者處林茂，安也；窟穴者託埵（塍）防，便也。」高注：「埵（塍）坊，高處防隄也。」是掘穴固於埵防者也。字或省作乘，《爾雅》：「如乘者，乘丘。」郭注：「形似車乘也。或云：乘者，謂稻田塍埒。」繆楷曰：「或說是也，而未盡。乘者，塍之省。」〔註44〕

（40）盛者非多人也，皆徼於末也

按：馬宗霍謂徼訓要求、趨，引《漢書·嚴安傳》「民離本而徼末矣」顏注「徼，要求也」為證，是也。朱駿聲謂《漢書》徼讀為憿〔註45〕，非也。

（41）民躁而費多也

按：躁，即急躁義。《主術篇》：「人主靜漠而不躁，百官得修焉。」《氾論篇》：「所謂為善者，靜而無為也；所謂為不善者，躁而多欲也。」《文子·微明篇》：「處靜以持躁。」皆以「躁」、「靜」對舉，其義至顯。《鹽鐵論·本議》：「嗜欲眾而民躁也。」亦此義。《文子·自然》「躁」

〔註43〕陳潢《河防述言》，收入景印文淵閣《四庫全書》第579冊，臺灣商務印書館1986年初版，第760頁。

〔註44〕繆楷《爾雅稗疏》卷2，收入《續修四庫全書》第189冊，上海古籍出版社2002年版，第27頁。

〔註45〕朱駿聲《說文通訓定聲》，武漢市古籍書店1983年版，第334頁。

作「鮮」。「鮮」爲「解」字形誤，解讀爲懈。《說文》：「懈，怠也。」陳廣忠讀躁爲懆，引《廣雅》「懆，貪也」爲解〔註46〕，非也。

（42）凡（以物）治物者不以物以睦，治睦者不以睦以人

按：二「睦」字，《文子・下德》作「和」。李哲明、馬宗霍謂睦當作陸，地也。殊爲牽強。睦讀爲牘，書版、木簡也，指公文。或省書作牘。治物，猶言治事。言治事以公文，治公文以人也。

（43）蕪穢而不得清明者，物或埓也

許注：埓，坋塵也。

按：「埓」爲古楚語，參見附錄二《〈淮南子〉古楚語舉證》。

（44）夫素之質白，染之以涅則黑；縑之性黃，染之以丹則赤

按：方以智曰：「《淮南子》曰：『素之質白，縑之性黃。』此以縑爲今之生絲綃矣。《說文》：『縑，並絲繒。』此以爲今之雙絲矣。當以《淮南》爲是。」〔註47〕《類聚》卷21引《譙子》：「夫交之道，猶素之白也，染之以朱則赤，染之以藍則青。」可以互證。

（45）人之性無邪，久湛於俗則易，易而忘本，合於若性

許注：若性，合於他性，自若本性。

按：于大成指出語本《呂氏春秋・爲欲》「逆而不知其逆也，湛於俗也。久湛而不去，則若性，性異非性，不可不熟」。若性，猶言習性。合於若性，猶言合於人之習性也。《呂氏》「則」下脫「合於」而字。《文子・道原》、《下德》作「即合於若性」，可證。陳昌齊校此文作「則若性」，陶鴻慶校作「合而若性」，劉殿爵校作「若合於性」〔註48〕，于大成謂「合於」二字衍，並誤。陳奇猷讀湛爲淫〔註49〕，是也。

〔註46〕陳廣忠《淮南子斠詮》，黃山書社2008年版，第535頁。

〔註47〕方以智《通雅》卷37，收入《方以智全書》第1冊，上海古籍出版社1988年版，第1130頁。

〔註48〕劉殿爵《讀淮南鴻烈札記》，香港《聯合書院學報》第6期，1967年出版，第160頁。

〔註49〕陳奇猷《呂氏春秋新校釋》，上海古籍出版社2002年版，第1308頁。

（46）故日月欲明，浮雲蓋之；河水欲清，沙石瀗之；人性欲平，
嗜欲害之

按：蓋，《說林篇》同，高注：「蓋，猶蔽也。」《類聚》卷81、《文選·
雜詩》李善註、《辯命論》李善註、《初學記》卷27、《御覽》卷4、
24、983、《事類賦注》卷5引《文子》亦作「蓋」，《文子·上德》
作「蔽」；《意林》卷1引《文子》作「翳」，翳亦蔽也。沙石瀗之，
《治要》卷41引作「沙石穢之」，《御覽》卷74、《記纂淵海》卷
58引作「沙壤穢之」，《文子·道原》作「沙石穢之」，又《上德》
作「沙土穢之」。《雲笈七籤》卷55：「水性欲清，沙塵穢之；人心
欲清，嗜慾則生。」又卷90：「水性欲清，泥沙污之。」瀗、穢並
讀爲瀩，《集韻》：「瀩、瀩：《說文》：『礙流也。』引《詩》『施罟（眾）
瀩瀩』。或作瀩。」《詩·碩人》作「瀩」。楊樹達謂瀗讀爲蔵，何
寧謂瀗讀爲穢，皆未是。何寧又謂「石無害于水清，『沙壤』于義
爲長」，蓋以不得正字「瀩」，故有此說耳。「沙壤」、「沙石」、「沙
土」皆可壅遏水流，於義皆通。

（47）有以自見，則不失物之情；無以自見，則動而惑營

按：二「見」字，《文子·下德》作「鑒」。

（48）夫縱欲而失性，動未嘗正也，以治身則危，以治國則亂，
以入軍則破

按：于大成指出語本《呂氏春秋·爲欲》「無以去非性，則欲未嘗正矣。
欲不正，以治身則夭，以治國則亡」。《治要》卷41引「危」作「失」，
「亂」作「敗」。《文子·下德》作「夫縱欲失性，動未嘗正，以治
生則失身，以治國則亂人」，《文子·道原》作「夫人從欲失性，動
未嘗正也，以治國則亂，以治身則穢」。「動」當作「欲」，《治要》
引已誤。「危」、「夭」當作「失」，亦字之誤也。何寧從景宋本改「也」
爲「物」，謂「動未嘗正物即失物之情也」，非是。

（49）聽失於誹譽，而目淫於采色

按：誹，《文子·道原》、《下德》作「非」，借字。下文「度量不失於適，
誹譽無所由生」，《文子·上仁》亦作借字「非」。

（50）夫載哀者聞歌聲而泣，載樂者見哭者而笑。哀可樂者，笑可哀者，載使然也，是故貴虛

　　許注：虛者，心無所載於哀樂也。

　　按：梁玉繩謂載、戴通用，是也。《意林》卷 2 引正作「戴」字。《漢魏叢書》本注「虛者」上有「載，疑作感」四字，鄭良樹已駁之。《四庫》本承《漢魏叢書》本之誤〔註50〕。

（51）故聖王執一而勿失，萬物之情既（測）矣，四夷九州服矣

　　按：《管子・心術下》：「執一之君子，執一而不失，能君萬物。」《呂氏春秋・執一》：「王者執一而爲萬物正。」又《有度》：「執一而萬物治。」又《爲欲》：「聖王執一，四夷皆至者，其此之謂也。」爲此文所本。

（52）為仁者必以哀樂論之，為義者必以取予明之

　　按：《說山篇》：「以近論遠。」高注：「論，知也。」《呂氏春秋・適音》：「以論其教。」高注：「論，明也。」此文論、明對舉，論亦明也。楊樹達謂論爲諭之誤，非也。《文子・上仁》亦作「論」字。

（53）無天下之委財，而欲遍贍萬民，利不能足也

　　按：委讀爲賄，古貨字。字或作僞，《墨子・公孟》：「以廣辟土地，著稅僞材。」畢沅曰：「僞，疑當爲賄，《說文》云：『此古貨字，讀若貴。』」〔註51〕于省吾曰：「僞通化，古幣貨字均作化。」〔註52〕朱起鳳謂「委財」、「僞材」即「貨財」〔註53〕。《文子・上仁》：「竭府庫之財貨，不足以贍萬民。」正作「財貨」。《鹽鐵論・本議》：「故鹽鐵均輸，所以通委財而調緩急。」亦作借字「委」。王利器訓委積〔註54〕，張雙棣亦謂委訓積，並非也。

〔註50〕《淮南鴻烈解》，收入景印文淵閣《四庫全書》第 848 冊，臺灣商務印書館 1986 年初版，第 624 頁。

〔註51〕畢沅《墨子校注》，收入《叢書集成新編》第 20 冊，新文豐出版公司 1985 年版，第 402 頁。

〔註52〕于省吾《雙劍誃諸子新證》，上海書店 1999 年版，第 301 頁。

〔註53〕朱起鳳《辭通》，上海古籍出版社 1982 年版，第 426 頁。

〔註54〕王利器《鹽鐵論校注》，中華書局 1992 年版，第 16 頁。

（54）譬若水之下流，煙之上尋也

按：劉文典謂尋讀爲覃、燂，《類聚》卷 80 作「煙之上尋火」，有注：「徒南反」。「尋火」當作「燂」，「徒南反」正音覃也。《原道篇》：「雖游於江潯海裔。」高注：「潯讀葛覃之覃也。」又《天文篇》：「火上蕁，水下流。」高注：「蕁讀葛覃之覃。」《御覽》卷 869、935 引作「尋」。皆其證。《本經篇》：「呼吸侵潭。」于省吾曰：「潭應讀作尋。」亦其證〔註55〕。

（55）故強哭者雖病不哀，強親者雖笑不和

按：《意林》卷 2 引作「強哭者雖戚不哀，強歡者雖笑不樂」，《御覽》卷 391、《記纂淵海》卷 59、60 引作「強哭者雖疾不哀，強歡者雖笑不樂」。何寧謂此文本於《莊子・漁父》「故強哭者雖悲不哀，強怒者雖嚴不威，強親者雖笑不和」。《呂氏春秋・功名》：「強令之笑不樂，強令之哭不悲。」《劉子・言菀》：「故強懽者雖笑不樂，強哭者雖哀不悲。」亦皆本之。日本舊鈔卷子本《莊子》亦作「疾」。趙宗乙謂「病」當作「戚」〔註56〕，是也。「疾」亦誤字，宋人據誤本作「病」，易以同義詞「疾」，所失愈遠也。趙宗乙又謂「和」當作「樂」，「親」當作「歡」，則未是。

（56）故禮豐不足以效愛，而誠心可以懷遠

按：禮豐不足以效愛，《文選・洛神賦》李善注引同今本，《文子・道原》作「禮亶不足以放愛」。亶，厚也。「放」字誤〔註57〕。

（57）故胡人彈骨，越人契臂，中國歃血也

許注：胡人之盟約，置酒人頭〔骨〕中，飲以相詛。刻臂出血，殺牲歃血，相與爲信。

按：契，《列子・湯問》殷敬順《釋文》引同，一本作「嚙」，《御覽》卷 430 引作「齧」，《類聚》卷 33、《御覽》卷 480 引作「剻」，《冊府元

〔註55〕于省吾《雙劍誃諸子新證》，上海書店 1999 年版，第 412 頁。
〔註56〕趙宗乙《淮南子札記》，黑龍江人出版社 2009 年版，第 171 頁。
〔註57〕參見王利器《文子疏義》引于大成說，中華書局 2000 年版，第 57 頁。

龜》卷 981 亦作「剚」。于大成指出契、齧並讀爲挈，剚俗字，皆是
也。《說文》：「挈，刻也。」「嚙」亦借字。字或作鍥、鐼，《集韻》：
「挈、鍥，《說文》：『刻也。』或從金，通作契。」又「剚，刻也，
通作鍥、鐼。」鄭良樹曰：「齧、嚙，正、俗字。作齧者當是本字。」
後說非也。歃血，《列子》《釋文》引作「喫血」，《類聚》卷 33 引作
「歃盟」，《御覽》卷 430、480 引作「喍盟」。喫讀爲喍，「喍」同「歃」。
一本注「頭」下有「骨」字，與《類聚》卷 33、《御覽》卷 430、480
引合。詛，《御覽》卷 430 引作「誼」，《御覽》卷 480 引作「咀」，
並誤。

（58）帝顓頊之法，婦人不辟男子於路者，拂之於四達之衢

許注：拂，抙也。

按：抙，一本作「放」。《御覽》卷 79 引「辟」作「避」，「拂」作「祓」，
有注：「祓，音拂，除其不祥。」《通志》卷 2 引「拂」作「刜」。
向宗魯謂「抙」當作「祓」，「拂」、「祓」聲同通用；張雙棣、何寧
謂「抙」同「搒」、「榜」，與「拂」並訓擊。訓擊爲許義，《通志》
作「刜」，亦從許說。讀爲祓蓋高注。高注是也。《說文》：「祓，除
惡祭也。」《廣韻》：「拂，去也，除也。」《國語・周語上》韋注：
「祓，猶拂也。」《左傳・襄公二十九年》：「乃使巫以桃茢先祓殯。」
《禮記・檀弓下》作「巫先拂柩」。字或省作弗，《詩・生民》：「以
弗無子。」《御覽》卷 529、《路史》卷 39、《玉海》卷 99 引作「祓」。

（59）今之國都，男女切踦，肩摩於道

許注：踦，足也。

按：《呂氏春秋・先職》：「中山之俗，以晝爲夜，以夜繼日，男女切倚，
固無休息。」高注：「切，磨。倚，近也。」陳奇猷曰：「高注是。
倚、踦字通。切倚乃相依偎之意。訓踦爲足，非是。」〔註58〕《呂
氏》之「倚」，《說苑・權謀》作「踦」。當以「踦」爲正字。考《說
文》：「踦，一足也。」《公羊傳・成公二年》：「二大夫出，相與踦
閭而語。」《釋文》：「踦，踦足也。」此文許注「足」上脫「一」

〔註58〕陳奇猷《呂氏春秋新校釋》，上海古籍出版社 2002 年版，第 962 頁。

或「踦」字。《方言》卷 2：「倚、踦，奇也。自關而西，秦晉之閒凡全物而體不具謂之倚；梁楚之閒，謂之踦。」切踦，謂踦足而相摩也。高注、陳奇猷所解非是。陳直曰：「切，摩也。切踦，當作足相摩解。」〔註59〕亦失之。

（60）拘罷拒折之容

許注：拘罷，圓也。拒折，方也。

按：李哲明謂拘讀爲鉤，罷爲環誤，拒讀爲矩。楊樹達謂罷讀爲椑。于省吾謂罷讀爲盤。楊、于二說皆通。或讀爲蟠、般，盤旋曲折也。詳《道應篇》「下蟠於地」條校補。方以智曰：「矩折之容，言方步迂緩也。」又云：「拘罷矩折，言磬折之容也。磬折即所謂平衡鞠躬，揖厭威儀也……按罷當音擺，今翔步必搖擺，其來舊矣。」〔註60〕此又一說，錄以備考。

（61）胡貉匈奴之國縱體拖髮，箕倨反言

許注：拖，縱也。

按：《晉書·阮籍傳》：「籍散髮箕踞，醉而直視楷。」拖髮，猶言散髮。阮籍即效胡貉匈奴之習俗。《說文》：「纍，長踞也。踞，蹲也。居，蹲也。」「踞」爲「居」後出專字。「箕倨」本字爲「纍居」。

（62）晉文君大布之衣，牂羊之裘，韋以帶劍，威立于海內，豈必鄒魯之禮之謂禮乎

按：《墨子·公孟》：「昔者晉文公大布之衣，牂羊之裘，韋以帶劍，以治其國，其國治。」又《兼愛中》：「昔者晉文公好士之惡衣，故文公之臣皆牂羊之裘，帶以褋韋，練帛之冠，入以見於君，出以踐於朝。」〔註61〕又《兼愛下》：「當文公之時，晉國之士大布之衣，牂羊之裘，練帛之冠。」鄭良樹、于大成、何寧指出爲此文所本。牂，一本作「牂」，《爾雅翼》卷 23 引同，解云：「牂羊爲喪裘之賤者」。

〔註59〕陳直《讀子日札·淮南子》，收入《摹廬叢著七種》，齊魯書社 1981 年版，第 101 頁。

〔註60〕方以智《通雅》卷 10、28，收入《方以智全書》第 1 冊，上海古籍出版社 1988 年版，第 413、889 頁。

〔註61〕帶以褋韋，《御覽》卷 389 引作「韋以帶劍」，又卷 689 引作「韋以爲帶」。

《御覽》卷689引《兼愛中》亦作「羊」。

（63）是故入其國者從其俗，入其家者避其諱，不犯禁而入，不迕逆而進

按：《大戴禮記・曾子立事》：「君子入人之國，不稱其諱，不犯其禁。」又《曾子制言下》：「是以君子不犯禁而入，入境及郊，問禁請命。」于大成指出爲此文所本。按《禮記・曲禮上》：「入竟而問禁，入國而問俗，入門而問諱。」〔註62〕《孟子・梁惠王下》：「臣始至於境，問國之大禁，然後敢入。」《靈樞經・師傳》：「黃帝曰：『順之奈何？』歧伯曰：『入國問俗，入家問諱，上堂問禮，臨病人問所便。』」亦可互證。

（64）故禮困人情而為之節文，而仁發忭以見容

許注：忭，色也。

按：郭店楚簡《語叢一》：「豊（禮）因人之情而爲之即（節）文者也。」〔註63〕《管子・心術上》：「禮者因人之情緣義之理而爲之節文者也。」《禮記・坊記》：「禮者，因人之情而爲之節文，以爲民坊者也。」皆爲此文所本。困，當據各本作「因」。《文子・上仁》作「故禮因人情而制」，《泰族篇》：「故先王之制法也，因民之所好而爲之節文者也。」皆作「因」字。《韓詩外傳》卷2：「故禮者因人情爲文。」又卷5：「禮者則天地之體，因人之情而爲之節文者也。」《史記・叔孫通傳》：「禮者，因時世人情，爲之節文者也。」又《太史公自序》：「故禮因人質爲之節文。」忭，朱駿聲謂同「飽」、「顅」，云：「按面色發青也。」〔註64〕楊樹達說同。于省吾讀爲迸，訓發散；《辭源》解爲「流露」〔註65〕。前說爲長，謂志意滿，見乎色，故爲面色發青。字或作悲，《靈樞經》卷5：「悲腹懷痛，形中上者。」明・張介賓注：「悲，滿也。」〔註66〕字或作㤴，《玉篇》：「㤴，㤴㤴，好怒

〔註62〕《國語・晉語九》韋昭注、《御覽》卷562引「竟」並作「境」。
〔註63〕編連據劉釗《郭店楚簡校釋》，福建人民出版社2005年版，第181頁。
〔註64〕朱駿聲《說文通訓定聲》，武漢市古籍書店1983年版，第866頁。
〔註65〕《辭源》（縮印本），商務印書館1988年版，第604頁。
〔註66〕張介賓《類經》卷21，收入景印文淵閣《四庫全書》第776冊，臺灣商務印

也。」《五音集韻》：「怦、憪：忼慨也，又滿也。」字或作愷，《玉篇》：「愷，愷悍，自強也。」

（65）非不能竭國糜民，虛府殫財，含珠鱗施，綸組節束，追送死也

按：糜，景宋本作「靡」，並讀爲糜。《兵略篇》：「天下爲之糜沸螳動。」亦同。《後漢紀》卷 26：「必糜沸螳聚以致擾亂。」則用本字。

（66）禮飾以煩，樂優以淫，崇死以害生，久喪以招行

按：《文子·上仁》作「禮飾以煩，樂擾以淫」。王念孫謂「優」爲「擾」形誤，擾亦煩也。王說非是。考《晏子春秋·外篇下》：「今儒者飾禮煩事，羨樂淫民，崇死以害生，三者聖王之所禁也。」爲此文所本。「優」、「羨」同義。羨，饒也，過也。「擾」當爲「優」形誤，王說傎矣。昭，讀爲邵，《說文》：「邵，高也。」《小爾雅》：「邵，美也。」楊樹達謂讀爲翹，舉也；何寧謂讀爲昭，明也。亦皆通。《墨子·節葬下》「昔者三代聖王既沒，天下失義，後世之君子，或以厚葬久喪以爲仁也義也，孝子之事也。」行謂品行。此言孝子以久喪而高其孝道也。馬宗霍謂招行猶羈行，行謂行事，非也。

（67）是以風俗濁於世，而誹譽萌於朝

按：《文子·上仁》作「風俗溺於世，非譽萃於朝」。誹、非，正、假字。

（68）衣足以覆形，從典墳，虛循撓，便身體，適行步，不務於奇麗之容，隅眥之削

按：《晏子春秋·內篇諫下》：「夫冠足以修敬，不務其飾；衣足以掩形禦寒，不務其美。衣不務于隅肶（眥）之削，冠無觚羸之理。」爲此文所本。

（69）帶足以結紐收衽，束牢連固，不亟於為文句疏短之鞻

孫詒讓日：案短疑當爲矩。文句者，圓文也。疏矩者，方文也。鞻字疑誤，此上文並說帶，不應忽及鞻屨，此必有訛脫也。

徐復曰：孫說鞖字有誤，是也。如以偏旁相近，則有褉字。《廣雅》：「褉，袂也。」《埤蒼》：「褉，衣袖也。」袖有繡文，爲方圓之形，於義當近〔註67〕。

按：徐說「鞖」當作「褉」，是也。但不當訓袖。《集韻》：「褉，胡計切，帶也，或作褉、褉。」《五音集韻》同。《類篇》：「褉，戶佳切，《埤倉》：『衣袖也。』又胡計切，帶也。」後人誤以「褉」讀戶佳切，音同「鞋」，故改作「鞖」字。此「褉」當讀胡計切，字或作褉、褉。本字當爲係、系，《說文》：「係，絜（結）束也。」又「系，繫也。」本動詞，用爲名詞，則爲帶子。字或作繫。陳直曰：「句爲絇字省文……文爲花紋，絇爲鞖頭連系之帶，疏謂鞖面寬闊也。」〔註68〕謂「文爲花紋」是，餘說皆非。

（70）以視則明，以聽則聰，以言則公，以行則從

按：《六韜・文韜・大禮》：「目貴明，耳貴聰，心貴智。以天下之目視，則無不見也；以天下之耳聽，則無不聞也；以天下之心慮，則無不知也。」《管子・九守》同。《鄧子・轉辭篇》：「目貴明，耳貴聰，心貴公。以天下之目視，則無不見。以天下之耳聽，則無不聞。以天下之智慮，則無不知。」《鬼谷子・符言篇》同。並爲此文所本。

（71）及其已用之後，則壞土草薊而已，夫有孰貴之

按：《意林》卷2引作「及其用畢，則棄之土壤」，《御覽》卷77引作「及其已用，則壞土草芥而已，誰貴之哉」。《喻林》卷104引「薊」作「劋」。薊，讀爲劋，割也，削也。壞土，所以製土龍也。草劋，削草所以製作芻狗也。此文「草劋」轉爲名詞用。莊逵吉據《御覽》所引，謂「劋」爲「芥」奇字，王念孫已斥爲不知何據。《漢語大字典》又據莊說立義〔註69〕，失於採擇矣。王念孫謂「薊」爲「薊」之誤，何寧謂「劋」爲「薊」之誤。陳直曰：「《史記・賈誼傳》《鵩鳥賦》：『細故慸薊兮，何足以疑？』《索隱》：『薊音介。《漢書》作芥。』據

〔註67〕徐復《淮南子臆解》，收入《徐復語言文字學晚稿》，江蘇教育出版社2007年版，第265頁。

〔註68〕陳直《讀子日札・淮南子》，收入《摹廬叢著七種》，齊魯書社1981年版，第101～102頁。

〔註69〕《漢語大字典》（縮印本），湖北辭書出版社、四川辭書出版社1992年版，第149頁。

此本文『草薊』當即『草荊』之誤字無疑。」〔註70〕亦皆未得。

（72）是從牛非馬，以徵笑羽也

按：從，亦以也〔註71〕。

（73）夫一儀不可以百發，一衣不可以出歲

按：出歲，猶言度過一年。楊樹達疑「出」爲「巾」之誤，劉殿爵謂「出」爲「卒」字之音誤〔註72〕，並非也。

（74）是故世異則事變，時移則俗易

按：《說苑‧雜言》：「今夫世異則事變，事變則時移，時移則俗易。」疑此文脫「事變則時移」五字。

（74）尚古之王……法度不同，非務相反也，時世異也

按：《文子‧道德》作「上古之王，法度不同，非古相反也，時務異也」。尚，讀爲上。下「古」字，當據敦煌寫卷 P.3768《文子》、《纘義》本作「故」。

（75）故狐梁之歌可隨也，其所以歌者不可爲也

按：《三國志‧郤正傳》：「瓠梁託弦以流聲。」裴松之注引此文作「瓠梁」，《類聚》卷 43、《廣博物志》卷 33 引亦同，並有注：「瓠梁，古善歌之人也。」《初學記》卷 15、《御覽》卷 573 並云：「瓠梁，見《淮南子》。」是《淮南》舊本當作「瓠梁」也。《書鈔》卷 106「瓠梁善歌」條引作「匏梁」，有注：「匏梁，古善歌之人也。」孔廣陶校曰：「匏、瓠二字，小注與標目岐出，陳本俱作匏，近本《淮南子‧齊俗訓》匏作狐，無注曰以下，疑是許慎注逸文。」〔註73〕《說文》：「瓠，匏也。」孫志祖曰：「蓋瓠與狐通也。」〔註74〕得之。朱起鳳謂「狐

〔註70〕陳直《讀子日札‧淮南子》，收入《摹廬叢著七種》，齊魯書社 1981 年版，第 102 頁。

〔註71〕參見裴學海《古書虛字集釋》，中華書局 1954 年版，第 687 頁。

〔註72〕劉殿爵《讀淮南鴻烈札記》，香港《聯合書院學報》第 6 期，1967 年出版，第 161 頁。

〔註73〕《書鈔》（孔廣陶校注本），收入《續修四庫全書》第 1212 冊，上海古籍出版社 2002 年版，第 491～492 頁。

〔註74〕孫志祖《讀書脞錄》卷 4，收入《續修四庫全書》第 1152 冊，上海古籍出版

梁」即《韓子》之「高梁」，山名，乃引輦上高梁而歌〔註75〕，未得。

（76）淳均之劍不可愛也，而歐冶之巧可貴也

　　按：《覽冥篇》：「區冶生而淳鈞之劍成。」高注：「區，讀哥謳之謳也。
　　　　區，越人善治劍工也。淳鈞，古大銳劍也。」「淳均」即「淳鈞」。
　　　　字或作「純鈞」，《修務篇》：「夫純鈞、魚腸劍之始下型。」高注：「純
　　　　鈞，利劍名。」一本「鈞」作「釣」、「鉤」，並誤，王念孫有說。《抱
　　　　朴子外篇・博喻》：「純鈞之鋒，驗於犀兕；宣慈之良，效於明試。」
　　　　又《勖學》：「丹青不治，則純鈞之勁不就。」一本「鈞」作「鉤」。
　　　　陳漢章、孫人和、楊明照謂當作「鈞」；王國維謂當作「鉤」〔註76〕。
　　　　王國維說非是。「鉤」為「鈞」之形誤。《越絕書・外傳記寶劍》：「歐
　　　　冶乃因天之精神，悉其伎巧，造為大刑三，小刑二：一曰湛盧，二
　　　　曰純鈞，三曰勝邪，四曰魚腸，五曰巨闕。」《抱朴子內篇・論仙》：
　　　　「此所謂以分寸之瑕，棄盈尺之夜光；以蟻鼻之劍，捐無價之純鈞。」
　　　　唐・李君元《天子劍賦》：「賤鏌鋣，棄淳鈞。」字或作「醇鈞」，《廣
　　　　雅》：「醇鈞，劍也。」

（77）其不能乘雲升假亦明矣

　　許注：假，上也。

　　按：許注非是。假，讀為遐〔註77〕。字或作遐，《墨子・節葬下》：「秦
　　　　之西有儀渠之國者，其親戚死，聚柴薪而焚之，燻上，謂之登遐，
　　　　然後成為孝子。」畢沅曰：「《太平廣記》引作『熏其煙上，謂之登
　　　　煙霞』。」孫詒讓曰：「《列子》亦作『燻則煙上，謂之登遐』。《新
　　　　論》作『煙上燻天，謂之昇霞』。《博物志》作『勳之即煙上，謂之
　　　　登遐』。……登遐者，《禮記・曲禮》云：『天子崩，告喪曰：天王登
　　　　假。』鄭注云：『登，上也。假，已也。上已者，若僊去云耳。』《釋
　　　　文》云：『假音遐。』《漢書・郊祀志》云：『世有僊人，登遐倒景。』
　　　　顏注云：『遐亦遠也。』案：依《廣記》所引及《新論》，似皆以『遐』

　　　社 2002 年版，第 254 頁。
〔註75〕朱起鳳《辭通》，上海古籍出版社 1982 年版，第 833 頁。
〔註76〕並參見楊明照《抱朴子外篇校箋（上）》，中華書局 1997 年版，第 115 頁。
〔註77〕許建平《淮南子補箋》已及，《中國典籍與文化論叢》第 6 輯，中華書局 2000
　　　年版，第 347 頁。

為『霞』之叚字，非古義也。」〔註78〕按《太平廣記》見卷 480，「熏」作「薰」，《列子》見《湯問篇》，《新論》見《風俗篇》；《博物志》見卷 2，「勳」作「熏」。《墨子》之「登遐」，霞正指煙霞，與上文「聚柴薪而焚之，燻上」相應，《新論》、《廣記》改用本字「霞」。孫詒讓駁為「非古義也」，可謂以不狂為狂。鄭玄、顏師古所解，望文生義。此文「升假」、「乘雲」對舉，霞亦雲也。王勃《忽夢遊仙》詩：「翕爾登霞首，依然躡雲背。」「登霞」、「躡雲」對舉，可作佐證。假讀為霞至顯，可見鄭玄「假」訓「已」之誤。《後漢書·張衡傳》：「涉清霄而升遐。」「升遐」、「涉清霄」相承，遐讀為霞亦至顯，可見顏師古遐訓遠之誤。《楚辭·遠遊》：「載營魄而登霞。」正用本字「霞」，王逸注：「霞謂朝霞赤黃氣也。」至確。朱注：「霞古與遐借用。」傎矣。朱駿聲謂「假」讀為遐、嘏，訓遠〔註79〕。朱起鳳以「遐」為正字，云：「遐，亦高也。」〔註80〕王國維謂「登遐」與「陟恪」、「陟降」同〔註81〕。並失之。

（78）五帝三王經天下，細萬物，齊死生，同變化

按：于大成謂「經」當據別本作「輕」，舉《文子·道德》正作「輕」字及《文選》注為證。《精神篇》：「輕天下則神無累矣，細萬物則心不惑矣，齊死生則志不懾矣，同變化則明不眩矣。」晉·陸雲《逸民賦》：「古之逸民輕天下，細萬物。」皆其證。

（79）故其見不遠者，不可與語大；其智不閎者，不可與論至

按：閎，讀為宏，大也。《文子·自然》作「博」，義同。《韓子·難言》：「閎大廣博。」《意林》卷 1 引作「宏」。

（80）譬若同陂而溉田，其受水鈞也

按：鈞，一本作「均」，正字。《類聚》卷 9、《御覽》卷 72 引作「均」。

〔註78〕 並參見孫詒讓《墨子閒詁》，中華書局 2001 年版，第 189 頁。
〔註79〕 朱駿聲《說文通訓定聲》，武漢市古籍書店 1983 年版，第 448 頁。
〔註80〕 朱起鳳《辭通》，上海古籍出版社 1982 年版，第 786 頁。
〔註81〕 王國維《與友人論〈詩〉〈書〉中成語書》，收入《觀堂集林》卷 2，河北教育出版社 2001 年版，第 41 頁。

（81）煎敖燎炙

按：敖，讀爲熬。燎，《書鈔》卷 145 引作「膞」，景宋本《御覽》卷 863 引作「犢」，《四庫》本《御覽》引作「燔」。《本經篇》：「煎熬 焚炙，調和齊之。」《書鈔》卷 142 引作「燔炙」，《御覽》卷 849 引作「烹炙」。《廣韻》：「燔，炙也。」《集韻》：「焚，火灼物也，或作燓、灾、燌，古作燔。」《戰國策·魏策二》：「易牙乃煎敖燔炙，和調五味而進之。」燎，讀爲䜏。《說文》：「䜏，炙也。」《廣韻》：「䜏，火炙也。」又「燎，炙也。」《玉篇》：「膞，切肉也。」《廣韻》：「膞，切熟肉更煮也。」作「犢」則爲誤字。

（82）披斷撥遂

許注：披，解也。撥，析理。遂，順。

按：遂，一本作「檖」，王念孫已指出其誤。然訓順亦非其誼。遂，讀爲剟，古從兌從㒸之字多通用〔註 82〕。《廣韻》、《集韻》並云：「剟，削也。」

（83）指奏相反

按：黃生、楊樹達、于省吾、馬宗霍並謂「指奏」即「指趣」，均是也。朱起鳳謂奏爲湊之省〔註 83〕，何寧說同。湊亦趣也。方以智曰：「智謂奏即湊字，又與趣通，以《淮南》指趣即指奏也。」〔註 84〕指，讀爲恉。《說文》：「恉，意也。」

（84）其得民心鈞也

按：鈞，一本作「均」，正字。《文子·自然》作「一」。

（85）故刳劂銷鋸陳，非良工不能以制木；鑪橐埵坊設，非巧冶不能以治金

許注：鑪、橐、埵，皆治（冶）具也。坊，土刑也。

〔註 82〕 參見張儒、劉毓慶《漢字通用聲素研究》，山西古籍出版社 2002 年版，第 612 頁。
〔註 83〕 朱起鳳《辭通》，上海古籍出版社 1982 年版，第 1792 頁。
〔註 84〕 方以智《通雅》卷 38，收入《方以智全書》第 1 冊，上海古籍出版社 1988 年版，第 1160 頁。

按：《本經篇》：「剞劂削鋸。」高注：「削，兩刃句刀也。」「剞劂」同「剞
剧」。銷，字或作削。《周禮・考工記》：「築氏爲削。」孔疏引馬氏
謂「削」爲偃曲卻刃。此「削」是木工所用之刀也。《說林篇》：「屠
者棄銷，而鍛者拾之。」屠者所棄，正是其屠刀耳。此「銷」是屠
者所用之刀也。《脩務篇》：「苗山之鋋，羊頭之銷。」高注：「羊頭
之銷，白羊子刀。」《文選・七命》：「銷踰羊頭，鏷越鍛成。」此「銷」
是兵器之刀也。唐・王維《送封太守》：「忽解羊頭削，聊馳熊軾輶。」
字正作「削」。互詳《脩務篇》校補。《主術篇》：「是故賢主之用人
也，猶巧工之制木也。」高注：「制，裁也。」制，亦治也。《列女
傳》卷3：「鋸者，所以治木也。」《說苑・雜言》：「干將爲利，名聞
天下，匠以治木，不如斤斧。」良工，《慧琳音義》卷24、62、66、
《御覽》卷952引作「良匠」。何寧曰：「『工』當爲『匠』，蓋『匠』
字缺『斤』而誤。」何說非也。「良工」即《主術篇》之「巧工」，
亦即「良匠」也。《文選・聖主得賢臣頌》：「故工人之用鈍器也。」
李周翰注：「工人，匠人也。」橐，景宋本《御覽》卷952引同，《四
庫》本《御覽》引誤作「蠹」。《御覽》引注作：「埵，音朵。鑪橐，
皆冶坊之形也。」《本經篇》：「鼓橐吹埵，以銷銅鐵。」高注：「埵，
銅囊口鐵筒，埵入火中吹火也。」

（86）屠牛吐一朝解九牛，而刀可以剃毛

許注：剃，截髮也。

按：《管子・制分》：「屠牛坦朝解九牛，而刀可以莫鐵。」爲此文所本。
吐，《初學記》卷22、《御覽》卷346、828、《記纂淵海》卷55引作
「坦」。《賈子・制不定》：「屠牛坦一朝解十二牛，而芒刃不頓者，
所排擊，所剟割，皆象（眾）理也。」〔註85〕亦作「坦」字。《韓詩

〔註85〕 象，當作「眾」，字之誤也。眾讀爲中，去聲，合也，應也。《漢書・賈誼傳》
作「皆眾理解也」，《古今合璧事類備要》別集卷2、又《外集》卷57、《韻府
羣玉》卷10引作「眾」字，《白帖》卷83、《御覽》卷828、《記纂淵海》卷
55、《韻府羣玉》卷14引作「中」字。俞樾曰：「象即眾字之誤。」所說雖是，
然尚未盡。章太炎曰：「『中』字義誠明了，然恐是『眾』之音誤。」方向東
曰：「象理，指順著肌理。」皆未得。諸説並見方向東《賈誼集匯校集解》，
河海大學出版社2000年版，第93頁。《鹽鐵論・繇役》：「屠者解分中理，可
橫以手而離也。」《御覽》卷763引《桓譚論》：「孔子問屠牛坦曰：『屠牛有

外傳》卷 9：「齊王厚送女，欲妻屠牛吐。」同此作「吐」字。于大成指出「吐」、「坦」爲許、高之異。《初學記》卷 19、《御覽》卷 382、《錦繡萬花谷》續集卷 5、《山堂肆考》卷 114 引《外傳》作「屠門肚」，《初學記》、《山堂肆考》有注：「肚，一作吐。」屈守元曰：「此人又即《莊子・養生主》所謂『庖丁』，『丁』與『坦』、『吐』、『肚』亦聲轉。『門』乃誤字。」〔註86〕屈氏謂「坦」、「吐」、「肚」聲轉是也，但據此篇下文「庖丁用刀十九年，而刀如新剖〔硎〕」，「庖丁」是另一人；且「門」亦非誤字，「屠門」猶言屠家、屠戶。莊逵吉謂「坦」疑「垣」之誤，劉文典、楊樹達謂「吐」爲「坦」之誤，並非也。

（87）神調之極，游乎心手眾虛之間，而莫與物為際者，父不能以教子

按：《文子・自然》作「至於神和，游於心手之間」。王念孫謂「眾虛」二字衍。《後漢書・郭玉傳》：「醫之爲言，意也。腠理至微，隨氣用巧，針石之間，毫芒即乖，神存於心手之際，可得解，而不可得言也。」雖言用針，與此言工匠不同，而其言用心意，其術不可傳則一也。《路史》卷 8 作「遊心乎眾虛之間，而〔莫〕與物爲際者，父不能以詔其子」，亦有脫誤。詔亦教也。

（88）瞽師之放意相物，寫神愈舞，而形乎絃者，兄不能以喻弟

按：《文子・自然》作「放意寫神論變，而形於絃者，父不能以教子」，《路史》卷 8 作「放乎事物形氣之表，而形乎絃者，兄不能以喻其弟」。愈，讀爲愉、歈。《文選・吳都賦》：「荊豔楚舞，吳愉越吟。」五臣本作「歈」。劉淵林注：「豔，楚歌也。愉，吳歌也。《楚辭》曰：『吳愉蔡謳。』」《說文新附》：「歈，歌也。」言瞽師放意於相物，寫神於歌舞，而形乎絃者也。「論變」爲「愉舞」之誤。于省吾、王叔岷謂愈讀爲喻，馬宗霍謂愈讀爲諭，並非也。《文選・長笛賦》：「可以通靈感物，寫神喻意，致誠效志。」李善註：「喻，曉也。」馬宗霍、

道乎？』曰：『刺必中解，割必中理，盤𦙫則引終葵而椎。』」《齊俗篇》下文許注：「眾虛之閒，剖中理也。」皆作「中理」，可爲確證也。
〔註86〕屈守元《韓詩外傳箋疏》，巴蜀書社 1996 年版，第 813～814 頁。

于大成並引以爲證，亦非。《文選・廣絕交論》李善註引馮衍《與鄧禹書》：「衍以爲寫神輸意，則聊城之說，碧雞之辯，不足難也。」《長笛賦》之「喻」當讀爲「輸」，故與「效」對舉，李善注未得。

（89）故叩宮而宮應，彈角而角動，此同音之相應〔者〕也。其於五音無所比，而二十五絃皆應，此不傳之道也

  按：《莊子・徐無鬼》：「鼓宮而宮動，鼓角角動，音律同矣。夫或改調一弦，於五音無當也，鼓之二十五弦皆動，未始異於聲而音之君已。」爲此文所本。《呂氏春秋・名類》：「鼓宮而宮動，鼓角而角動。」高注：「鼓，擊也。」又《召數》：「故鼓宮而宮應，鼓角而角動。」《楚辭・七諫》：「故叩宮而宮應兮，彈角而角動。」〔註87〕王逸注：「叩，擊也。彈，摸也。」《覽冥篇》：「今夫調弦者，叩宮而宮應，彈角角動，此同聲相和者也。夫有改調一弦，其於五音無所比，鼓之而二十五弦皆應，此未始異於聲而音之君已形也。」亦皆本之。叩，讀爲敂，擊也。比，合也，當也。

（90）故蕭條者，形之君；而寂漠者，音之主也

  許注：蕭條，深靜也。

  按：漠，一本作「寞」，《金樓子・立言篇上》、《意林》卷2、《路史》卷8引作「寞」，《文子・自然》亦作「寞」。音，《意林》、《路史》、《文子》同，《金樓子》引誤作「身」字。蕭條，各書引同，《文子》作「肅條」，亦音轉，古肅、蕭音同。《楚辭・遠遊》：「山蕭條而無獸兮，野寂漠其無人。」以「寂漠」與「蕭條」對舉，與此文同。「蕭條」字或作「陗捒」，《廣雅》：「陗、捒，高也。」字或作「霄霓」，《原道篇》：「遊於霄霓之野。」高注：「霄霓，高峻貌。」《俶眞篇》：「虛無寂寞，蕭條霄霓，無有彷彿。」字或作「蕭蔌」，《隸釋》卷19晉・夏侯湛《張平子碑》：「觀封樹之蕭蔌，觀高碑之稱美。」宋・洪适曰：「碑以蕭蔌爲蕭條。」〔註88〕字或作「蕭滌」，《隸釋》卷

〔註87〕 《初學記》卷29引「叩」作「把」。「把」當作「扣」，字之誤也。「扣」同「叩」，並讀爲敂。朱季海則謂「把」爲《楚詞》故書，漢代魚、侯合一，把讀爲拊，拊亦擊也，與「叩」、「鼓」同義。存參。朱季海《楚辭解故續編》，上海古籍出版社1980年版，第278頁。

〔註88〕 洪适《隸釋》，中華書局1986年版，第195頁。

5《槀長蔡湛頌》：「蕭滌而雲消。」楊愼曰：「蕭蓧：蕭條。霄霓、稦（稷）蓧，三同。」〔註89〕方以智說同〔註90〕。吳玉搢曰：「或以蓧爲條，或以滌爲條，皆以形聲相近而借。『蕭條霄霓』四字連用，則『霄霓』似不與『蕭條』相同，然子書、騷賦多用疊字，合之則微分，離之則相似。『蕭條』、『霄霓』音義實相近也。」〔註91〕字或作「睄窕」、「脩霓」，《楚辭·九思》：「日陰曀兮未光，闐睄窕兮麛睹。」王逸注：「睄窕，幽冥也。一作『脩霓』。」洪興祖注：「睄，與宵同。窕，深也。」明·魏學洢《攄懷賦》：「夐睄窕以無人兮，殆猿蜼之所家。」朱謀㙔曰：「睄窕，幽闇也。」〔註92〕朱起鳳曰：「睄、蕭音近，條、霓一聲之轉。」〔註93〕姜亮夫曰：「『蕭條』一語即空無所有，或寥落無所有之義，聲與『睄窕』同，故義亦相同。幽冥者指其深遠而言，空曠者指其平視而言。」又曰：「『睄窕』依聲韻求之，則雙聲之轉爲『蕭條』……《原道訓》以爲高峻者，自上視之爲高遠，自下視之爲幽冥，自平視之爲寂漠蕭條，其義一也。故『睄窕』即『霄霓』也。」〔註94〕諸家說皆是，而尚未得源。「蕭」、「睄」、「脩」、「霄」並讀爲槊，《史記·司馬相如傳》《上林賦》：「紛容蕭蔘。」《漢書》作「箾蔘」，《周禮·考工記》鄭司農注：「槊讀爲紛容槊參之槊。」《說文》：「槊，人臂貌。《周禮》曰：『輻欲其槊。』」徐鍇《繫傳》曰：「人臂稍長纖好也。」《玉篇》：「槊，長也，又長臂貌。」字或作櫹、橚、梢，《說文》：「櫹，長木貌。」《集韻》：「橚、梢：長木貌，或作梢。」《類篇》：「櫹、橚，木長貌。」木長爲櫹、橚、梢，故字從木；手長爲槊、捎，故

〔註89〕楊愼《古音駢字》卷上，收入景印文淵閣《四庫全書》第 228 冊，臺灣商務印書館 1986 年版，第 409 頁。

〔註90〕方以智《通雅》卷 6，收入《方以智全書》第 1 冊，上海古籍出版社 1988 年版，第 256 頁。

〔註91〕吳玉搢《別雅》卷 2，收入景印文淵閣《四庫全書》第 222 冊，臺灣商務印書館 1986 年初版，第 644 頁。

〔註92〕朱謀㙔《駢雅》卷 1，收入《叢書集成新編》第 38 冊，新文豐出版公司 1985 年版，第 337 頁。

〔註93〕朱起鳳《辭通》，上海古籍出版社 1982 年版，第 678 頁。

〔註94〕姜亮夫《楚辭通故（四）》，收入《姜亮夫全集》卷 4，雲南人民出版社 2002 年版，第 524 頁。姜說又見《詩騷聯綿字考》，收入《姜亮夫全集》卷 17，惟有存目，正文佚失。

字從手。二字同源。從肖之字多有細長之義。《方言》卷 12：「娋，
孟姊也。」《玉篇》：「嫂，姊也。」《集韻》：「蒴，藕根細者。梢，
梢櫂，木無枝柯長而殺者，或作莦、蒴。䏍，䏍䏍，體長貌。嫂，
長姊謂之嫂。篍，竹枝長。篍，艸長貌。髾，毛髮長。」皆取長義。
《集韻》：「觲，牛角開貌。」又「觲、牲，角銳上，或從牛。」牛
角細銳而上舉，故爲開貌，亦取細長之義。《龍龕手鑒》：「髾，髮
毛〔長〕也。」「髾」當即「髾」俗字，釋文「髮毛」下脫「長」
字。「篠」、「條」、「滌」、「霓」、「窕」並讀爲窱，《說文》：「窱，杳
窱也。」《廣雅》：「窱，深也。」「蕭條」即取長遠、深長爲義，「高
峻」與「長遠」義相因，高、遠一也。引申則有荒涼、冷清、寂靜
之義。「蕭條」、「睄窕」多見於《楚詞》、《淮南》，頗疑是古楚語，
後轉爲通語。《廣雅》「捒」訓高，有三說：（a）王念孫曰：「捒亦陷
也，方俗語有輕重耳。」〔註95〕（b）錢大昕曰：「捒疑挑之譌，挑
之言超也，超有高義。」〔註96〕（c）朱駿聲曰：「捒叚借爲嶢。」
〔註97〕皆未得其語源。

（91）不知世之所謂是非者，不知孰是孰非

按：陳昌齊、王念孫據《治要》卷 41 所引謂下「不知」爲衍文，是也。
《長短經》卷 8 亦無下「不知」二字。

（92）晉平公出言而不當，師曠舉琴而撞之，跌衽宮壁，左右欲塗之

許注：跌衽，至平公衣衽，中宮壁。欲塗師曠所敗壁也。

俞樾曰：疑本作「跌衽中壁」。跌，猶越也。言越過平公之衽而中於壁也。

按：《韓子・難一》作「披衽而避，琴壞於壁……左右請除之」。此文言
平公披衽而避，跌倒，師曠之琴擊中宮壁。俞說非是。《御覽》卷 845
引《韓子》作「公披袵而避，琴傷於臂」，臆改非也。《說苑・君道》：
「師經鼓琴，魏文侯起舞，賦曰：『使我言而無見違。』師經援琴而

〔註95〕王念孫《廣雅疏證》，收入徐復主編《廣雅詁林》，江蘇古籍出版社 1998 年
版，第 334 頁。

〔註96〕轉引自錢大昭《廣雅疏義》，收入徐復主編《廣雅詁林》，江蘇古籍出版社 1998
年版，第 335 頁。

〔註97〕朱駿聲《說文通訓定聲》，武漢市古籍書店 1983 年版，第 328 頁。

撞文侯，不中，中旒，潰之。」屬之魏文侯、師經，蓋傳聞異辭。盧文弨曰：「除，當作塗。」〔註98〕顧廣圻說同〔註99〕。于鬯則謂「此除字但作除去解，亦可通。《考工記》：『除慝。』鄭注云：『誅惡逆也。』除之者，『之』字即指師曠，謂去師曠也，即誅師曠也。」〔註100〕于說是也，塗讀爲除。《御覽》卷579引《十二國史》作「文侯怒，使人曳下殿，將殺之」〔註101〕，正言誅殺師曠。此篇下文引韓子曰：「群臣失禮而弗誅，是縱過也。」亦言「誅」，正相照應。

（93）宓子曰：「子之賓獨有三過：望我而笑，是攓也；談語而不擇（稱）師，是返也；交淺而言深，是亂也。」

許注：攓，慢也。

按：宓，《治要》卷41引作「季」，眉注曰：「季，或作宓。」《戰國策·趙策四》作「服」。鮑彪注：「服子，未詳。」何建章曰：「服子即宓子，乃輕唇音與重唇音之別。」〔註102〕范祥雍曰：「宓與服，古同音通用。」〔註103〕「季」當作「孚」，與「宓」亦一聲之轉〔註104〕。攓，《治要》卷41引作「傻」，《意林》卷2、《御覽》405、498引作「慢」，《戰國策》作「狎」。劉台拱、陶方琦謂攓讀爲蹇，字亦作傻；何寧解爲傲慢，並是也。狎，輕也，義亦相會。朱駿聲曰：「（攓）叚借爲簡爲慢爲賤，實爲憪。按：猶偷薄也。」〔註105〕未是。返，《治要》卷41、《意林》卷2引作「反」，《御覽》405、498引作「叛」，《戰國策》作「倍」。范祥雍曰：「返同反，與叛通。」倍亦叛也，鮑彪注：「倍言背其師。」向宗魯謂作「叛」爲長，張雙棣謂當作「反」，胥未得通假之指。亂，《意林》卷2引作「患」。《後漢

〔註98〕盧文弨《韓非子校正》，收入《群書拾補》，《續修四庫全書》第1149冊，上海古籍出版社2002年版，第449頁。

〔註99〕顧廣圻《韓非子識誤》，收入《諸子百家叢書》，上海古籍出版社影印浙江書局本1989年版，第187頁。

〔註100〕于鬯《香草續校書》，中華書局1963年版，第343頁。

〔註101〕《事類賦注》卷11引同。

〔註102〕何建章《戰國策注釋》，中華書局1990年版，第791頁。

〔註103〕范祥雍《戰國策箋證》，上海古籍出版社2006年版，第1218頁。下引同。

〔註104〕參見《道應篇》「季子治亶父三年」條王念孫校語。又參見石光瑛《新序校釋》，中華書局2001年版，第194頁。

〔註105〕朱駿聲《說文通訓定聲》，武漢市古籍書店1983年版，第701頁。

書·崔駰傳》《與竇憲牋》:「駰聞交淺而言深者,愚也。」

(94) 望君而笑,是公也

按:公,《戰國策·趙策四》作「和」。楊樹達謂公讀爲頌,猶今言有禮貌。

(95) 故趣舍合,即言忠而益親;身疏,即謀當而見疑

按:王念孫據《文子·道德》刪「舍」字,謂趣指志趣,王利器從之〔註106〕;劉文典駁之,謂「趣舍」即「取舍」,引《韓子·姦劫弒臣》「夫取舍合而相與逆者,未嘗聞也」爲證。劉說是也。《荀子·修身》:「趣舍無定,謂之無常。」《後漢書·何敞傳》:「敞性公正,自以趣舍不合時務。」亦其例。字或作「趨舍」,《原道篇》:「趨舍指湊。」《鶡冠子·著希》:「趨舍雖不合,不敢弗從。」《鹽鐵論·相刺》:「孟子適梁,惠王問利,答以仁義,趨舍不合,是以不用而去。」字或作「趣捨」,《俶眞篇》:「趣捨何足以滑心?」《氾論篇》:「趣捨人異,各有曉心。」字或作「趍舍」,《說林篇》:「趍舍之相合,猶金石之一調。」是「趣舍合」即「趍舍之相合」也。「趣舍不合」、「趨舍不合」、「趣捨人異」即「趣舍合」之反面之筆,皆可證不當遽刪「舍」字。

(96) 親母爲其子治扢禿,而血流至耳,見者以爲其愛之至也;使在於繼母,則過者以爲嫉也

按:《治要》卷 41 引同今本,眉注曰:「舊無『治』字,補之。」《正字通》:「按:疙,頭上瘡突起也,俗呼疙禿。」引此文作「疙」字。《廣雅》:「頷,禿也。」王念孫《疏證》引此文,云:「扢,與頷通……髡、頹、頷一聲之轉,義並相近也。」〔註107〕朱駿聲謂扢讀爲頷,義與頹略同〔註108〕;陶方琦、楊樹達亦謂扢讀爲頷,訓禿〔註109〕;

〔註106〕王利器《文子疏義》,中華書局 2000 年版,第 252 頁。

〔註107〕王念孫《廣雅疏證》,收入徐復主編《廣雅詁林》,江蘇古籍出版社 1998 年版,第 126 頁。

〔註108〕朱駿聲《說文通訓定聲》,武漢市古籍書店 1983 年版,第 569 頁。《說文》:「頹,無髮也。」

〔註109〕陶方琦《許君〈說文〉多采用〈淮南〉說》,收入《漢孳室文鈔二》,《清經解續編》,鳳凰出版社 2005 年版,第 7146 頁。

皆本王氏。何寧謂扢讀爲鬎，字或作髫、楬，無髮也。劉台拱謂扢訓磨拭。蔣禮鴻曰：「《治要》引此文，眉注曰：『舊無治字，補之。』是本無『治』字，有『治』者，校者妄增也。扢借爲刉。《說文》：『刉，一曰：刀不利，于瓦石上刉之。』扢禿者，刮去禿癬，故血流至耳也。《正字通》引《淮南》，乃云『治疙禿』，其踵謬如此。」〔註110〕劉台拱、蔣禮鴻說是也，《長短經》卷7、8二引，正無「治」字。鄭良樹謂「《長短經》引此脫治字」，非也。禿，特指禿瘡、頭瘡。生頭瘡者自然無髮，故頭瘡亦謂之禿。《周禮·天官·冢宰》：「凡邦之有疾病者，疕瘍者造焉。」鄭玄注：「疕，頭瘍，亦謂禿也。」《說文繫傳》：「臣鍇按：瘍，頭瘡而在身者也。」鄭氏謂「禿」是頭瘍，正可與《淮南》此文印證。《龍龕手鑑》：「疕，禿瘡也。」《廣韻》：「疕，禿瘡。」《集韻》：「疕，首瘍。」可知「禿瘡」即指首瘍也。晉·葛洪《肘後備急方》卷5、6載有療治「禿瘡」之方。專字作痜，《集韻》：「痜，首瘍。」故磨拭頭瘍而云血流至耳也。嫉，《長短經》卷7、8引作「悷」〔註111〕。「悷」當爲「悇」字之誤，「悇」即「嫉」俗字。

（97）闚面於盤水則員，於杯則隨

　　按：莊本「闚」作「窺」，「隨」作「隋」。《玄應音義》卷11「說橢」條引作「窺面於盤即圓，於杯即橢」，《治要》卷41引作「窺面於盤水則圓，於杯水即橢」，《長短經》卷8引作「窺面於盤水則圓，於抔則隋」，有注：「隋，音隨，訓隳也。」《御覽》卷758引作「窺面於榮水則圓，於杯水則脩」，宋·呂大臨《考古圖》卷8引「員」作「圓」。「隋」當即「隋」俗字。何寧謂「脩」爲「隋」誤字，陳昌齊謂隨讀爲橢，是也。

（98）今吾雖欲正身而待物，庸遽知世之所自窺我者乎

〔註110〕蔣禮鴻《義府續貂》，收入《蔣禮鴻集》卷2，浙江教育出版社2001年版，第207～208頁。

〔註111〕此據《叢書集成新編》本，新文豐出版公司1985年版，第21冊，第132、138頁。景印文淵閣《四庫全書》本卷7引作「悞」，卷8引作「悷」，臺灣商務印書館1986年初版，第849冊，第152、171頁。

按：遽，《長短經》卷 8 引作「詎」，古字通。遽、詎，猶遂也、乃也〔註112〕。何寧謂「遽」爲「詎」聲誤，非也。窺，《文子‧道德》作「規」，敦煌寫卷 P.3768《文子》作「覬」，「覬」爲「規」本字。王利器曰：「規當作窺，灼然可知。」〔註113〕葛剛岩曰：「『規』、『窺』應屬通假。」〔註114〕葛說是也。

（99）若轉化而與世競走，譬猶逃雨也，無之而不濡

按：《呂氏春秋‧論人》：「譬之若逃雨汙，無之而非是。」爲此文所本。《文子‧道德》作「吾若與俗遽走，猶逃雨，無之而不濡」〔註115〕。《白帖》卷 2 引《文子》，有注：「濡，濕也。」《楚辭‧大招》王逸注：「遽，猶競也。」許維遹曰：「濡、汙古通。」〔註116〕濡，《文子》同，敦煌寫卷 P.3768《文子》作「儒」。「儒」即「濡」，敦煌寫卷偏旁「亻」與「氵」可互相混用〔註117〕。

（100）若夫不爲虛而自虛者，此所慕而不能致也

按：下句《文子‧道德》作「此所欲而無不致」，王念孫、俞樾各有說，並非是。王利器謂當據敦煌寫卷 P.3768《文子》作「此所欲而不能致也」〔註118〕。

（101）故通於道者，如車軸，不運於己，而與轂致千里，轉無窮之原也；不通於道者，若迷惑，告以東西南北，所居聆聆，一曲而辟，然忽不得，復迷惑也

許注：聆聆，意曉解也。

〔註112〕參見劉淇《助字辨略》，中華書局 1954 年版，第 194～195 頁。蕭旭《古書虛詞旁釋》有補證，廣陵書社 2007 年版，第 181 頁。

〔註113〕王利器《文子疏義》，中華書局 2000 年版，第 253 頁。

〔註114〕葛剛岩《敦煌寫本〈文子〉校補》，《敦煌學輯刊》2007 年第 2 期。

〔註115〕《白帖》卷 2 引作「若與俗遽走，猶逃雨之無面不濡濡濕也」。隋‧杜公瞻《編珠》卷 1 引作「若與俗處，猶走而逃雨，無處不濡濡濕也」，《御覽》卷 10 引作「若與俗處，猶走逃雨也，無之而不濡」，並誤「遽」爲「處」，又倒其文以求通。

〔註116〕許維遹《呂氏春秋集釋》，中華書局 2009 年版，第 78 頁。

〔註117〕參見蕭旭《敦煌寫卷〈文子〉校補》，收入《群書校補》，廣陵書社 2011 年版，第 1257 頁。

〔註118〕王利器《文子疏義》，中華書局 2000 年版，第 253 頁。

按：《說山篇》：「通於學者，若車軸轉轂之中，不運於己，與之致千里，終而復始，轉無窮之源；不通於學者，若迷惑，告之以東西南北，所居聆聆，背而不得，不知凡要。」高注：「聆聆，猶了了，言迷解也。」《文子‧道德》、《上德》與《淮南》二文略同，可互參證。下句《後漢書‧竇融傳》李賢注引約其文作「不通於道者，若迷惑，告以東西南北，然猶復迷惑矣」。字或作泠、靈〔註119〕，《脩務篇》：「精神曉泠。」《文子‧精誠》作「曉靈」。高注：「曉，明。泠，猶了也。」字或作怜、懰，《玉篇》：「怜，心了也。」《廣韻》：「怜，心了，黠貌。」《集韻》：「怜、懰：心了也，或從靈。」「然」為轉語詞。陳昌齊謂「復迷惑也」為衍文，王念孫謂「然忽」當作「忽然」，鄭良樹謂「然忽」當作「背而」，並非是。

（102）**故聖人體道反性，不化以待化，則幾於免矣**

按：性，《文子‧道德》作「至」，敦煌寫卷 P.3768《文子》作「生」。「至」為「生」形誤，《文選‧永明九年策秀才文》李善注引亦誤作「至」。王利器曰：「生即性。」〔註120〕

（103）**是以人不兼官，官不兼事**

按：《慎子‧威德》：「古者工不兼事，士不兼官。」《韓子‧難一》：「明主之道，一人不兼官，一官不兼事。」為此文所本。

（104）**是故農與農言力，士與士言行，工與工言巧，商與商言數**

按：力，《文子‧下德》作「藏」。

（105）**是以士無遺行，農無廢功，工無苦事，商無折貨**

按：《繆稱篇》：「成國之道，工無僞事，農無遺力，士無隱行，官無失法。」可互參證。《時則篇》：「工事苦慢。」高注：「苦，惡也。慢，不牢也。苦讀鹽會之鹽也。」苦，讀為楛。「折」即今言折本之折。

（106）**故伊尹之興土功也，脩脛者使之跖钁，強脊者使之負土，**

〔註119〕參見蔣禮鴻《義府續貂》，收入《蔣禮鴻集》卷 2，浙江教育出版社 2001 年版，第 83～84 頁。
〔註120〕王利器《文子疏義》，中華書局 2000 年版，第 253 頁。

眇者使之准，傴者使之塗

許注：長脛以蹋插者，使而（之）入深。脊強者任負重。目不正，因令
睎。傴人塗地，因其俛也。

按：脩脛者使之跖钁，《治要》卷 41 引作「脩脛者使之踏钁」，《御覽》
卷 37、764 引並作「修腳者使之跖鏵」。《劉子・適才》：「故伊尹之
興土功也，長脛者使之蹋鍤，強脊者使之負土，眇目者使之準繩，
傴僂者使之塗地。」〔註121〕《長短經》卷 1：「昔伊尹之興土工也，
強脊者使之負土，眇者使之推，傴者使之塗。」並本此文。「推」爲
「准」字形誤，宋・李覯《強兵策》引亦誤作「推」。王念孫謂「鏵
字是也。鏵即耜也……今人謂鍤爲鏵鍬是也……後人不識鏵字，遂
妄改爲钁。钁，大鉏也。鉏以手揮，非以足蹋，不得言跖钁」，據《御
覽》所引，改「钁」爲「鏵」；王叔岷舉《劉子》作「蹋鍤」以申證
之，于大成舉王禎《農書》卷 13 引作「蹠鏵」以證其說。然「钁」、
「鏵」形聲俱遠，無緣致譌。《治要》卷 41、《埤雅》卷 4、《喻林》
卷 67、《龍筋鳳髓判》卷 2 明・劉允鵬注引並作「钁」字。钁，當作
糧，字或作欋。《集韻》：「糧、欋：耝也，或從木。」《類篇》：「欋，
耝也。」「耝」爲「梠」俗字。《說文》：「梠，耜也。」《六書故》：「耝，
耒下刺土耜也。」指犁上的鏵。故諸書易以同義的「鏵」或「鍤（耜）」。
跖糧，猶言跖耒，《主術篇》：「一人跖耒而耕，不過十畝。」

（107）胡人便於馬，越人便於舟，異形殊類，易事則悖，失處而賤，得勢而貴矣

按：《文子・下德》明刊本作「異形殊類，易事而不悖；失業而賤，得
志（勢）而貴」，《纘義》本作「貴勃」。何寧據以在「悖」上補「不」
字，非也。《長短經》卷 1 作「易事則悖矣」。而，猶則也。《修務
篇》：「昔者蒼頡作書，容成造曆，胡曹爲衣，后稷耕稼，儀狄作酒，
奚仲爲車……今使六子者易事，而明弗能見者何？萬物至眾而知不
足以奄之。」「悖」即指明弗能見也。易事，互換其事，此文指胡
人駕舟、越人乘馬也。《文子》增一「不」字，或作「貴勃」，並非

〔註121〕景印文淵閣《四庫全書》本「蹋鍤」作「跖钁」，臺灣商務印書館 1986 年初
版，第 848 冊，第 909 頁。

－314－

其誼也。《治要》卷 41 引無「不」字。王利器曰：「無『不』字，義勝。」〔註 122〕

（108）**夫先知遠見，達視千里，人才之隆也，而治世不以責於民；博聞強志，口辯辭給，人智之美也，而明主不以求於下；敖世輕物，不汙於俗，士之伉行也，而治世不以為民化**

按：《文子・下德》《纘義》本作「夫先知遠見之人，才之盛也，而治世不以責於民；博聞強志，口辯辭給之人，知之溢也，而明主不求於下；敖世賤物，不汙於俗，士之伉行也，而治世不以為化民」，明刊本「不汙於俗」作「不從流俗」。《文子》之文，《治要》卷 35 引「辯」作「辨」，「敖」作「傲」，「化民」作「民化」；《長短經》卷 8 引「責」作「貴」，「敖」作「傲」，「伉」作「抗」，「化民」作「人化」。《文選・薦禰衡表》李善注引《文子》：「傲世賤物，士之抗行也。」又引《廣雅》：「抗，舉也。」《文選・嘯賦》李善注引《文子》：「傲世賤物，不汙於俗。」「貴」為「責」字形誤，責亦求也。辨讀為辯。楊樹達、何寧謂敖與傲同。「化民」當作「民化」，今本《文子》誤倒〔註 123〕，《長短經》作「人化」者，避諱所改。《纘義》本作「不汙於俗」是，《治要》、《長短經》引亦同。蔣禮鴻謂當作「人行之伉也」，非是。

（109）**神機陰閉，剖剟無迹**

按：閉，四庫《御覽》卷 752 引誤作「開」，景宋本《御覽》不誤。

（110）**公孫龍折辯抗辭，別同異，離堅白**

按：《莊子・秋水》言公孫龍「合同異，離堅白」，于大成謂「別」當作「合」。《史記・魯仲連傳》《正義》引《魯連子》言齊之辯士田巴「離堅白，合同異」〔註 124〕，蓋亦祖於公孫龍之學。抗，讀為伉。《說文》：「健，伉也。」是伉亦健也。《集韻》：「伉，健力也。」《法言・吾子篇》：「事勝辭則伉，辭勝事則賦。」司馬光注：「伉謂伉直，伉

〔註 122〕王利器《文子疏義》，中華書局 2000 年版，第 405 頁。
〔註 123〕王利器《文子疏義》已乙正，中華書局 2000 年版，第 406 頁。
〔註 124〕《御覽》卷 385、464、927 引同。

直者質之謂也。」顧廣圻謂「折」當作「析」，是也。《漢書·揚雄傳》：「雄見諸子，各以其知舛馳，大氐詆訾聖人，即爲怪迂析辯詭辭以撓世事。」

（111）夫契輕重不失殊（銖）兩，聖人弗用，而縣之乎銓衡；視高下不差尺寸，明主弗任，而求之乎浣準

許注：浣準，水望之平。

按：契，一本作「挈」。于大成謂「契當爲挈」。按契讀爲挈，提舉也。言提舉之以測度其重量也。《墨子·備城門》：「子墨子曰：『守城之法，必數城中之木，十人之所舉爲十挈，五人之所舉爲五挈，凡輕重以挈爲人數。爲薪樵挈，壯者有挈，者弱有挈，皆稱其任。凡挈輕重所爲，吏人各得亦任。」「挈」字即此義。岑仲勉曰：「孫（詒讓）云：『挈與契字同，謂刻契之齒，以記數也。』其說未合。挈者等於每個人力所能舉之重量。」〔註125〕《治要》卷 41 引作「擎」，舉也，義亦合。楊樹達謂挈與絜同，度也。絜謂以繩捆束而知大小，與輕重不合，非其誼也。劉殿爵已解爲提〔註126〕，茲爲補證焉。銓，《治要》引作「權」。

（112）故國治可與愚守也，而軍制可與權用也

按：治，《文子·下德》明刊本同，《纘義》本作「法」，《長短經》卷 8 引《文子》亦作「治」。軍制，《文子》作「軍旅」。權，《文子》明刊本作「法」，《纘義》本作「整」，《長短經》引《文子》作「怯」。「治」、「怯」並爲「法」字形誤。「整」亦「法」字之誤，「法」古字作「佱」，見《說文》，故《纘義》本誤爲「整」字。「權」指權衡，亦即法度。向宗魯曰：「治猶政也。或曰當爲『法』。」後說是也。

（113）夫待騕褭、飛兔而駕之，則世莫乘車；待西施、毛嬙而爲配，則終身不家矣

許注：騕褭，良馬。飛兔，其子。褭、兔走，蓋皆一日萬里也。西施、毛嬙，古好女也。

〔註125〕岑仲勉《墨子城守各篇簡注》，中華書局 1958 年版，第 37 頁。
〔註126〕劉殿爵《讀淮南鴻烈札記》，香港《聯合書院學報》第 6 期，1967 年出版，第 162 頁。

按：騕裏，《事類賦注》卷 21 引同，《治要》卷 41 引作「要裏」，《意林》
卷 2、《御覽》卷 896、《記纂淵海》卷 51 引作「腰裏」，《長短經》
卷 1 引作「腰裊」。《呂氏春秋・離俗》：「飛兔、要裏，古之駿馬也。」
字或作「要裊」，《原道篇》：「馳要裊，建翠蓋。」《後漢書・張衡傳》
《思玄賦》：「斥西施而弗御兮，羈要裊以服箱。」李賢注引《呂氏
春秋》作「要裊」，《文選》作「騕裏」。字或作「偠儇」，《玉篇》：
「偠，偠儇，細腰也。儇，偠儇，舞者儇身若環也。」《廣韻》：「偠，
偠儇，好貌。」《集韻》：「偠、嫋、㚩、嬈：偠儇，美貌，或從女、
從幼、從堯。」《類篇》：「偠，偠儇，美貌。偠紹，舒緩貌。」《龍
龕手鑑》：「偠，偠儇，細腰好貌也。」字或作「偠紹」、「偠佋」，《五
音集韻》：「偠、要：偠紹，舒緩。」朱謀㙔曰：「偠紹，姿媚也。」
〔註 127〕《文選・南都賦》：「致餚程蠱，偠紹便娟。」呂向注：「偠
紹、便娟，多容姿也。」明・吳伯興《燈市賦》：「既偠佋而便娟，
亂芳鬱於五風。」字或作「嫋孃」、「嫋孃」、「嫋娾」、「嫋嫋」，《廣
韻》：「嫋，嫋孃，細弱。」《路史》卷 30：「嫋孃嬋娟。」明・郭
諫臣《舟中喜晴》：「花氣氤氳蒸曉日，柳絲嫋娾弄輕煙。」明・劉
基《為戴起之題猿鳥圖》：「玄猿抱兒隨白猿，長臂嫋嫋相攀援。」
字或作「黓䠆」，《玉篇》：「黓，黓䠆，長也。」《廣韻》：「䠆，黓䠆，
長貌。」《文子・上仁》：「不掩群而取黓䠆。」字或作「岰㠝」，《集
韻》：「㠝，岰㠝，山貌。」字或作「窈窕」、「窈窱」等形，諸詞並
同源，中心詞義是深遠、細長。配，《意林》、《記纂淵海》引同，《治
要》、《長短經》卷 1、《御覽》896 引作「妃」。妃，古音配。《玉
篇》：「妃，芳菲切，《說文》：『匹也。』又音配。」楊樹達曰：「妃，
經傳多假配為之。」

（114）然非待古之英俊，而人自足者，因〔其〕所有而並用之

按：並，《文子・下德》同，敦煌寫卷 S.2506《文子》亦同，《治要》卷
41、《長短經》卷 1 引此文作「遂」。遂，猶並也〔註 128〕。王念孫謂

〔註 127〕朱謀㙔《駢雅》卷 2，收入《叢書集成新編》第 38 冊，新文豐出版公司 1985
　　　　年版，第 338 頁。
〔註 128〕參見徐仁甫《廣釋詞》，四川人民出版社 1981 年版，第 421～422 頁。

「作『遂』於義爲長。遂，即也」，于鬯謂「『並』字之義自勝」，皆未得。

（115）夫騏驥千里，一日而通；駑馬十舍，旬亦至之

按：舍，《意林》卷 2 引作「駕」。《荀子·勸學》：「駑馬十駕，功在不舍……夫驥一日而千里，駑馬十駕，則亦及之矣。」爲此文所本。此文「舍」當作「駕」，涉「功在不舍」句而誤。于大成謂「十舍」當作「不舍」，雖可通，但與《意林》不合。何寧曰：「十舍猶十駕也。駕以行言，舍以止言。」非是。舍猶言棄，而非止息之義。唐·李善《上文選注表》：「故勉十舍之勞，寄三餘之暇。」亦據誤文用典。

（116）民困於三責，則飾智而詐上，犯邪而干免

許注：干，求也。

按：《文子·下德》誤作「犯邪而行危」。《治要》卷 35 引《文子》亦作「行危」，則唐代已誤。敦煌寫卷 S.2506《文子》「邪」作「禁」，「危」作「免」，「免」字尚不誤。

（117）故諺曰：「鳥窮則噣，獸窮則牟，人窮則詐。」

按：噣，《玄應音義》卷 3、《慧琳音義》卷 2、9 引作「搏」，《意林》卷 2、《玄應音義》卷 4、11、《慧琳音義》卷 43、56、62 引作「啄」。牟，《意林》卷 2 引作「觸」，與王本合；《玄應音義》卷 1、3、4、11、《慧琳音義》卷 2、9、20、43、56 引「攫」。劉績曰：「牟，古觸字。」王利器、何寧並引《玉篇》：「牟，『觸』古文。」〔註 129〕郭店楚簡本《老子》：「攫鳥猛獸弗搏。」〔註 130〕《愼子》、《荀子·哀公》、《家語·顏回》：「鳥窮則啄，獸窮則攫，人窮則詐。」《治要》卷 10 引《家語》「啄」作「噣」。《韓詩外傳》卷 2：「獸窮則齧，鳥窮則啄，人窮則詐。」《新序·雜事五》：「獸窮則觸，鳥窮則啄，人窮則詐。」《御覽》卷 291 引《衛公兵法》：「鳥窮則啄，獸窮猶觸。」《文子·下德》：「獸窮即觸，鳥窮即啄，人窮即詐。」敦煌

〔註 129〕王利器《文子疏義》，中華書局 2000 年版，第 408 頁。
〔註 130〕廖名春《郭店楚簡老子校釋》，清華大學出版社 2003，第 322 頁。

寫卷 S.2506《文子》「觸」作「齧」。敦煌寫卷 P.3906《碎金》:「啗
啄:側咸反,下卓。」《集韻》:「啄,《說文》:『鳥食也。』或作噣。」
何寧曰:「『噣』乃『啄』之借字。」字或作啅,《慧琳音義》卷 76:
「啄心:《頌》中從卓作啅,非也。」《篇海類編》:「啅,同『啄』。」
敦煌寫卷 S.617《俗務要名林》:「喊啅,鳥食物也,上苦咸反,下
丁角反。」「喊啅」即「鵸啄」。今吳方言尙謂雞、鳥喫食爲啄,音
篤〔註 131〕。

(118) 道德之論,譬猶日月也

按:論,《文子・上義》明刊本作「備」,《纘義》本作「倫」。「備」爲「倫」
之誤。

(119) 故趍舍同,誹譽在俗,意行鈞,窮達在時

按:《文子・上義》「誹」作「非」,「鈞」作「均」。

(120) 武王既沒,殷民叛之。周公踐東宮,履乘石,攝天子之位,負扆而朝諸侯,放蔡叔,誅管叔,克殷殘商,祀文王于明堂,七年而致政成王

許注:人君升車有乘石也。

按:《類聚》卷 6 引《尸子》:「昔者武王崩,成王少,周公旦踐東宮,履
乘石,祀明堂,假爲天子七年。」〔註 132〕注:「乘石,王所登上車
之石也。」爲此文所本。

(121) 鑿培而遁之

許注:培,屋後牆也。

按:段玉裁、朱珔謂培爲坏之借字〔註 133〕。蔣超伯謂培或作備。于省吾
謂培爲坏之借字,字或作阫。張雙棣謂字或作坯。諸說並是也,今

〔註 131〕參見蕭旭《敦煌寫卷〈碎金〉補箋》,收入《群書校補》,廣陵書社 2011 年版,
第 1315〜1316 頁。
〔註 132〕《詩・靈臺》孔疏、《文選・百辟勸進今上牋》李善注引同。《選》注誤「七
年」爲「十年」。
〔註 133〕段玉裁《說文解字注》,上海古籍出版社 1981 年版,第 692 頁。朱珔《說文
假借義證》,黃山書社 1997 年版,第 744 頁。

吳語謂之土墼牆。《御覽》卷 509 引嵇康《高士傳》：「（顏）闔乃鑿坏而遁。」《漢書·揚雄傳》：「故士或自盛以橐，或鑿坏以遁。」蘇林曰：「坏音陪。」《路史》卷 33：「則雖俱載以歸，猶將鑿坏而遁。」朱駿聲謂坏為培之借字〔註 134〕，非是。

（122）為天下顯武

許注：楚人謂士為武。

按：馬宗霍謂武訓跡，張雙棣駁之，是也。劉盼遂謂「武以雙聲借為夫」〔註 135〕。《韓詩外傳》卷 8：「遂為天下顯士。」

（123）是故立功之人，簡於行而謹於時

按：行，《文子·上義》作「世」。

（124）趨舍相非，嗜欲相反，而各樂其務，將誰使正之

按：《說文》：「非，違也。從飛下翄，取其相背。」此文正用本義。下文「法與義相非，行與利相反」，非亦反也，《文子·上禮》「非」作「背」。《氾論篇》：「號令行于天下而莫之能非矣。」亦用本義。

（125）鵜胡飲水數斗而不足，鱓鮪入口若露而死

按：胡，《埤雅》卷 7 引作「鶘」。鱓，《埤雅》卷 7、《爾雅翼》卷 28 引作「鱣」。

（126）林類、榮啟期衣若縣衰，而意不慊

按：陳直曰：「縣衰讀為懸蓑。」〔註 136〕縣衰，《御覽》卷 689、《天中記》卷 47 引正作「懸蓑」，《事類賦注》卷 12 引作「縣蓑」。《集韻》：「衰、蓑：《說文》：『艸雨衣，秦謂之萆。』或從艸。」鄭良樹、何寧曰：「衰，簑本字。」

（127）夫重生者不以利害己，立節者見難不苟免，貪祿者見利不

〔註 134〕朱駿聲《說文通訓定聲》，武漢市古籍書店 1983 年版，第 205 頁。

〔註 135〕劉盼遂《淮南許注漢語疏》，《國學論叢》第 1 卷第 1 號，1927 年；又收入《劉盼遂文集》，北京師範大學出版社 2002 年版，第 547 頁。

〔註 136〕陳直《讀子日札·淮南子》，收入《摹盧叢著七種》，齊魯書社 1981 年版，第 102 頁。

顧身，而好名者非義不苟得

按：《禮記・曲禮上》：「臨財毋苟得，臨難毋苟免。」《呂氏春秋・士節》：「於利不苟取，於害不苟免。」睡虎地秦簡《爲吏之道》：「臨材（財）見利，不取句（苟）富；臨難見死，不取句（苟）免。」〔註137〕《賈子・階級》：「利不苟就，害不苟去。」《泰族篇》：「守職而不廢，處義而不比，見難不苟免，見利不苟得者，人之傑也。」可以互證。

（128）其事經而不擾，其器完而不飾

按：經，《治要》卷41引作「任」，《文子・上義》同。「經」俗作「経」，當爲「任」字之誤。任，堪也。完，讀爲院，《說文》：「院，堅也。」桂馥曰：「院，通作完。」〔註138〕朱駿聲曰：「《荀子・王制》：『尙完利。』《莊子・天地》：『不以物挫志之謂完。』皆以『完』爲之。按：與『寏』之或體『院』訓周垣者別。」〔註139〕

（129）求貨者爭難得以爲寶，詆（調）文者處煩撓以爲慧

按：下句《治要》卷41引作「調文者遽於煩繞以爲慧」，《文子・上義》作「詆文者逐煩撓以爲急」。「急」爲「慧」形誤。王叔岷謂《治要》作「遽於」涉上文而誤。「遽」、「逐」爲「處」形誤。處，處理、解決。

（130）爭爲佹辯，久積而不訣，無益於治

按：佹，一本作「詭」。積，一本作「稽」。訣，一本作「決」。《治要》卷41引作「爭爲詭辯，久稽而不決」，《文子・上義》明刊本作「士爲詭辯，久稽而不決」，《纘義》本作「士爲僞辯，久稽而不決」。呂傳元謂「爭」爲「事」之誤，「事」讀爲「士」；又謂「訣」、「決」形聲近而譌。呂氏上說是也。「積」爲「稽」之誤，延滯、滯留也。訣，讀爲決。《韓子・亡徵》：「好惡無訣。」一本作「決」。《文選・笙賦》：「訣厲悄切，又何磬折。」李善注：「訣厲，謂決斷清冽也。」亦其

〔註137〕睡虎地秦簡《爲吏之道》，收入《睡虎地秦墓竹簡》，文物出版社1990年版，第167～168頁。
〔註138〕桂馥《說文解字義證》，齊魯書社1987年版，第頁。
〔註139〕朱駿聲《說文通訓定聲》，武漢市古籍書店1983年版，第709頁。

例。

（131）是故其耕不強者，無以養生；其織不強者，無以揜形

按：下「強」字，景宋本作「力」，《治要》卷41引亦作「力」。揜，《文子·上義》作「衣」。劉文典謂兩「強」犯複，未必是。《鹽鐵論·力耕》：「故耕不強者，無以充虛；織不強者，無以掩形。」正本此文，亦作「織不強」。《劉子·貴農》：「是以其耕不強者，無以養其生；其織不力者，無以蓋其形。」《路史》卷12：「是故耕不彊者，亡以養其身；織不力者，莫以蓋其形。」亦本此文，作「力」者蓋高本。于大成謂此文本作「織不力」，非也。衣，讀去聲，亦掩覆之義。

（132）衣食饒溢，姦邪不生

按：溢，《治要》卷41引作「裕」，《文子·上義》亦作「裕」，《劉子·貴農》作「足」。何寧疑高本作「裕」字。

（133）安樂無事，而天下均平

按：均平，《治要》卷41引同，《文子·上義》、《劉子·貴農》作「和平」。

（134）故孔丘、曾參無所施其善，孟賁、成荊無所行其威

按：《文子·上義》作「智者無所施其策，勇者無所錯（措）其威」。《劉子·貴農》：「智者無所施其策，勇者無以行其威。」「善」當作「策」，字之誤也。《治要》卷41引已誤作「善」。

（135）澆天下之淳，析天下之樸

許注：澆，薄也。淳，厚也。

按：《文子·上禮》「淳」作「醇」，「析」作「散」。淳、醇，並讀爲惇，《說文》：「惇，厚也。」

（136）貞信漫瀾，人失其情性

按：漫瀾，《文子·上禮》明刊本作「漫爛」，《纘義》本作「熳爛」。《精神篇》：「其已成器而破碎，漫瀾而復歸其故也。」《御覽》卷833引

作「漫爛」。或倒言作「爛漫」、「瀾漫」、「爛熳」、「爛縵」、「爛曼」、「瀾熳」、「汗漫」等形。《列女傳》卷 7：「造爛漫之樂，日夜與末喜及宮女飲酒，無有休時。」《御覽》卷 569 引作「爛熳」。《白帖》卷 61 引《史記》：「夏桀大進倡優漫瀾之樂，設奇偉戲靡之聲。」《增韻》卷 4：「瀾漫，淋漓貌。俗作爛熳，非。」以爲誤，則拘矣。

（137）窮羹黍梁、荊吳芬馨以嗛其口

許注：嗛，貪求也。

按：《玉篇》：「嗛，貪也。」字或作濫，《呂氏春秋・權勳》：「虞公濫於寶與馬。」高誘注：「濫，欲得也。」《韓子・十過》作「虞公貪利其璧與馬」。字或作憸，《玉篇》：「憸，貪憸也。」《廣韻》：「憸，貪也。」字或作嬐，《廣韻》：「嬐，貪也。」楊樹達曰：「嗛，假爲嬐。《說文》：『嬐，過差也。』」「過差」是過甚、過分之義〔註 140〕，未合。

（138）於是百姓糜沸豪亂

按：糜，當從一本作「糜」。《後漢書・楊彪傳》：「恐百姓驚動，必有糜沸之亂。」李賢注：「如糜（糜）粥之沸也。《詩》曰：『如沸如羹。』」字或作「麋沸」，《漢書・揚雄傳》：「豪俊麋沸雲擾，羣黎爲之不康。」《兵略篇》：「天下爲之麋沸蟻動。」《後漢紀》卷 26：「必糜沸蟻聚以致擾亂。」是「麋沸」即「糜沸」也。字或作「麻沸」，《漢書・王莽傳》：「江湖海澤麻沸，盜賊未盡破殄。」顏師古注：「麻沸，言如亂麻而沸湧。」朱起鳳曰：「糜沸乃擾亂之義，言如糜粥之沸於鼎也。書傳或有作『麋』字者，係借用字。麻爲糜字之省。師古讀麻如本字，望文生訓，失之。」〔註 141〕朱說是也。

（139）貧人則夏被褐帶索，唅菽飲水，以充腸，以支暑熱

按：唅，《御覽》卷 485 引同，《初學記》卷 18、《御覽》卷 23 引作「含」。《漢書・貨殖傳》：「貧者裋褐不完，唅菽飲水。」顏師古注：「唅亦含字也。」《廣雅》：「唅，唵也。」《玄應音義》卷 11：「《埤蒼》：『唵，

〔註 140〕參見蕭旭《古書虛詞旁釋》，廣陵書社 2007 年版，第 390～391 頁。
〔註 141〕朱起鳳《辭通》，上海古籍出版社 1982 年版，第 1730 頁。

唅也。』謂掌進食也。」今吳語尚謂以掌進食爲唵。

（140）冬則羊裘解札，短褐不掩形，而煬竈口

許注：解札，裘敗解也。煬，炙也。

按：《御覽》卷 23、27 引作「貧人冬則羊裘不蔽體，短褐不掩形，而煬竈口」，卷 485 引「解札」作「鮮札」，有注：「鮮札，爲裘如鎧甲之札，言其破壞也。」「鮮」爲「解」字形誤。「札」即鎧甲上之葉片，解札謂其葉片解落，故狀羊裘破壞也。李哲明謂札訓折、拔、截斷，非也。朱起鳳謂「解札」爲「蔽體」之形誤，云：「蔽字作解，形相近而誤。鮮、解形亦似……體字先誤爲禮，俗書作礼，因輾轉而成爲札。高（許）氏注釋爲敗解，非是。」〔註 142〕朱說非也，何寧謂《御覽》蓋誤「解札」爲「蔽體」，因增「不」字以與下句爲對舉，是也。《御覽》卷 485 引注作「煬，炙也。向竈口之自溫。煬讀高尚之尚也。」《廣韻》：「煬，向也。」《六書故》：「煬，火旁烘物以火氣揚之也。」《莊子·寓言》：「煬者避竈。」《釋文》：「煬，羊尚反，炊也。」《戰國策·趙策三》：「若竈則不然，前之人煬，則後之人無從見也。」皆其例。何寧引《精神篇》「抱德煬和」以說之，非也。「煬和」之煬，讀爲養。

（141）貧富之相去也，猶人君與僕虜，不足以論之

按：去，《文子·上禮》作「傾」。

（142）夫乘奇技僞邪施者，自足乎一世之間；守正脩理不苟得者，不免乎飢寒之患

按：僞，《治要》卷 41 引作「爲」。守正脩理，《治要》引同，《文選·東都賦》、《東京賦》、《鵩鳥賦》李善注三引，並作「守道順理」。陳昌齊、王念孫並謂「脩」當作「循」，是也。《漢書·貨殖傳》：「故夫飾變詐爲姦軌者，自足乎一世之間；守道循理者，不免於饑寒之患。」《漢紀》卷 7「軌」作「宄」，「循」作「隨」；《廣弘明集》卷 18 晉·戴安公《釋疑論》引荀悅語「宄」作「詭」，「隨」作「順」。可以互

〔註 142〕朱起鳳《辭通》，上海古籍出版社 1982 年版，第 1325 頁。

證。隨亦順也、循也。趙宗乙謂「《淮南》『修』字多有『循』義」〔註143〕，非也。于省吾謂僞讀爲「爲」，是也。《漢書》、《漢紀》正作「爲」字。飢，讀爲饑。

（143）而欲民之去末反本，由是（是由）發其原而壅其流也

按：原，《治要》卷41、《文選・東都賦》李善注引作「源」。

（144）夫雕琢刻鏤，傷農事者也；錦繡纂組，害女工者也

按：向宗魯據《治要》卷41所引及《說苑・反質》，校「琢」爲「文」，是也。《六韜・文韜・上賢》：「六曰爲雕文刻鏤、技巧華飾而傷農事。」《尉繚子・治本》：「夫無雕文刻鏤之事，女無繡飾纂組之作。」《管子・重令》：「工以雕文刻鏤相稺也……女以美衣錦繡綦組相稺也。」《太玄・文》：「彫載之文，徒費日也。」皆其證也。工，《治要》卷41引作「功」，正字。《漢書・景帝紀》：「雕文刻鏤，傷農事者也；錦繡纂組，害女紅者也。」臣瓚引許慎云：「纂，赤組也。」顏師古注：「瓚說是也。紅，讀曰功。」《御覽》卷815、《事類賦注》卷10引《漢書》「紅」作「工」，《漢紀》卷9作「功」字。《三國志・華歆傳》：「猶以彫文之傷農事，錦繡之害女工。」《劉子・貴農》：「雕文刻鏤，傷於農事；錦績綦組，害於女工。」三書與此文相近，尤爲確證。「綦」同「纂」。

（145）農事廢，女工傷，則饑之本而寒之原也

按：《治要》卷41引「工」作「功」，「原」作「源」。《漢書・景帝紀》：「農事傷，則飢之本也；女紅害，則寒之原也。」「紅」亦讀爲功。

（146）夫飢寒並至，能不犯法干誅者，古今之未聞也

按：《墨子・辭過》：「是以其民饑寒並至，故爲姦衺。」爲此文所本。之未，劉文典據景宋本及《治要》卷41所引校作「未之」，何寧從之，是也。《漢書・景帝紀》：「夫飢寒並至，而能亡爲非者，寡矣。」《說苑・反質》：「飢寒並至，而能不爲奸邪者，未之有也；男女飾美以

〔註143〕趙宗乙《淮南子札記》，黑龍江人出版社2009年版，第180頁。

相矜，而能無淫佚者，未嘗有也。」之亦嘗也。未之，猶言未嘗、未曾〔註144〕。馬宗霍謂「之」猶「所」，非也。《三國志・孫休傳》：「寒饑寒並至，而民不爲非者，未之有也。」

（147）故身安則恩及鄰國，志爲之滅

按：滅，讀爲戌。《天文篇》：「戌者，滅也。」《白虎通義・五行》同。此其相通之證。《釋名》：「戌，恤也，物當收斂，矜恤之也。」《史記・司馬相如傳》《上林賦》：「眇閭易以戌削。」《漢書》作「恤削」，《文選》作「邮削」。《史記・司馬相如傳》《子虛賦》：「揚袘邮削。」《漢書》、《文選》作「戌削」。此文當訓矜恤。《玉篇》：「戌，誠也。」亦可。馬宗霍引《說文》滅訓盡，解爲盡心力，張雙棣、何寧並從之，非也。滅訓盡是滅絕、殲滅義，非盡心力之謂也。

（148）扣門求水〔火〕，莫弗與者，所饒足也；林中不賣薪，湖上不鬻魚，所有餘也

按：《治要》卷41、《記纂淵海》卷56、《類說》卷25引同。《長短經》卷8、《御覽》卷935引下句誤倒作「有所餘也」。《意林》卷2引作「有餘也」，脫「所」字。

（149）故物豈（豐）則欲省，求贍則爭止

按：豐，《治要》卷41引作「隆」。上句《文子・上禮》作「故多欲則事不省」，《長短經》卷8引《文子》作「物多則欲省」。《鹽鐵論・詔聖》：「富則仁生，澹則爭止。」澹，讀爲贍。即本此文。

（150）故世治則小人守政，而利不能誘也；世亂則君子爲姦，而法弗能禁也

按：政，景宋本作「正」，《治要》卷41、《長短經》卷8引同，《文子・上禮》亦同。法，《文子》同，《治要》、《長短經》引作「刑」。《後漢書・朱穆傳》：「故時敦俗美，則小人守正，利不能誘也；時否俗薄，雖君子爲邪，義不能止也。」即本此文。

〔註144〕參見蕭旭《古書虛詞旁釋》，廣陵書社2007年版，第337頁。

《道應篇》校補　卷第十二

（1）白公曰：「然則人固不可與微言乎？」

按：固，《列子・說符》作「故」，借字。

（2）誰知言之謂者乎

按：王念孫謂「誰」爲「惟」字之誤；《呂氏春秋・精諭》、《列子・說符》、《文子・微明》並作「唯」，裴學海讀誰爲唯〔註1〕。裴說是也，《集韻》：「誰、唯，《說文》：『何也。』或從口。」《墨子・經說下》：「誰辯石、絫石耳。」孫詒讓曰：「誰，與『唯』通。」〔註2〕又《兼愛下》：「誰以爲二士，使其一士者執別，使其一士者執兼。」于省吾讀誰爲唯〔註3〕。皆其例。

（3）白公不得也，故死於浴室

按：故，《列子・說符》作「遂」。裴學海曰：「遂，猶故也。」〔註4〕

（4）然而不用者，不若此其宜也

按：此，《御覽》卷 624 引誤作「取」。宜，《文子・微明》作「義」，借字。

〔註 1〕 裴學海《古書虛字集釋》，中華書局 1954 年版，第 185 頁。
〔註 2〕 孫詒讓《墨子閒詁》，中華書局 2001 年版，第 372 頁。
〔註 3〕 于省吾《雙劍誃諸子新證》，上海書店 1999 年版，第 271～272 頁。
〔註 4〕 裴學海《古書虛字集釋》，中華書局 1954 年版，第 717 頁。

（5）田駢對曰：「臣之言，無政而可以為政。譬之若林木，無材而可以為材。」

按：二「爲」字，《呂氏春秋‧執一》作「得」。爲，猶得也，取也〔註5〕。

（6）不能予人，不若焚之

按：《呂氏春秋‧分職》作「不能分人，則焚之」。

（7）趙簡子以襄子為後，董閼于曰：「無卹賤，今以為後，何也？」

按：賤，《說苑‧建本》作「不才」。

（8）簡子曰：「是為人也，能為社稷忍羞。」

許注：襄子能柔，能忍恥也。

按：《說苑‧建本》作「是其人，能爲社稷忍辱」，阜陽漢簡作「……爲社稷忍辱」。

（9）異日，知伯與襄子飲，而批襄子之首，大夫請殺之。襄子曰：「先君之立我也，曰能為社稷忍羞，豈曰能刺人哉。」

按：批，《說苑‧建本》作「灌」，阜陽漢簡作「諀」。楊樹達讀批爲搉。劉嬌曰：「簡本諀亦可讀爲搉，《說苑》『灌』或另有所本。」〔註6〕羞，《說苑‧建本》作「辱」。下二「曰」字，猶以也〔註7〕。《說文》：「君殺大夫曰刺。」此正用本義。

（10）知伯圍襄子於晉陽，襄子疏隊而擊之

許注：疏，分也。隊，軍二百人爲一隊。分斯隊卒擊之。

按：疏隊，猶言疏陣。《御覽》卷311引《六韜》：「敵疏其陣。」《左傳‧成公十六年》：「陳於軍中而疏行首。」杜注：「疏行首者，當陳前決開營壘爲戰道。」惠棟曰：「《司馬法》曰：『凡陳行惟疏。』《淮南子》曰：『疏隊而擊之。』高誘曰：『疏，分也。』」〔註8〕于省吾

〔註5〕 參見蕭旭《古書虛詞旁釋》，廣陵書社2007年版，第46～47頁。

〔註6〕 劉嬌《西漢以前古籍中相同或類似內容重複出現現象的研究》，復旦大學2009年博士學位論文，第107頁。

〔註7〕 參見裴學海《古書虛字集釋》，中華書局1954年版，第140～141頁。蕭旭《古書虛詞旁釋》有補證，廣陵書社2007年版，第50頁。

〔註8〕 惠棟《春秋左傳補註》，收入阮元《清經解》，鳳凰出版社2005年版，第2765

謂「疏隊」不詞，隊爲隧古字，疏謂疏通，趙宗乙申其說，謂即穴攻〔註9〕，非也。

（11）大敗知伯，破其首以為飲器

許注：飲，溺器，椑榼也。

按：莊逵吉謂注「溺」當作「酒」，是也。飲器即酒器。朱駿聲曰：「飲，按猶受也。」〔註10〕朱起鳳謂「飲」當作「溲」〔註11〕，並誤。破，剖也。《說苑·建本》「破」作「漆」。《韓子·喻老》作「漆其首以爲溲器」，《御覽》卷759引作「其首以爲杯」。王先愼謂「溲器」爲釀酒之器〔註12〕，是也。

（12）被衣曰：「正女形，壹女視，天和將至；攝女知，正女度，神將來舍，德將來附若美，而道將為女居。」

按：《莊子·知北遊》、《高士傳》卷上作「若正汝形，一汝視，天和將至；攝汝知，一汝度，神將來舍，德將爲汝美，道將爲汝居」，《文子·道原》「美」作「容」。王雱曰：「一汝視者，使之不見可欲也。一汝度者，使之不益不損也。」林希逸曰：「正汝形、一汝視，是忘其形體耳目也。攝汝知、一汝度，是去其思慮意識也。」「一」同「壹」，即專一之義。俞樾曰：「『一』當作『正』。」〔註13〕非也。馬敍倫曰：「攝借爲收，或借爲斂。《說文》：『斂，收也。』度借爲宅，宅謂形也。美，疑當作容，與居對文。」〔註14〕攝訓收，是本義「引持」之引申，馬說失之。

（13）惷乎若新生之犢，而無求其故

按：惷，當從一本作「𢠢」。《莊子·知北遊》、《高士傳》卷上作「瞳焉」，《文子·道原》作「瞳兮」。成疏：「瞳焉，無知直視之貌。」林希

頁。《司馬法》見《定爵篇》：「凡陣行惟疏，戰惟密，兵惟雜。」

〔註9〕趙宗乙《淮南子札記》，黑龍江人出版社2009年版，第186頁。

〔註10〕朱駿聲《說文通訓定聲》，武漢市古籍書店1983年版，第93頁。

〔註11〕朱起鳳《辭通》，上海古籍出版社1982年版，第1662頁。

〔註12〕王先愼《韓非子集解》，中華書局1998年版，第157頁。

〔註13〕俞樾《諸子平議》，上海書店1988年版，第365頁。

〔註14〕馬敍倫《莊子義證》卷22，收入《民國叢書》第5編，據商務印書館中華民國19年版影印，第3頁。

逸說同。曾國藩曰：「瞳焉者，目灼灼不瞬之貌。此作『愁乎』，亦近之。」〔註15〕馬敘倫曰：「瞳，《淮南》作『愁』，當從之。《說文》曰：『愁，愚也。』」〔註16〕瞳讀爲愁，又音轉爲童。《賈子・道術》：「反慧爲童。」《太玄・玄錯》：「童，無知。」字或作僮、憧，《說文》：「僮，未冠也。」《左傳・僖公九年》杜注：「小童者，童蒙幼穉之稱。」孔疏：「童者未冠之名，童而又小，故爲童蒙幼穉之稱……幼童於事多闇昧，是以謂之童蒙焉。」《廣雅》：「僮，癡也。」《易・蒙》《釋文》、《慧琳音義》卷22引作「童，癡也。」王念孫曰：「憧、童並與僮通。」〔註17〕

（14）言未卒，齧缺繼以讎夷

許注：讎夷，熟視不言貌。

按：讎夷，《莊子・知北遊》、《高士傳》卷上作「睡寐」。字或作「讎睅」，《廣雅》：「讎睅，直視也。」睅，曹憲音夷。王念孫曰：「夷與睅通。睅各本譌作睍，影宋本、皇甫本不譌。」錢大昭曰：「案夷與睅同。《廣韻》『睅，熟視不言。』」〔註18〕字或音轉作「竚眙」、「佇眙」，黃侃曰：「按『讎睅』與『佇眙』音近。」〔註19〕《楚辭・九章・思美人》：「攬涕而竚眙。」洪興祖注：「竚，久立也。眙，直視也。」《說文繫傳》引「竚」作「眝」。《文選・吳都賦》：「士女佇眙，商賈駢坒。」劉淵林注：「佇眙，立視也，今市聚人謂之立眙。」李善註引《楚辭》作「佇眙」。本字當作「眝眙」，《說文》：「眝，長眙也。」《文選・弔魏武帝文》李善注引《字林》同。《說文》：「眙，直視也。」《廣雅》：「眝，視也。」《方言》卷7：「眙，

〔註15〕曾國藩《淮南子讀書錄》，收入《求闕齋讀書錄》卷5，《續修四庫全書》第1161冊，上海古籍出版社2002年版，第199頁。
〔註16〕馬敘倫《莊子義證》卷22，收入《民國叢書》第5編，據商務印書館中華民國19年版影印，第3頁。
〔註17〕王念孫《廣雅疏證》，收入徐復主編《廣雅詁林》，江蘇古籍出版社1998年版，第211頁。
〔註18〕王念孫《廣雅疏證》、錢大昭《廣雅疏義》，並收入徐復主編《廣雅詁林》，江蘇古籍出版社1998年版，第497頁。
〔註19〕黃侃《廣雅疏證箋識》，收入徐復主編《廣雅詁林》，江蘇古籍出版社1998年版，第497頁。

逗也，西秦謂之眙。」郭注：「逗，即今住字也。眙，謂住視也。」
段玉裁曰：「《九章》：『思美人兮，擥涕而竚眙。』王逸云：『竚立
悲哀。』《文選》注：『佇眙，立視也。』此則訓立，然作眙眙亦無
不可。」〔註 20〕按「佇」、「竚」訓立，立止而望也，「眙」爲立視
義專字，固同源也。方以智曰：「䚦夷之言，因於鴟夷，謂踞而熟
視也。《淮南子》『䚦夷』，熟視貌。按：夷者，踞也。」又曰：「推
『䚦由』，當與『仇繇』、『䚦夷』、『鴟夷』聲轉，似因人形而呼之。」
〔註 21〕許匡一謂「䚦夷」是「睼（睇）」的分音形式，引《廣韻》
爲證〔註 22〕。皆未得。繼，猶言接。徐仁甫謂「繼」當作「絕」〔註
23〕，非也。

（15）墨墨恢恢，無心可與謀

　　按：《莊子‧知北遊》、《高士傳》卷上作「媒媒晦晦，無心而不可與謀」，
　　《文子‧道原》作「恢恢無心可謀」。此文及《文子》「無心」下脫「不」
　　字。馬敘倫曰：「媒借爲昧。《淮南》無『不』字，非也。」〔註 24〕

（16）不通乎持勝也

　　按：通，《呂氏春秋‧慎大》、《列子‧說符》作「達」。

（17）墨子為守攻，公輸般服，而不肯以兵知

　　按：知，《列子‧說符》同，《呂氏春秋‧慎大》誤作「加」。《黃氏日抄》
　　卷 56 引《呂氏》正作「知」字。

（18）夫無其意，未有愛利之心也

　　按：愛利，《呂氏春秋‧慎大》、《列子‧說符》、《文子‧道德》同。《漢
　　書‧翟方進傳》：「亡纖介愛利之風。」顏師古注：「愛利，謂仁愛

〔註 20〕段玉裁《說文解字注》，上海古籍出版社 1981 年版，第 133 頁。
〔註 21〕方以智《通雅》卷 4、20，收入《方以智全書》第 1 冊，上海古籍出版社 1988
　　　　年版，第 195、690 頁。
〔註 22〕許匡一《〈淮南子〉分音詞三例》，《古漢語研究》1994 年第 4 期。
〔註 23〕徐仁甫《淮南子辨正》，收入《諸子辨正》，成都出版社 1993 年版，第 623 頁。
〔註 24〕馬敘倫《莊子義證》卷 22，收入《民國叢書》第 5 編，據商務印書館中華民
　　　　國 19 年版影印，第 3 頁。

而欲安利人也。」朱起鳳謂當從下文作「安利」，「愛」爲「安」之誤〔註25〕；鄭良樹謂下文「安利」當從此作「愛利」，並非也。

（19）宋王謂左右曰：「辯矣！客之以說勝寡人也。」

按：勝，《呂氏春秋·愼大》、《列子·說符》作「服」。

（20）故人與驥逐走，則不勝驥，託於車上則驥不能勝人

按：《文子·上仁》同此文，《呂氏春秋·審分》、《金樓子·立言篇下》「逐」作「俱」，「託」作「居」。

（21）趨則頓，走則顛

按：頓，《呂氏春秋·不廣》作「踣」。《爾雅·釋地》郭注、《慧琳音義》卷 96 引《呂氏》「踣」作「頓」。《說文》：「踣，躓也。」踣、躓亦頓仆也。顛，讀爲趨。《說文》：「趨，走頓也。」《說文繫傳》：「臣鍇曰：頓，倒也。」字或作蹎，《荀子·正論》：「蹎跌碎折，不待頃矣。」楊注：「蹎，與顛同，躓也。」《漢書·貢禹傳》：「誠恐一旦蹎仆，氣竭不復自還。」顏師古注：「蹎，音顛，蹙躓也。仆，音赴，仆頓也。」《覽冥篇》：「其行蹎蹎，其視瞑瞑。」此文「顛」、「頓」同義對舉，猶言跌跌倒倒。《要略篇》：「則終身顛頓乎混溟之中，而不知覺寤乎昭明之術矣。」則「顛頓」同義連文。

（22）自今以來，魯人不復贖人於諸侯矣

按：來，《說苑·政理》同，《呂氏春秋·察微》作「往」，《家語·致思》作「後」。來，猶往也、後也〔註26〕。何寧謂「來」當作「往」，未是。《韓子·外儲說左上》：「昭侯曰：『吾自今以來知行法矣。』」《史記·秦始皇本紀》：「自今以來，操國事不道如嫪毐不韋者，籍其門視此。」又《孝文本紀》：「自今以來，有犯此者勿聽治。」並其例。

〔註25〕 朱起鳳《辭通》，上海古籍出版社 1982 年版，第 1659 頁。
〔註26〕 參見徐仁甫《廣釋詞》，四川人民出版社 1981 年版，第 342 頁。錢鍾書《管錐編》，中華書局 1986 年版，第 54 頁。

（23）數戰則民罷，數勝則主憍，以憍主使罷民，而國不亡者，
　　　天下鮮矣

　　　按：《文子‧道德》作「亟戰而數勝」。二「數」字，《新序‧雜事五》、
　　　　　《韓詩外傳》卷 10 同，《呂氏春秋‧適威》作「驟」，高注：「驟，
　　　　　數也。」罷，《呂氏》、《文子》同，《新序》、《外傳》、《貞觀政要》
　　　　　卷 8、《通鑑》卷 106 作「疲」。疲、罷，正、假字。憍，《呂氏》、《文
　　　　　子》、《新序》、《外傳》、《政要》、《通鑑》作「驕」，古字同。使，《呂
　　　　　氏》、《文子》同，《新序》作「治」，《通鑑》作「御」。鮮，《呂氏》
　　　　　作「少」，《文子》作「寡」。

（24）此夫差所以自剄于干遂

　　　按：剄，《呂氏春秋‧適威》作「歿」，《韓詩外傳》卷 10 作「喪」。

（25）甯越（戚）欲干齊桓公，困窮無以自達，於是為商旅將任車，
　　　以商於齊

　　　許注：任，載也。《詩》曰：「我任我輦。」
　　　按：達，《呂氏春秋‧舉難》、《新序》作「進」。任，許注是也，《呂氏》
　　　　　高注：「任，亦將也。」《新序》作「賃」，並誤〔註27〕。商，陳季皋
　　　　　據《新序》校作「適」，謂形之譌，是也。王叔岷曰：「商疑本作適，
　　　　　適壞爲商，因易爲商。或涉上『商旅』字而誤。」《後漢書‧蔡邕傳》
　　　　　李賢注、《冊府元龜》卷 770、900、《柳河東集》宋‧韓醇注引正作
　　　　　「適」。《御覽》卷 572、870 引作「商」，脫去「辵」旁，猶可見其
　　　　　脫誤之跡。《文選‧嘯賦》李善注、《冊府元龜》卷 241、《樂府詩集》
　　　　　卷 83、《楚辭‧離騷》洪興祖注引已誤作「商」字。張雙棣據《呂氏》
　　　　　校「商」作「至」，非也。

（26）擊牛角而疾商歌

　　　按：疾，《呂氏春秋‧舉難》、《新序‧雜事五》同，《四庫》本《御覽》
　　　　　卷 444 引誤作「習」，又卷 870 引誤作「作」，景宋本不誤。

（27）桓公贛之衣冠，而見〔之〕

〔註27〕辨見王利器《呂氏春秋注疏》，巴蜀書社 2002 年版，第 2411～2412 頁。

按：贛，《御覽》卷 444 引作「賜」，《呂氏春秋・舉難》、《新序・雜事五》
同。《說文》：「贛，賜也。」而，《呂氏》、《新序》作「將」。而，猶
將也〔註28〕。

（28）桓公大說，將任之，群臣爭之曰

按：爭，《呂氏春秋・舉難》、《新序・雜事五》同。張雙棣讀爭為諍，諫
也。《劉子・妄瑕》作「群臣爭讒之曰」，則劉氏讀「爭」如字。

（29）而故賢者也，用之未晚

按：故，《呂氏春秋・舉難》、《新序・雜事五》作「固」。張雙棣曰：「畢
說云：『而與如同。』是。『故』通『固』。」《劉子・妄瑕》作「若
果真賢」，若亦如也。用，《新序》作「任」。

（30）大王亶父居邠，翟人攻之

按：居，《莊子・讓王》、《呂氏春秋・審為》、《孟子・梁惠王下》、《劉子・
隨時》同，《詮言篇》、《泰族篇》、《詩・緜》毛傳作「處」，《家語・
好生》作「都」。《漢書・東方朔傳》《答客難》：「都卿相之位。」如
淳曰：「都，居也。」《中說・立命》：「氣為上，形為下，識都其中。」
阮逸註：「都，居也。」

（31）大王亶父曰：「與人之兄居而殺其弟，與人之父處而殺其子，
吾弗為。」

按：《呂氏春秋・審為》作「吾不忍為也」，《莊子・讓王》作「吾不忍也」。
此文及《莊》各脫一字。

（32）民相連而從之

按：《莊子・讓王》《釋文》：「連，力展反，司馬云：『連，讀曰輦。』」《呂
氏春秋・審為》高注：「連，結也。民相與結褵隨之。」考《御覽》
卷 799 引《尚書大傳》：「民之束脩奔而從之者三千乘。」《孔叢子・
居衛》同。「相連」即指三千乘而言也，司馬說為長。

（33）大王亶父可謂能保生矣

〔註28〕　參見王叔岷《古書虛字新義》，聯經出版事業公司，1978 年版，第 84 頁；徐
　　　　仁甫《廣釋詞》，四川人民出版社 1981 年版，第 316～317 頁。

按：保，讀爲寶。《說山篇》高注：「寶，重也。」下文「詹子曰：『重生，重生則輕利。』」《莊子‧讓王》、《呂氏春秋‧審爲》作「尊」，高注：「尊，重也。」劉文典謂「保」當作「尊」，未得通借之指。

（34）今受其先人之爵祿，則必重失之

按：必，《呂氏春秋‧審爲》、《文子‧上仁》同，《莊子‧讓王》作「皆」。皆，猶必也〔註29〕。

（35）詹子曰：「重生，重生則輕利。」

許注：重生，己之性也。

按：許注意謂珍重生命，乃己之天性，並非讀生爲性。吳承仕謂「生、性聲義相近」，注文「己」上脫一「重」字，非也。

（36）不能自勝，則從之；從之，神無怨乎

許注：言不勝己之情欲，則當縱心意，則己神無怨也。

按：怨，《莊子‧讓王》、《呂氏春秋‧審爲》作「惡」，《文子‧下德》作「害」。從，《莊子》、《文子》同，《呂氏》作「縱」。《左傳‧昭公十年》：「我實縱欲而不能自克也。」可互證。張雙棣、何寧駁馬宗霍訓從爲徇，是也。向宗魯亦誤。

（37）故本任於身，不敢對以末

按：《類聚》卷 52 引上句脫作「故本身」。任，王念孫據《呂氏春秋‧執一》、《列子‧說符》校作「在」，是也。《渚宮舊事》卷 1、《冊府元龜》卷 741 亦作「在」字。

（38）輪人（扁）斲輪於堂下

按：扁，古讀平聲，音邊。楊慎曰：「扁，音邊。《莊子》：『輪扁斲輪于堂下。』《古今人表》作『輪邊』。」〔註30〕顏師古曰：「輪邊，輪扁也。」

〔註29〕參見徐仁甫《廣釋詞》，四川人民出版社 1981 年版，第 217 頁。蕭旭《古書虛詞旁釋》有補證，正引《莊》文，廣陵書社 2007 年版，第 157～158 頁。

〔註30〕楊慎《轉注古音略》卷 2，收入《叢書集成新編》第 40 冊，新文豐出版公司 1985 年版，第 171 頁。

（39）是直聖人之糟粕耳

按：粕，《莊子・天道》作「魄」，一本「魄」作「粕」。粕、魄，正、假字也。《文選・文賦》李善註、《御覽》卷 616、775、《事類賦注》卷 16、《古今事文類聚》別集卷 4、《記纂淵海》卷 43、《通鑑》卷 75、92 胡三省註引《莊》並作「粕」。

（40）寡人讀書，工人焉得而譏之哉

按：譏，《莊子・天道》作「議」。《後漢書・二十八將傳論》：「郭伋亦譏南陽多顯。」《文選》、《記纂淵海》卷 47 作「議」。亦其比。

（41）臣誠以臣之斷輪語之

按：誠，讀爲請。《晏子春秋・內篇襍上》：「嬰誠革之。」王念孫曰：「誠，讀爲請。」〔註 31〕《戰國策・趙策三》：「王曰：『誠聽子割矣。』」《史記・虞卿傳》、《新序・善謀》誠作請。《吳越春秋・夫差內傳》：「臣誠東見越王，使出師以從下吏。」《史記・仲尼弟子傳》、《越絕書・內傳陳成恒》誠作請。並其證也。《越絕書・外傳記吳王占夢》：「公孫聖令寡人得邦，誠世世相事。」亦其例。張雙棣據一本改作「試」，非也。《冊府元龜》卷 740 亦誤作「試」字。

（42）大疾則苦而不入，大徐則甘而不固

許注：苦，急意也。甘，緩意也。

按：《莊子・天道》同。林希逸《口義》：「甘，滑也。苦，澀也。徐，寬也。疾，緊也。」《廣雅》：「甘，緩也。」甘謂味之緩者，苦謂味之澀者，此訓緩急，引申義也。馬敘倫曰：「徐借爲俆，《說文》：『俆，緩也。』甘借爲彈，《說文》：『彈，帶緩也。』疾借爲疌，苦借爲快，《方言》卷 3：『快，宋鄭周洛韓魏之間曰苦。』此宋語也。然快急字《說文》作趹，馬疾行貌。」〔註 32〕馬氏謂「甘借爲彈，苦借爲快」，非也。

〔註 31〕王念孫《晏子春秋雜志》，收入《讀書雜志》卷 9，中國書店 1985 年版，第 7 頁。

〔註 32〕馬敘倫《莊子義證》卷 13，收入《民國叢書》第 5 編，據商務印書館中華民國 19 年版影印，第 12 頁。

（43）夫爵賞賜予，民之所好也

按：爵賞賜予，《韓子‧外儲說右下》、《二柄》作「慶賞賜予」，《韓詩
外傳》卷7作「爵祿賞賜」，《說苑‧君道》作「賞賜讓與」。《廣韻》：
「爵，封也。」《禮記‧王制》：「任事，然後爵之。」鄭注：「爵，
謂正其秩次。」作動詞用。《外傳》「爵祿」二字皆作動詞用。張雙
棣謂爵當作慶，失之。

（44）知者〔不〕藏書

按：藏，《韓子‧喻老》同，《御覽》卷619、《廣博物志》卷28引誤作
「籍」。于大成、何寧於「知」下據《書鈔》卷101引《韓子》補
「言」字，其說實本孔廣陶校注：「今案近本《韓子‧喻老篇》『知
言』句脫『言』字。」〔註33〕孔說非也，《書鈔》陳禹謨本無「言」
字〔註34〕。《韓子》下文云「故知者不以言談教，而慧者不以藏書
篋」，「知者」即「智者」，亦即「慧者」也。

（45）南望料山，以臨方皇，左江而右淮，其樂忘死

許注：料山，山名。方皇，水名也，一日山名。

按：《御覽》卷468引作「南望獵山，以臨方皇」，《文選‧與滿公琰書》、
《與從弟君苗君冑書》李善注引作「南望獵山，北臨方皇」；《說苑‧
正諫》作「南望獵山，下臨方淮，其樂使人遺老而忘死」，《渚宮舊
事》卷1作「南望獵山，下臨方淮，其樂使人遺老忘死」，又卷2作
「前望獵山，下臨方淮，使人遺老而忘死」。「方皇」當爲水名，《文
選》李善注引高誘曰：「方皇，大澤也。」《戰國策‧魏策二》：「楚
王登強臺而望崩山，左江而右湖，以臨彷徨，其樂忘死。」崩山，
《長短經》卷8同，《類聚》卷28、《御覽》卷468引作「崇山」，《文
選‧七發》李善註引作「獵山」。彷徨，《類聚》引作「方湟」，《白
帖》卷7、《御覽》引作「方皇」。《後漢書‧邊讓傳》《章華賦》：「楚
靈王既遊雲夢之澤，息於荊臺之上，前方淮之水，左洞庭之波，其

〔註33〕《北堂書鈔》孔廣陶校注本，收入《續修四庫全書》第1212冊，上海古籍出
版社2002年版，第472頁。

〔註34〕東京大學東洋文化研究所藏萬曆二十八年序刊陳禹謨本。又《四庫全書》第
889冊亦據陳禹謨本，臺灣商務印書館1986年初版，第493頁。

樂使人遺老而忘死。」黃丕烈曰：「獵、料聲之轉也。二『淮』字皆當作『湟』，形近之譌也。徨、皇、湟同字耳。」〔註35〕朱起鳳曰：「料、獵聲之轉。獵字下從鼠，作崩者，與鼠形相近也。」〔註36〕劉文典曰：「料、獵，皇、淮皆雙聲，古亦通用。」三氏謂「料、獵聲轉」是也，作「崩」、「崇」者蓋誤字〔註37〕。黃氏謂「淮字當作湟」，劉氏謂「皇、淮雙聲通用」，則皆非也。《說苑》當作「南望獵山，下臨方〔皇，左江而右〕淮，其樂使人遺老而忘死」，今本脫五字，故以「方淮」連文。當據《戰國策》及此文補作。邊讓賦、《渚宮舊事》作「方淮」，殆據誤本《說苑》也。呂傳元校「以」為「北」，于大成駁之，是也。「方皇」、「彷徨」、「方湟」並通用，字或作「仿偟」、「徬徨」、「傍偟」、「傍徨」、「旁皇」、「徬惶」、「徬徨」、「房皇」、「旁遑」、「滂湟」、「旁徨」、「傍皇」，其為水名，取義乎傍偟不定，狀水勢浩大貌也。死，《文選・與滿公琰書》、《與從弟君苗君冑書》李善注、《御覽》卷468引作「歸」。《精神篇》：「死，歸也。」

（46）親執戈為吳兵先馬走

許注：先馬，走先馬前。

按：顧炎武曰：「吳兵，當作『吳王』。」〔註38〕胡鳴玉說同〔註39〕。王念孫謂「兵」當作「王」，「走」字衍。按「兵」字不誤，《人間篇》：「昔越王句踐卑下吳王夫差，請身為臣，妻為妾……居為隱蔽，而戰為鋒行。」「親執戈為吳兵先馬走」即「戰為鋒行」也。「走」即「行」，非衍文。《文選・報任少卿書》：「太史公牛馬走司馬遷再拜言少卿足下。」李善注：「走，猶僕也。言以為太史公掌牛馬之僕，自謙之辭也。」呂延濟注同。宋・吳仁傑《兩漢刊誤補遺》卷7引作「親執戈為吳王先馬走」，云：「按牛當作先，字之誤也。」吳氏所見，已誤作「王」字，而「走」字固當有也。

〔註35〕黃丕烈《戰國策札記》卷下，收入《叢書集成新編》第109冊，新文豐出版公司1985年印行，第781頁。
〔註36〕朱起鳳《辭通》，上海古籍出版社1982年版，第588頁。
〔註37〕《墜形篇》：「洛出獵山。」高注：「獵山在北地西北夷中，洛東南流入渭。」此蓋又一「獵山」也。
〔註38〕顧炎武《日知錄》（黃汝成集釋）卷24，嶽麓書社1994年版，第856頁。
〔註39〕胡鳴玉《訂譌雜錄》卷7，商務印書館，中華民國25年版，第75頁。

（47）何故去之

按：《韓詩外傳》卷 6 作「曷爲而退之」，《新序·雜事四》作「曷爲去之」。曷爲，猶言何故〔註40〕。

（48）君子不乘人於利，不迫人於險

按：二句《新序·雜事四》同，《韓詩外傳》卷6作「君子不乘人於利，不厄人於險」〔註41〕，《意林》卷 2 引此文作「不乘人之利，不迫人之險」〔註42〕。《穀梁傳·僖公二十二年》：「君子不推人危，不攻人厄。」《公羊傳·僖公二十二年》：「君子不厄人。」〔註43〕《韓子·外儲說左上》：「不推人於險，不迫人於阨。」爲此文所本。劉殿爵曰：「利疑當作危。」〔註44〕

（49）秦繆公請伯樂曰：「子之年長矣，子姓有可使求馬者乎？」

許注：子姓，謂伯樂子。

按：請，一本作「謂」，《白帖》卷 96 引同，《列子·說符》亦同。作「請」亦通。《玉篇》：「請，問也。」方以智曰：「（子姓）皆謂子孫，蓋古讀姓如生……女生曰姓，本音同生，故借姓作孫。」〔註45〕孫詒讓說同〔註46〕。

（50）相天下之馬者，若滅若失，若亡其一

按：劉文典、鄭良樹、何寧據《莊子·徐無鬼》、《列子·說符》刪「相」字，然考《三國志·郤正傳》裴松之注引，亦有「相」字，未必衍也。《莊子》作「若卹若失，若喪其一」，《列子》作「若滅若没，若亡若失」。裴注引此文作「若滅若没，若失若亡其一」，此文及《莊子》疑脫「若没」二字。《莊子》《釋文》：「李云：『卹、失，皆驚竦

〔註40〕 參見王叔岷《古書虛字新義》，聯經出版事業公司，1978 年版，第 15 頁
〔註41〕 《御覽》卷 192、279 引「厄」作「阨」。
〔註42〕 此據武英殿聚珍本，《四庫全書》本引上「之」誤作「不」。
〔註43〕 《春秋繁露·王道》引「厄」作「阨」。
〔註44〕 劉殿爵《讀淮南鴻烈札記》，香港《聯合書院學報》第 6 期，1967 年出版，第 166 頁。
〔註45〕 方以智《通雅》卷 19，收入《方以智全書》第 1 冊，上海古籍出版社 1988 年版，第 652 頁。
〔註46〕 轉引自楊伯峻《列子集釋》，中華書局 1979 年版，第 255 頁。

若飛也。』」卹，讀爲戌。《天文篇》：「戌者，滅也。」《白虎通義‧五行》同。另詳《齊俗篇》校補。

（51）若此馬者，絕塵弭徹

許注：絕塵，不及也。弭徹，引迹疾也。

按：徹，一本作「轍」，《三國志‧郤正傳》裴松之注引作「轍」，古今字。《列子‧說符》作「蹤」，張湛注：「言迅速之極。」《釋文》：「蹤，迹也。一本作轍。」《集韻》：「轍、蹤：《說文》：『迹也。』或從足。」絕，止也，滅也。《莊子‧田子方》：「奔逸絕塵。」林希逸曰：「絕塵，去速而不見其塵也。」弭，裴注引作「卻」。《玉篇》：「弭，息也，止也，滅也。」朱駿聲謂弭讀爲迷〔註47〕，失之。

（52）臣有所與供儋纏（繩）采薪者九方堙，此其於馬，非臣之下也

許注：纏（繩），索也。九方堙，人姓名也。

按：堙，《白帖》卷96引作歅，《莊子‧徐無鬼》亦作歅，《劉子‧知人》作諲，古字通借。《魏書‧張淵傳》注：「王良者，晉大夫，善御，九方湮之子。」「湮」亦借字。《玉篇》：「歅，人名，方歅，能相馬者。」《廣韻》：「歅，秦穆公時有九方歅，一名皋，善相馬也。或作諲。」《莊子釋文》云：「九方歅：善相馬人，《淮南子》作『九方皋』。」《列子‧說符》作「九方皋」，蓋別名。采薪，《白帖》引作「束薪」，《列子‧說符》作「薪菜」，「束」、「菜」當作「采」。下，《列子‧說符》同，《類聚》卷93、《御覽》卷896、《事類賦注》卷21、《古今事文類聚》後集卷38、《記纂淵海》卷98引《列子》作「比」，《世說新語‧輕詆》劉孝標注引《列子》作「下」。王念孫校「供」爲「共」，「纏」爲「繩」，是也。《世說新語》劉孝標注引《列子》作「臣所與共儋繩薪菜者，有九方皋也」，是其確證。《三國志‧郤正傳》裴松之注引作「共儋纏采薪」，亦誤作「纏」。

（53）是乃其所以千萬臣而無數者也

按：《三國志‧郤正傳》裴松之注引「千萬」下有「里」字，疑衍。《列

〔註47〕 朱駿聲《說文通訓定聲》，武漢市古籍書店1983年版，第185頁。

子‧說符》亦無「里」字。

（54）吳起曰：「將衰楚國之爵而平其制祿，損其有餘而綏其不足。」

按：《說苑‧指武》作「將均楚國之爵而平其祿，損其有餘而繼其不足」。此文衍「制」字，綏亦繼也。王引之曰：「綏通作緌，亦通作綏。《漢書‧律歷志》曰：『緌，賓緌，繼也。賓，導也。言陽始導陰氣使繼養物也。』《顧命》曰：『綏爾先公之臣服于先王。』綏亦繼也。」並引此文爲證〔註48〕。王說是。吳闓生謂綏爲緩之誤，于省吾謂綏讀爲委，馬宗霍謂綏訓安撫，並失之。

（55）宜若（咎）聞之：「昔善治國家者，不變其故，不易其常。」

按：「不變其故，不易其常」蓋古語。《文子‧下德》、《道原》引作老子語，又《精誠》亦有此語。《御覽》卷84引《周書》：「文王昌曰：『吾聞之：無變古，無易常。』」〔註49〕《逸周書‧史記解》：「好變故易常者亡。」《管子‧君臣》：「爲人臣者，變故易常，而巧官以諂上，謂之騰。」《莊子‧漁父》：「好經大事，變更易常，以掛功名，謂之叨。」《韓子‧南面》：「治者必曰：『無變古，毋易常。』」《賈子‧立後義》：「欲變古易常者，不死不亡。」《說苑‧指武》：「吾聞：昔善治國家者，不變故，不易常。」《史記‧袁盎鼂錯傳》：「語曰：『變古亂常，不死則亡。』」《董子‧楚莊王》：「春秋之於世事也，善復古，譏易常，欲其法先王也。」又《順命》：「聖人之言，變古易常而災立至。」並可參證。

（56）宜若（咎）聞之曰：「怒者，逆德也；兵者，凶器也；爭者，人之所本也。今子陰謀逆德，好用凶器，始人之所本，逆之至也。」

許注：本者，謂兵爭也。

按：此三句亦古語。銀雀山漢簡《守法守令等十三篇》：「兵者凶器，〔戰者〕逆惪（德），爭者事之〔末，王者伐〕暴〔亂而〕定仁義也。」

〔註48〕王引之《經義述聞》卷26，江蘇古籍出版社1985年版，第616頁。
〔註49〕《賈子‧數寧》「古」作「故」。

〔註50〕《國語・越語下》：「范蠡進諫曰：『夫勇者，逆德也；兵者，凶器也；爭者，事之末也。陰謀逆德，好用凶器，始於人者，人之所卒也。」《尉繚子・武議》：「故兵者，兇器也；爭者，逆德也；將者，死官也。故不得已而用之。」又《兵令》：「兵者，兇器也；爭者，逆德也。事必有本，故王者伐暴亂，本（定）仁義焉。」（《治要》卷37引作「兵者，凶器也；戰者，逆德也；爭者，事之末也，王者所以伐暴亂而定仁義也」。）《說苑・指武》：「吾聞：兵者，凶器也；爭者，逆德也。今子陰謀逆德，好用凶器，殆人所棄，逆之至也。」《史記・越王勾踐世家》：「范蠡諫曰：『不可。臣聞：兵者，兇器也；戰者，逆德也；爭者，事之末也。陰謀逆德，好用凶器，試身於所末。』」又《平津侯主父傳》：「且夫怒者，逆德也；兵者，兇器也；爭者，末節也。」《文子・下德》：「夫怒者，逆德也；兵者，兇器也；爭者，人之所亂也。陰謀逆德，好用凶器，治人之亂，逆之至也。」並可參證。俞樾校「本」爲「去」，「始」爲「治」。于鬯謂「本」當作「否」，「始」讀爲「治」。向宗魯謂《說苑》「殆」爲「始」誤〔註51〕。何寧謂俞、于二說並誤，「本」當作「末」，《越語》之「卒」，猶末也；《說苑》「殆」爲「始」誤，「棄」爲「末」誤。何說是也，《文子》作「亂」，尤誤。《史記》「試」當校爲「始」。

（57）非禍人，不能成禍

按：陶鴻慶謂當作「禍非人，不能成」，張雙棣駁之，是也。《說苑・指武》、《文子・下德》並同此文。

（58）吾固惑吾王之數逆天道，戾人理，至今無禍

按：惑，《說苑・指武》作「怪」。《說林篇》：「物之所爲出於不意，弗知者驚，知者不怪。」高注：「怪，惑也。」《呂氏春秋・審爲》：「世必惑之。」高注：「惑，怪也。」《風俗通義・怪神》：「傳曰：『怪者，疑也。』」

（59）莊王曰：「先君之時，晉不伐楚，及孤之身，而晉伐楚，是

〔註50〕《銀雀山漢墓竹簡〔壹〕》，文物出版社1985年版，第149頁。
〔註51〕向宗魯《說苑校證》，中華書局1987年版，第368頁。

孤之過也，若何其辱群大夫？」〔大夫〕曰：「先臣之時，
晉不伐楚，今臣之身，而晉伐楚，此臣之罪也。」

按：今，《御覽》卷 305 引同，今亦及也，《新序·雜事四》「今」作「及」。

（60）王俛而泣涕沾襟

按：俛，《新序·雜事四》同，《四庫》本《御覽》卷 305 引誤作「悅」，
景宋本不誤。

（61）晉人聞之曰：「君臣爭以過為在己，且輕下其臣，不可伐
也。」

按：輕，當從《新序·雜事四》作「君」。《資治通鑑外紀》卷 6 作「君
能下其臣，而君臣爭以過爲在己」。《冊府元龜》卷 243 亦作「輕」，
是宋代已誤矣。

（62）公曰：「宰相，所使治國家也，而移死焉，不祥。」

按：使，《新序·雜事四》、《論衡·變虛》同，《呂氏春秋·制樂》作「與」。
與，猶使也〔註52〕。《御覽》卷 403 引《呂氏》作「以」，以亦使也。
《初學記》卷 1 作「宰相，所以與理國家」，則衍一字。

（63）子韋還走，北面再拜

按：還，《呂氏春秋·制樂》、《新序·雜事四》同，《論衡·變虛》作「退」。
《玉篇》：「還，退也。」再，《新序》、《論衡》同，《呂氏》作「載」。
載，讀爲再。《御覽》卷 403 引《呂氏》作「再」。

（64）有客衣褐帶索而見曰：「臣能呼。」

按：索，《類聚》卷 71 引誤作「素」。《書鈔》卷 138、《御覽》卷 770 引
「能呼」下有「航來」二字，蓋臆增。《類聚》卷 71 引同今本。

（65）子發攻蔡，踰之，宣王郊迎，列田百頃而封之執圭

許注：踰，越，勝之也。楚爵功臣賜以圭，謂之執圭，比附庸之君也。

〔註52〕訓見裴學海《古書虛字集釋》，中華書局 1954 年版，第 9～10 頁。蕭旭《古
書虛詞旁釋》有補證，廣陵書社 2007 年版，第 1 頁。《說苑·尊賢》：「於是
王乃立淳于髡爲上卿，賜之千金，革車百乘，與平諸侯之事。」亦其例。

按：《渚宮舊事》卷 3 作「裂田百頃封珪」。踰訓勝，字或作愈、瘉。《史記・汲鄭傳》：「無以踰人。」《索隱》：「踰，《漢書》作瘉。瘉猶勝也。此作踰，踰謂越過人也。」列、裂，正、假字。珪、圭，古今字。

（66）故辭而弗受

按：故，讀為固，《渚宮舊事》卷 3 正作「固」字。

（67）原人聞之曰：「有君若此，可弗降也？」

按：《新序・雜事四》作「有君義若此，不可不降也」，此文補「義」字，語氣才圓。《韓子・外儲說左上》作「有君如彼其信也，可無歸乎」，亦有「信」字。

（68）爵高者士妬之，官大者主惡之，祿厚者怨處之

按：處，《類聚》卷 35、《御覽》卷 483 引《文子》同〔註 53〕，《列子・說符》作「逮」，《韓詩外傳》卷 7 作「歸」。俞樾謂「逮」為「處」之誤，王重民曰：「《御覽》卷 459 引『逮』正作『處』，北宋本作『遠』，誤。」〔註 54〕

（69）吾祿益厚，吾施益博

按：博，《韓詩外傳》卷 7、《列子・說符》、《文子・符言》同，《類聚》卷 23、《御覽》卷 459 引《晏子》亦同，《意林》卷 2 引《列子》作「溥」，《御覽》卷 483 引《文子》作「薄」。王重民曰：「疑作『溥』者是也。」〔註 55〕王說非是。《論語・雍也》：「博施於民而能濟眾。」《大戴禮記・五帝德》：「博施利物。」又《曾子大孝》：「博施備物。」〔註 56〕並作「博」字。博，大也，廣也。「溥」即「普」本字，亦通。「薄」為「溥」之誤。《御覽》卷 483 引《文子》「施」誤作「意」。

（70）大司馬捶鉤者年八十矣，而不失鉤芒

〔註 53〕今本《文子・符言》作「人怨之」。
〔註 54〕二說並轉引自楊伯峻《列子集釋》，中華書局 1979 年版，第 259 頁。
〔註 55〕轉引自楊伯峻《列子集釋》，中華書局 1979 年版，第 259 頁。
〔註 56〕《禮記・祭義》同。

許注：捶，鍛擊也。鉤，釣鉤也。

按：《莊子‧知北遊篇》：「大馬之捶鉤者，年八十矣，而不失豪芒。」司馬彪注：「捶者，玷捶鐵（鉤）之輕重也。」郭象注：「玷捶鉤之輕重而無毫芒之差也。」《釋文》：「玷，丁恬反。捶，丁果反。」王念孫曰：「捼、挼、揣、捶，並字異而義同。」〔註57〕與許說異。鉤芒，即指鉤之芒，芒謂鉤之尖刺也。許說意謂大司馬年雖八十，鍛擊釣鉤，而於釣鉤之尖刺亦無所錯失也。劉殿爵曰：「鉤芒，字亦作『勾芒』，乃東方神名，於義無取。《莊子》作『豪芒』，是也。」〔註58〕非是。

（71）物孰不濟焉

按：濟，《莊子‧知北遊篇》作「資」，林希逸釋為「資賴」。

（72）文王砥德修政，三年而天下二垂歸之

許注：砥，礪也。文王三分天下有其二。

按：《要略篇》：「文王四世纍善，修德行義，處岐周之間，地方不過百里，天下二垂歸之。」《御覽》卷84引「垂」作「分」。姚廣文謂「垂」為「分」之誤，是也。《初學記》卷9引《周帝王世紀》亦作「分」。許注云云，本於《論語‧泰伯》：「三分天下有其二。」何晏《集解》：「包曰：殷紂淫亂，文王為西伯而有聖德，天下歸周者三分有二。」「二分」即「三分有二」之誼也。于鬯謂作「垂」亦通，金其源、于大成、張雙棣謂「分」為「垂」之誤，並非也。

（73）冠雖弊，必加於頭

按：此蓋古語。《意林》卷1引《太公六韜》：「冠雖弊，加於首；履雖新，履於地。」〔註59〕《穀梁傳‧僖公八年》：「朝服雖敝，必加於上；

〔註57〕王念孫《廣雅疏證》，收入徐復主編《廣雅詁林》，江蘇古籍出版社1998年版，第271頁。

〔註58〕劉殿爵《讀淮南鴻烈札記》，香港《聯合書院學報》第6期，1967年出版，第168頁。

〔註59〕《御覽》卷684引作「冠雖敝，禮加之於首；履雖新，法踐之於地」，又卷697引作「冠雖弊，禮加於首；履雖新，法以踐地」。

－345－

弁冕雖舊，必加於首。」〔註60〕《賈子・階級》：「臣聞之曰：『履雖鮮，弗以加枕；冠雖弊，弗以苴履。』」〔註61〕《史記・儒林傳》：「黃生曰：『冠雖敝，必加於首；履雖新，必關於足。』」〔註62〕《漢書》、《長短經》卷3「關」作「貫」，顏師古注：「語見太公《六韜》也。」《說苑・奉使》：「冠雖敝，宜加其上；履雖新，宜居其下。」〔註63〕又《說叢》：「冠雖故，必加於首；履雖新，必關於足。」弊，讀爲敝、㡀，《說文》：「敝，一曰敗衣。」又「㡀，敗衣也。從巾，象衣敗之形。凡㡀之屬皆從㡀。」

（74）**屈商乃拘文王於羑里，於是散宜生乃以千金求天下之珍怪，得騶虞、雞斯之乘，玄玉百工，大貝百朋，玄豹、黃羆、青犴、白虎、文皮千合，以獻於紂，因費仲而通**

許注：二玉爲一工也。五貝爲一朋也。雞斯，神馬也。

按：《類聚》卷84引《太公六韜》：「商王拘西伯昌於羑里，太公謂（與）散宜生〔金千鎰〕，求珍物，以免君罪，之九江，得大貝百馮。」注：「《詩》作『百朋』。」〔註64〕又卷93引《太公六韜》：「商王拘周伯昌於羑里，太公與散宜生以金千鎰，求天下珍物，以免君之罪，於是得犬戎氏文馬，毫毛朱鬛（鬣），目如黃金，名雞斯之乘，以獻商王。」〔註65〕爲此文所本。工，《吳越春秋・勾踐入臣外傳》徐天祐注引作「瑴」。《玉篇》：「珏，古岳切，《說文》云：『二玉爲一珏。』或作瑴。」又「瑴，杜預曰：『雙玉曰瑴』。亦作珏。」《御覽》卷941引注「貝」作「百」，誤。雞斯，字或作「奚斯」〔註66〕，《文選・赭白馬賦》李善註引魏・劉劭《趙都賦》：「良馬則飛兔奚斯，常驪

〔註60〕《御覽》卷686引作「弁冠雖舊，必加於首」。
〔註61〕《漢書・賈誼傳》「弊」作「敝」，「弗」作「不」。
〔註62〕《御覽》卷617引「敝」作「弊」。
〔註63〕《御覽》卷779引作「冠雖敝，義居上；履雖新，義居下」。義，讀爲宜。
〔註64〕「與」、「金千鎰」據《御覽》卷941、《北戶錄》卷2龜圖註引校正。二書引「之九江」作「九江之浦」。龜圖註引「馮」作「憑」。《古今事文類聚後集》卷35引略同。《御覽》卷467、807亦節引之。《御覽》卷381引《六韜》：「紂因文王于羑里，散宜生受命而行，宛懷條途之山有玉女三人，宜生得之，因費仲而獻之于紂，以免文王。」
〔註65〕《山海經・海內北經》郭璞注、《事類賦注》卷21引《六韜》略同。
〔註66〕「雞毒」或作「奚毒」，亦其例。

紫燕。」〔註67〕《爾雅》：「前足皆白，騱。」《釋文》：「騱，音奚，郭又音雞，舍人本作雞。」繆楷曰：「騱、奚、雞三字通……『奚斯』與『雞斯』同，皆即此所謂『騱』也。斯，語辭，猶『螽斯』、『鷺斯』之例耳。」〔註68〕繆氏前說是也，然「斯」非語辭。斯，讀爲皙，白也。《說文》：「皙，人色白也。」《廣雅》：「皙，白也。」王念孫曰：「斯與皙聲近而義同。」〔註69〕音又轉爲「鮮」字〔註70〕，《詩·瓠葉》：「有兔斯首。」鄭箋：「斯，白也。今俗語『斯白』之字作鮮，齊、魯之間聲近斯。」〔註71〕音又轉爲「思」字，《左傳·宣公二年》：「于思于思，棄甲復來。」《釋文》引賈逵曰：「于思，白頭貌。」《詩·瓠葉》孔疏：「服虔以于思爲白頭貌，字雖異，蓋亦以思聲近鮮，故爲白頭也。」〔註72〕楊樹達曰：「《詩·盧令篇》云：『其人美且偲。』《釋文》：『偲，多鬚貌。』按：『思』、『偲』同。」〔註73〕楊說非是。奚，小也。從奚之字，多有小義。小僮爲奚（女奴專字爲傒）〔註74〕，小穴爲窸，小禽爲雞，小畜爲騱，小鼠爲鼷，小豕爲豯，小徑爲蹊，小水爲溪，小蟬爲螇，小蝗亦爲螇，小馬爲騱。其義一也。體形小而前足皆白之馬名爲騱斯，「斯」字當取「白」

〔註67〕　《類聚》卷61引同。

〔註68〕　繆楷《爾雅稗疏》卷4，收入《續修四庫全書》第189冊，上海古籍出版社2002年版，第55頁；又收入朱祖延主編《爾雅詁林》，湖北教育出版社1996年版，第4558頁。

〔註69〕　王念孫《廣雅疏證》，收入徐復主編《廣雅詁林》，江蘇古籍出版社1998年版，第686～687頁。

〔註70〕　《爾雅》：「鮮，善也。」《釋文》：「鮮，本或作𪑥。沈云：『古斯字。』」《說文》：「𩂣，從雨鮮聲，讀若斯。」此皆鮮與斯聲近之證。參見阮元《揅經室集》卷1《釋「鮮」》，收入《續修四庫全書》第1478冊，上海古籍出版社2002年版，第533頁。

〔註71〕　王引之曰：「斯，語助也。」俞敏謂舊說不可推翻。王引之《經傳釋詞》，嶽麓書社1984年版，第171頁。俞敏《經傳釋詞札記》，湖南教育出版社1997年版，第138頁。

〔註72〕　孔疏引作「服虔」，與《釋文》引作「賈逵」不同，不知孰是。

〔註73〕　楊樹達《讀〈左傳〉》，收入《積微居讀書記》，上海古籍出版社2006年版，第41頁。

〔註74〕　《說文》：「奚，大腹也。」此說不確。《周禮·天官·冢宰》：「奚三百人。」鄭玄注：「古者從坐，男女沒入縣官爲奴，其少才知以爲奚，今之侍史官婢，或曰奚宦女。」少才智爲奴者稱「奚」，是亦有小義。《說文》：「傒，女隸也。」「傒」爲女奴義專字。

為義。胡元玉曰:「奚,古騱字。奚斯、雞斯,即《爾雅》之騱也。斯,白也,即指其前足皆白言之。」〔註75〕斯為得之。張永言曰:「奚即騱,亦有白義,字亦作雞。」〔註76〕張氏謂奚、騱、雞三字相通,亦是也;而謂有「白」義則非是。從「奚」之字無「白」義。《類聚》卷 95 引《韓詩外傳》:「太公使南宮適至義渠,得駭雞犀以獻紂。」〔註77〕《金樓子・箴戒》亦云「駭雞犀」,則以為犀角,此又一說,然與《爾雅》不合。《左傳・閔公二年》魯公子名「奚斯」,《國語・吳語》吳大夫亦名「奚斯」,蓋取義皆同〔註78〕。方以智曰:「智按:雞斯即竮緂,或因其名而改,亦未可知。然或是鷄嗦,鷄以嗦盛食,此以盛物,故云。《六韜》云:『太公等求得鷄斯之乘。』鷄斯蓋國名,豈其國佩此囊邪?」〔註79〕「鷄斯之乘」者,「鷄斯」是馬名,非國名,方說非也。蕭兵曰:「雞斯者,疑吉爾吉斯(Kirghiz,Kirgis)之音譯……吉斯之乘者,吉爾吉斯所出或所傳之名馬也(又疑所謂『騏驥』之發聲亦與 Kirgis 有關)。」〔註80〕附會之說,尤不足信。

〔註75〕 胡元玉《駁〈春秋名字解詁〉》,收入王先謙《清經解續編》第 13 冊,鳳凰出版社 2005 年版,第 7181 頁。

〔註76〕 張永言《上古漢語的「五色之名」》,收入《語文學論集》,語文出版社 1992 年版,第 114 頁。

〔註77〕 《白帖》卷 97、《御覽》卷 890、《記纂淵海》卷 98、《古文苑》卷 6 章樵註引同。

〔註78〕 魯公子奚斯字子魚,魚指馬眼白也。張澍曰:「奚斯,馬名……字魚者,《爾雅》:『馬二目白曰魚。』」竹添光鴻說同。斯皆得之。張澍又曰:「斯字古讀如鮮……魚以鮮為美,或取此。」阮元曰:「有以鮮魚名為本誼而藉聲近之斯為用者……斯乃鮮字假藉也。」皆以「鮮魚」說之,非也。錢大昕曰:「《吳語》『奚斯』即《檀弓》之行人儀也。奚斯疊韻,並言之則成『儀』字。魯公子奚斯亦作公子魚,魚、儀聲相近。」王引之曰:「奚讀為鮭,聲近假借也。斯,語詞。……或曰:奚斯,馬名……或作雞斯……字子魚者,魚讀為圉,養馬為圉。」三說亦皆失之。張澍《養素堂文集》卷 32《春秋時人名字釋》,收入《續修四庫全書》第 1507 冊,上海古籍出版社 2002 年版,第 100 頁。竹添光鴻《左氏會箋》,巴蜀書社 2008 年版,第 363 頁。阮元收入《揅經室集》卷 1《釋「鮮」》,收入《續修四庫全書》第 1478 冊,第 533 頁。錢大昕《十駕齋養新錄》卷 2,收入《嘉定錢大昕全集(七)》,江蘇古籍出版社 1997 年版,第 46 頁。王引之《春秋名字解詁》,收入《經義述聞》,江蘇古籍出版社 1985 年版,第 564 頁。

〔註79〕 方以智《通雅》卷 49,收入《方以智全書》第 1 冊,上海古籍出版社 1988 年版,第 1453 頁。

〔註80〕 蕭兵《文馬與鷄斯之乘》,《社會科學輯刊》1981 年第 3 期。

（75）相女童

許注：相女童，相，視之。一曰：相，匠也。

按：注「匠」當作「近」，字之誤也。向宗魯謂「匠」當作「匹」，非也。

（76）使之〔以〕時而敬順之

按：王念孫謂「順」同「慎」，是也。《文子・上仁》正作「慎」字。

（77）願以技齎一卒

許注：齎，備。卒，足也。

按：《慧琳音義》卷 78、81 引許注作「齎，備足也」。齎，《御覽》卷 475、499 引作「該」〔註81〕，卷 475 引注作「該，備也。一卒，一人。」《三國志・郤正傳》裴松之注引作「備」，《渚宮舊事》卷 3 作「充」。《冊府元龜》卷 422 引作「賫」，注作「賫，備也，足也。」「賫」為「齎」俗字。《玉篇》：「齎，備也。賫，俗。」陶方琦曰：「案《大藏音義》引但證『齎』字，則『足』字上脫一『卒』字無疑。」易順鼎曰：「注中『卒』字自是衍文。」向宗魯曰：「陶說非，易說是。許注本作『備也，足也』，慧琳引之，合作『備足也』，今注乃後人妄改。」向說甚確，《冊府元龜》所引，即其旁證。《篆隸萬象名義》：「齎，俻也，足也。」「俻」為「備」俗字。亦其證也。諸書引作「該」、「備」、「充」者，各以同義易之耳。蔣禮鴻曰：「《御覽》作『該』，非是。」〔註82〕失之。何寧曰：「《廣韻》：『該，備也。』齎、該一聲之轉，蓋高本作『該』，許本作『齎』，皆訓備，無庸改字。」（與于大成說略同）《御覽》卷 699、《天中記》卷 48 引作「願以伎自效」。《慧琳音義》卷 81 引作「願以伎道齎一本」，「本」為「卒」之誤。

（78）子發聞之，衣不給帶，冠不暇正

按：暇亦給也，及也〔註83〕。《三國志・郤正傳》裴松之注引「給」作「及」。《人間篇》：「衣不暇帶，冠不及正。」暇亦及也，而「冠不

〔註81〕《四庫》本《御覽》卷 499 引作「修」，「修」當作「俻」，為「備」字形誤。

〔註82〕蔣禮鴻《淮南子校記》，收入《蔣禮鴻集》卷 4，浙江教育出版社 2001 年版，第 223 頁。

〔註83〕參見蕭旭《古書虛詞旁釋》，廣陵書社 2007 年版，第 97～98 頁。

暇正」正作「冠不及正」，尤爲確證。《後漢書‧王符傳》：「乃驚遽而起，衣不及帶。」

（79）君曰：「此非左右之所得與。」

按：與，《三國志‧郤正傳》裴松之注引同，讀爲喻、諭，知也。《渚宮舊事》卷 3 作「此非所知」。

（80）齊與兵伐楚

按：與，《三國志‧郤正傳》裴松之注、《御覽》卷 475、499、《記纂淵海》卷 57、《冊府元龜》卷 422 引並作「興」。張雙棣謂各本作「興」乃「或不知與猶舉而改之」，非也。

（81）楚賢良大夫皆盡其計而悉其誠

按：誠，《三國志‧郤正傳》裴松之注、《記纂淵海》卷 57、《冊府元龜》卷 770 引同，《渚宮舊事》卷 3 作「力」。

（82）於是市偷進請曰

按：市偷，《御覽》卷 475、499、《古今事文類聚》別集卷 23、《記纂淵海》卷 57、《冊府元龜》卷 422 引同。何寧據《三國志‧郤正傳》裴松之注引校作「卒偷」，是也。《渚宮舊事》卷 3 作「偷卒」。

（83）偷則夜〔出〕解齊將軍之幬帳而獻之，子發因使人歸之曰：「卒有出薪者，得將軍之帷，使歸之於執事。」

按：《三國志‧郤正傳》裴松之注、《冊府元龜》卷 770 引「子發」二字重，此文脫「子發」二字；《渚宮舊事》卷 3「子發」下復有一「發」字，脫一「子」字。「薪」字上裴注、《冊府元龜》卷 770 及《御覽》二引，並有「探」字，《渚宮舊事》無「探」字。使，裴注、《冊府元龜》卷 422、770 引作「使使」，《御覽》卷 475 引作「謹」。今本脫一「使」字。

（84）今日不去，楚君（軍）恐取吾頭

按：頭，《書鈔》卷 127、《御覽》卷 47、499、688 引作「首」。恐，《渚宮

舊事》卷 3 作「必」。恐，猶言必將〔註84〕。

（85）故曰：「無細而能薄，在人君用之耳。」

按：無細而能薄，王念孫據《御覽》二引，校作「故伎無細，而能無薄」；
何寧校作「故伎無細而無薄」，謂「而」即「能」。尋《御覽》卷 475
引作「故伎無細薄」，又卷 688 引作「故伎無細，能無薄」，王氏失
檢。《書鈔》卷 127 引作「故伎無細，能無薄」，何校是也。《記纂淵
海》卷 57 引同今本，則誤自宋代也。

（86）則還師而去

按：還，《三國志・郤正傳》裴松之注、《冊府元龜》卷 770 引作「旋」，
一聲之轉也。《渚宮舊事》卷 3 作「遂按兵而迴」。

（87）異日復見

按：異，《莊子・大宗師》作「它」，《御覽》卷 490 引《莊》作「他」。
異，猶他也。

（88）仲尼造然曰

按：造，一本作「遽」，《莊子・大宗師》作「蹵」，《御覽》卷 490 引《莊》
作「蹴」。造、蹵、蹴，並一聲之轉也。本字爲怷、愁，《說文》：
「怷，愁然也。《孟子》曰：『曾西怷然。』」段注：「《心部》曰：
『愁，憂也。』怷然，心口不安之貌也。《孟子》曰「曾西怷然」，
見《公孫丑篇》。今作蹵。趙注：『蹵然，猶蹵踖也。』蹵踖同蹴
踖。」〔註85〕朱琦曰：「趙意蓋以蹵爲蹴之假借。如許說，則蹵當
爲怷之假借。」〔註86〕

（89）隳支體，黜聰明，離形去知，洞於化通，是謂坐忘

按：隳，《莊子・大宗師》作「墮」。墮、隳，正、俗字。《說文》：「黜，
貶下也。」《廣雅》：「黜，去也。」成疏：「黜，退除也。」是其誼
也。字或作絀，《覽冥篇》：「隳肢體，絀聰明，大通混冥，解意釋

〔註84〕 參見蕭旭《古書虛詞旁釋》，廣陵書社 2007 年版，第 135 頁。
〔註85〕 段玉裁《說文解字注》，上海古籍出版社 1981 年版，第 411 頁。
〔註86〕 朱琦《說文假借義證》，黃山書社 1997 年版，第 489 頁。

神。」高注：「去其小聰明。」「墮支體」即離形，「黜聰明」即去知（智）也〔註87〕。馬敘倫曰：「黜，借爲柮。《說文》：『柮，斷也。』」〔註88〕非是。洞於化通，《莊子·大宗師》作「同於大通」，洞讀爲同，「化」當作「大」〔註89〕，「洞於大通」即《覽冥篇》之「大通混冥」也。奚侗、馬敘倫謂「大」當作「化」〔註90〕，非也。《意林》卷 2 引《莊》亦作「大」字。《文選·鵬鳥賦》李善注、《御覽》卷 490 引《莊》作「同於大道」。

（90）甲兵未及銳弊也

按：劉台拱、朱起鳳、蔣禮鴻謂「銳」當作「鈍」〔註91〕，是也。《經濟類編》卷 96 引作「鈍弊」。《國語·吳語》：「使吾甲兵鈍弊。」字或作「頓弊」，《通鑑》卷 191：「器械頓弊。」胡三省註：「頓，讀曰鈍。」于鬯、于省吾謂銳讀爲挩、脫，陳廣忠謂銳訓盡〔註92〕，並非也。「銳弊」、「脫弊」並不辭。

（91）皆以其氣之高與其力之盛，至，是以犯敵能威

按：高，《呂氏春秋·悔過》作「趬」，高注：「趬，壯也。」馬敘倫謂趬借爲歊，陳奇猷申證之〔註93〕。《說文》：「歊，歊歊，氣出貌。」字或作歍，《集韻》：「歊、歍，《說文》：『歊歊，氣出貌。』或從喬。」字或作熇、燆，《詩·板》：「多將熇熇，不可救藥。」毛傳：「熇熇然，熾盛也。」《說文》：「熇，火熱也。」《集韻》：「熇、燆，炎氣也，或從喬。」「熇」爲火氣熾盛貌，故字從火。「至」一字爲句。

〔註87〕《文選·鵬鳥賦》李善注、《御覽》卷 490、《攷古質疑》卷 4 引《莊》「知」作「智」。

〔註88〕馬敘倫《莊子義證》卷 6，收入《民國叢書》第 5 編，據商務印書館中華民國 19 年版影印，第 23 頁。

〔註89〕王叔岷《淮南子斠證》，收入《諸子斠證》，中華書局 2007 年版，第 398 頁。又見王叔岷《莊子校詮》，中華書局 2007 年版，第 268 頁。

〔註90〕參見馬敘倫《莊子義證》卷 6，收入《民國叢書》第 5 編，據商務印書館中華民國 19 年版影印，第 23 頁。

〔註91〕朱起鳳《辭通》，上海古籍出版社 1982 年版，第 1830 頁。蔣禮鴻《續淮南子校記》，收入《蔣禮鴻集》卷 3，浙江教育出版社 2001 年版，第 371 頁。

〔註92〕陳廣忠《淮南子斠詮》，黃山書社 2008 年版，第 640 頁。

〔註93〕轉引自陳奇猷《呂氏春秋新校釋》，上海古籍出版社 2002 年版，第 991～992 頁。

（92）鄭賈人弘高矯鄭伯之命，以十二牛勞秦師而賓之

　　按：矯，《史記·鄭世家》作「詐」。《呂氏春秋·悔過》高注：「擅稱君命曰矯。」《玉篇》：「矯，詐也。」勞，《人間篇》、《呂氏》同，《氾論篇》作「犒」，《御覽》卷506引《人間篇》、晉·皇甫謐《高士傳》卷上亦作「犒」。

（93）其備必先成，不可襲也

　　按：成，《呂氏春秋·悔過》作「盛」。許維遹讀盛為成〔註94〕。高注：「盛，彊。」失之。

（94）是死吾君而弱吾孤也

　　按：下「吾」字，《呂氏春秋·悔過》作「其」。《國語·晉語二》：「死吾君而殺其孤。」亦作「其」字。吾，猶其也〔註95〕，代吾君。殺，讀為衰〔註96〕，亦弱也。《禮記·樂記》：「是故志微噍殺之音作而民思憂。」《史記·樂書》「殺」作「衰」。《周禮·冬官·考工記》：「橈之以眂其鴻殺之稱也。」賈公彥疏：「此言『殺』，即上文『弱』是也。」《禮記·郊特牲》：「大夫強而君殺之，義也。」唐·顏師古《匡謬正俗》卷3：「按殺讀為降殺之殺，謂衰弱也。此言大夫不當饗君，自三桓已來，大夫強而君弱。」宋·黃震《黃氏日抄》卷19：「殺者，降殺之義也。」

（95）齊王大說，遂尊重薛公

　　按：王念孫據《治要》卷41刪「尊」字，是也。《長短經》卷8亦無「尊」字。

（96）盧敖游乎北海，經乎太陰，入乎玄闕，至於蒙穀之上

〔註94〕許維遹《呂氏春秋集釋》，中華書局2009年版，第411頁。

〔註95〕訓見楊樹達《高等國文法》，商務印書館1984年版，第48頁。蕭旭《古書虛詞旁釋》有補證，廣陵書社2007年版，第190頁。茲再舉二例以證其說。《說苑·正諫篇》：「知得地之可以為富也，而忘吾民之不用也。」《御覽》卷456引「忘吾」作「亡其」。又《至公篇》：「與吾生不以義，不若吾死也。」《渚宮舊事》卷1、《通志》卷92「與吾」作「與其」。《立節篇》、《史記·田單傳》：「與其生而無義，固不如烹。」文例亦同。

〔註96〕參見朱駿聲《說文通訓定聲》，武漢市古籍書店1983年版，第690頁。

按：經，《御覽》卷 37 引作「徑」。玄關，《論衡・道虛》作「玄關」。孫人和謂「玄關」爲「玄闕」之誤〔註97〕，是也。《三國志・郤正傳》：「盧敖翱翔乎玄闕，若士竦身於雲清。」裴注、《類聚》卷 78、《御覽》卷 37 引此文並作「玄闕」，晉・葛洪《神仙傳》卷 1 亦作「玄闕」〔註98〕。穀，《御覽》引作「穀」，字同。

（97）見一士焉，深目而玄鬢，淚注而鳶肩，豐上而殺下，軒軒然方迎風而舞

許注：淚，水。

按：《御覽》卷 369 引《莊子》：「盧敖見若士，深目鳶肩。」〔註99〕蓋此文所本。玄鬢，《御覽》卷 37 引同，《類說》卷 25 引《炙轂子》亦同，《三國志・郤正傳》裴松之注引作「玄準」，《論衡・道虛》、《神仙傳》卷 1 亦作「玄準」，宋・朱勝非《紺珠集》卷 2 引葛洪《神仙傳》、《類說》卷 3 引《列仙傳》作「結喉」。疑「結喉」是，《類聚》卷 78 引作「深目而喉」，脫一「結」字。「結喉」誤作「玄準」，又誤作「玄鬢」。《列女傳》卷 6：「鍾離春者……其爲人極醜無雙，臼頭、深目、長指、大節、卬鼻、結喉、肥項、少髮、折腰、出胸，皮膚若漆。」〔註100〕正有「深目結喉」之語。《山海經・海外南經》：「結匈（胸）國在其西南，其爲人結匈（胸）。」郭璞注：「臆前胅出，如人結喉。」〔註101〕《通鑑》卷 252 胡三省註：「結喉，喉嚨上下相接之處。」石光瑛曰：「結喉謂喉高，似有結。」〔註102〕淚注，《類說》引《炙轂子》同，《類聚》卷 78、《古今事文類聚》前集卷 34、《古今合璧事類備要》前集卷 50、又別集卷 87 引作「渠頭」

〔註97〕轉引自黃暉《論衡校釋》，中華書局 1990 年版，第 321 頁。

〔註98〕此據新文豐出版公司 1985 年版《叢書集成新編》本第 100 冊，第 287 頁。《四庫》本誤作「玄關」。

〔註99〕《困學紀聞》卷 10 引《莊子逸篇》同。

〔註100〕長指，《初學記》卷 19、《錦繡萬花谷》續集卷 5 引作「長肚」，《世說新語・輕詆》劉孝標注、《後漢書・楊賜傳》李賢注、《書鈔》卷 129、《御覽》卷 382、《古今事文類聚》後集卷 12 引作「長壯」，《新序・雜事二》同。石光瑛校作「長肘」。石光瑛《新序校釋》，中華書局 2001 年版，第 282 頁。

〔註101〕《御覽》卷 371 引「胅」作「突」，借字。

〔註102〕石光瑛《新序校釋》，中華書局 2001 年版，第 282 頁。

〔註103〕，《類聚》有注：「渠，大也。」裴注引作「戾頸」，《御覽》卷37引作「渡注」，《論衡》作「鴈頸」，《神仙傳》作「脩頸」，《類說》引《列仙傳》亦作「脩頸」。王念孫曰：「『淚注』當作『渠頸』，高注『淚，水』當作『渠，大』，皆字之誤也（俗書渠字或作㳯，淚字或作㳯，二形相似，故渠誤爲淚）。頸誤爲注者，注字右邊主爲頸字左邊巠之殘文，又因淚字而誤加水旁耳。渠頸，大頸也。《御覽》引作『淚注』，則所見本已誤。《蜀志》注引作『戾頸』，戾亦傳寫之誤。《論衡》作『鴈頸』，鴈字則後人以意改之，唯頸字皆不誤。《類聚》引作『渠頸』，斯爲確據矣。」劉文典曰：「『鴈頸』、『鳶肩』誼正相類，文亦相對。此當依《論衡》，不當依《類聚》引文。」于省吾曰：「王以淚爲渠，其說至當。惟頸誤爲注，失之牽強。注當讀爲胜，胜古讀爲度，故與注通。胜，項也，頸也。」按《類聚》作「渠頸」，《御覽》作「渡注」，王氏皆失檢。「淚」當據裴注所引讀爲戾〔註104〕，《說文》：「戾，曲也。戾者，身曲戾也。」字或作綟、捩，《玉篇》：「捩，拗捩也。」《慧琳音義》卷15：「喎戾：《說文》云：『曲也，犬出戶下，身必曲戾。』經文從系作綟，非也。綟，結也，紐也。」又卷55：「繚綟：《考聲》云：『綟，猶結紐也。』」又卷62：「不捩：《考聲》云：『捩，絞也。』亦作綟，云：『紐也。』律本從手作捩，亦通。」「注」從于說讀爲胜。戾頸，曲頸，指頸項扭曲不正，俗所謂歪脖子也。《御覽》卷926引魏·曹植《鷦雀賦》：「當死敝雀，頭如果蒜，不早首服，捩頸大喚。」〔註105〕《備急千金要方》卷92：「小海主癲疾、羊癇、吐舌、羊鳴、戾頸。」《外臺秘要方》卷39：「癲瘻、吐舌、沫出、羊鳴、戾頸。」「戾注」即「戾胜」，亦即「捩頸」、「戾頸」也。字亦作盭，《漢書·賈誼傳》：「上不使人頸盭而加也。」本《賈子·階級》，顏師古注：「盭，古戾字。」諸書

〔註103〕《四庫》本《類聚》卷78引作「淚注」。
〔註104〕《主術篇》：「水戾破舟。」《文選·南都賦》李善註引《淮南子》「戾」作「淚」，《集韻》、《類篇》、《五音集韻》、《古今韻會舉要》並同。是其比也。
〔註105〕《類聚》卷91引作「列頸」，《曹集》作「烈」。「烈」、「列」亦讀爲戾，字或作「挒」，同「捩」。《集韻》：「挒，捩也。」趙幼文曰：「捩，轉也。烈字於此無義。」趙氏未達通借之誼。趙幼文《曹植集校注》，人民文學出版社1984年版，第304頁。

引作「渠」、「渡」者，皆「淚」字形誤；又作「鴈」或「脩」者，不得其義而妄改。鳶，宋本《論衡》作「𩿾」，一本誤作「戴」。「𩿾」同「鳶」〔註106〕。豐，《論衡》作「浮」。楊寶忠曰：「浮、豐一聲之轉。」〔註107〕軒軒然，裴注、《類聚》卷78引同，《神仙傳》作「欣欣然」〔註108〕。方以智曰：「軒軒，猶言傞傞也。軒軒古與傞傞聲近，而義則軒軒者，如車前之軒軒昂昂然也。然古讀傞傞當如軒軒。柳《答問》用『躚躚』。」〔註109〕

（98）顧見盧敖，慢然下其臂，遯逃乎碑〔下〕

許注：慢然止舞也。匿於碑陰。

按：慢然，《三國志·郤正傳》裴松之注、《御覽》卷37引同，《類聚》卷78引作「翻然」，《論衡·道虛》作「樊然」。黃暉曰：「《說文》：『樊，鷙不行也。』《廣雅》：『𢴱，止。』樊然，止舞貌。」〔註110〕朱起鳳曰：「慢然，徐貌。慢字作樊，聲之誤也。」〔註111〕楊寶忠曰：「翻、樊皆與慢音同也。『樊然』當訓止舞貌。」〔註112〕朱說是，許注「慢然止舞也」者，乃釋「慢然下其臂」之句意，並非訓詁。黃暉謂「樊」訓止，非也。遯逃乎碑〔下〕，景宋本《御覽》引同，《四庫》本引作「遯逃水涯」，臆改不足據；《類聚》引作「遯逃乎峀下」。《古今合璧事類備要》前集卷50引作「卑下」，「卑」爲「峀」省。

（99）盧敖就而視之，方倦龜殼而食蛤梨

許注：楚人謂倨爲倦。蛤梨，海蚌也。

按：就，《類聚》卷78、《御覽》卷37引同，《三國志·郤正傳》裴松之

〔註106〕參見黃暉《論衡校釋》，中華書局1990年版，第321頁。

〔註107〕楊寶忠《論衡校箋》，河北教育出版社1999年版，第242頁。

〔註108〕此據新文豐出版公司1985年版《叢書集成新編》本第100冊，第287頁。《雲笈七籤》卷109引「舞」作「儛」，俗字。《四庫》本此句誤作「欣欣然方迎風軒輊而舞」。

〔註109〕方以智《通雅》卷10，收入《方以智全書》第1冊，上海古籍出版社1988年版，第402頁。

〔註110〕黃暉《論衡校釋》，中華書局1990年版，第322頁。

〔註111〕朱起鳳《辭通》，上海古籍出版社1982年版，第637頁。

〔註112〕楊寶忠《論衡校箋》，河北教育出版社1999年版，第242頁。

注引作「俯」，《文選‧遊仙詩》李善注引作「仰」，《論衡‧道虛》作「乃」，《神仙傳》卷 1 作「仍」〔註 113〕。就，往也。仍，乃也。作「俯」、「仰」並誤。方，《類聚》卷 97 引誤作「乃」。倦，《御覽》卷 37 引同〔註 114〕，《類聚》卷 78、97、《御覽》卷 942 引作「捲」，裴注、《記纂淵海》卷 99、《古今事文類聚》前集卷 34 引作「卷」，《論衡》、《海錄碎事》卷 13 引《神仙傳》亦作「卷」，《神仙傳》作「踡」〔註 115〕，《雲笈七籤》卷 109 引《神仙傳》作「跽」。敦煌寫卷 S.1722《兔園策府》卷第一《征東夷》：「操環把纓之俗，乘蠡卷殼之鄉。」是所據本亦作「卷」字也。馬宗霍讀倦爲卷，是也。踡、捲、跽亦借字。《說文》：「卷，膝曲也。」即踞也，猶言蹲。許注「居」即「踞」借字。章太炎曰：「居即踞字，倦之言拳拳也。今四川謂踞地曰倦在地。倦讀如捲。」〔註 116〕《紺珠集》卷 2 引《神仙傳》、《類說》卷 3 引《列仙傳》作「踞」，同義代替。《類說》卷 25 引《炙轂子》作「居」，同「踞」。楊寶忠曰：「卷、倦、捲音義相同，謂拳縮也。」〔註 117〕《論衡》「卷」下衍「然」字。殼，《類聚》卷 78 引誤作「邀」。蛤梨，《類聚》卷 78 引作「合藜」，《類聚》卷 97、《類說》卷 25、《事文類聚》引作「蛤蜊」，裴注、《御覽》卷 37、《記纂淵海》引作「合梨」，《御覽》卷 942 引作「蛤蠣」，《論衡》作「合蜊」，《神仙傳》作「蟹蛤」，《海錄碎事》卷 13 引《神仙傳》、《紺珠集》引《神仙傳》、《類說》引《列仙傳》作「蛤蟹」。

（100）敖幼而好游，至長不渝，周行四極，唯北陰之未闚

　　按：闚，一本作「闢」。「闢」爲「闚」形誤，「闚」同「窺」。《三國志‧郤正傳》裴松之注、《御覽》卷 37 引作「闚」，《論衡‧道虛》亦作

〔註 113〕此據新文豐出版公司 1985 年版《叢書集成新編》本第 100 冊，第 287 頁。《雲笈七籤》卷 109 引同。《四庫》本作「仰」。
〔註 114〕此據景宋本，《四庫》本引作「卷」。
〔註 115〕此據新文豐出版公司 1985 年版《叢書集成新編》本第 100 冊，第 287 頁。《四庫》本作「跽」。
〔註 116〕章太炎《新方言》，收入《章太炎全集（七）》，上海人民出版社 1999 年版，第 74 頁。
〔註 117〕楊寶忠《論衡校箋》，河北教育出版社 1999 年版，第 243 頁。

「闚」；《事類賦注》卷 6 引作「窺」，《神仙傳》卷 1 作「窺」〔註118〕。至長不渝，裴注引作「長不喻解」，《御覽》卷 37 引作「至長不渝解」，《神仙傳》作「生而不逾」，《雲笈七籤》卷 109 引《神仙傳》作「長生而不渝」，《論衡》作「至長不倫解」。王念孫曰：「此本作『至長不渝解』，渝與解同義。」黃暉曰：「吳曰：『倫當作偷，《淮南子》作渝。渝、偷聲近義通。解讀爲懈。』」〔註119〕吳說是，「喻」、「逾」亦「偷」借字。《墨子・修身》：「故君子力事日彊，願欲日逾，設壯日盛。」孫詒讓曰：「逾，當讀爲偷，同音叚借字。《禮記・表記》云：『君子莊敬日強，安肆日偷。』鄭注云：『偷，苟且也。』此義與彼正同。」〔註120〕「長生」爲「長至」形誤，又爲「至長」之誤倒。

（101）若士者齤然而笑曰：「嘻！子中州之民，寧肯而遠至此？」

按：齤然，《三國志・郤正傳》裴松之注、《事類賦注》卷 6 引同，《御覽》卷 37 引作「齤然」，有注：「齤，音拳。」「齤」爲「齤」形誤。《類聚》卷 78 引作「囂然」〔註121〕，《古今事文類聚》前集卷 34、《古今合璧事類備要》前集卷 50、《古今合璧事類備要》別集卷 87 引作「傲然」，《論衡・道虛》作「悖然」，《神仙傳》卷 1 作「淡然」〔註122〕。朱起鳳曰：「齤字作悖，形聲都不近，乃傳寫之譌。」〔註123〕黃暉曰：「悖然，興起貌。」〔註124〕「囂然」同「傲然」。漢・蔡邕《釋誨》：「胡老憨然而笑曰。」笑，《御覽》、《事類賦注》引作「嘆」。寧肯，裴注、《御覽》、《事類賦注》引同，《類聚》卷 78 引作「不宜」，《論衡》、《神仙傳》同。楊寶忠謂「不宜」爲「而

〔註118〕此據新文豐出版公司 1985 年版《叢書集成新編》本第 100 冊，第 287 頁。《雲笈七籤》卷 109 引作「唯此極之未窺」，「此」爲「北」形誤。《四庫》本作「推此陰之未闚」。「推」爲「惟」形誤，「闚」爲「闚」形誤。
〔註119〕黃暉《論衡校釋》，中華書局 1990 年版，第 322 頁。
〔註120〕孫詒讓《墨子閒詁》，中華書局 2001 年版，第 9 頁。
〔註121〕《四庫》本《類聚》卷 78 引作「齤然」。
〔註122〕此據新文豐出版公司 1985 年版《叢書集成新編》本第 100 冊，第 287 頁。《雲笈七籤》卷 109 引同。《四庫》本作「儼然」。
〔註123〕朱起鳳《辭通》，上海古籍出版社 1982 年版，第 622 頁。3
〔註124〕黃暉《論衡校釋》，中華書局 1990 年版，第 322 頁。

肯」之誤〔註125〕。

（102）此猶光乎日月而載列星

按：載，《三國志・郤正傳》裴松之注引作「戴」，《論衡・道虛》亦作「戴」
（宋本作「載」）。載，楊寶忠讀爲戴〔註126〕，是也。黃暉謂「戴」
當作「載」〔註127〕，傎矣。

（103）其比夫不名之地，猶窔奧也

按：窔，一本作「窔」，景宋本作「突」。《三國志・郤正傳》裴松之注、
景宋本《御覽》卷37引作「突」，《神仙傳》卷1亦同窔奧，《四庫》
本《御覽》引作「窔奧」，《雲笈七籤》卷109引《神仙傳》作「窔
奧」，《論衡・道虛》作「嵉屼」。「突」爲「窔」形誤，「屼」爲「奧」
誤〔註128〕。「窔」又作「窔」、「突」、「实」。《爾雅》：「西南隅謂之
奧，東南隅謂之窔。」本字爲「宦」，《說文》：「宦，室之東南隅。」
段玉裁曰：「宦，禮經及他書作窔，亦作突。」〔註129〕《漢書・敘
傳上》《答賓戲》：「守突奧之熒燭。」顏師古注：「應劭曰：『《爾雅》：
東南隅謂之突，西南隅謂之奧。』突、奧，室中之二隅也。」五臣
本、《類聚》卷25引作「突奧」，與此文景宋本誤同。郝懿行曰：
「窔，別作突。」〔註130〕黃暉曰：「嵉屼謂矗立山也。」〔註131〕
皆非是。

（104）若我南遊乎岡㝗之野，北息乎沉墨之鄉，西窮冥冥之黨，東開鴻蒙之光

按：若，《三國志・郤正傳》裴松之注、《御覽》卷37引同，當據《神仙
傳》卷1作「昔」。沉墨，裴注、《御覽》引同，《神仙傳》作「沈默」，
《雲笈七籤》引《神仙傳》作「沉嘿」，《論衡・道虛》作「沉貚」。

〔註125〕楊寶忠《論衡校箋》，河北教育出版社1999年版，第244頁。
〔註126〕楊寶忠《論衡校箋》，河北教育出版社1999年版，第244頁。
〔註127〕黃暉《論衡校釋》，中華書局1990年版，第322頁。
〔註128〕參見楊寶忠《論衡校箋》，河北教育出版社1999年版，第244頁。
〔註129〕段玉裁《說文解字注》，上海古籍出版社1981年版，第338頁。
〔註130〕郝懿行《爾雅義疏》，上海古籍出版社1983年版，第627頁。
〔註131〕黃暉《論衡校釋》，中華書局1990年版，第322頁。

黃暉曰：「朱曰：『薶、墨一聲之轉。』」〔註132〕冥冥，一本作「窅冥」，裴注、《御覽》、《楚辭・遠遊》洪興祖《補注》引同，《論衡》、《神仙傳》作「杳冥」〔註133〕，《雲笈七籤》引《神仙傳》作「窈冥」。開，《御覽》、《楚辭・遠遊》洪興祖《補注》引同，王念孫據裴注、《論衡》作「貫」，謂「開」當作「關」，讀爲貫；王叔岷、鄭良樹舉《古今事文類聚》前集卷 34、《古今合璧事類備要》前集卷50、又別集卷 87、《韻府群玉》卷 8、《永樂大典》卷 8845 引作「貫」以證之，《神仙傳》引亦作「貫」。鴻蒙，裴注引作「鴻濛」，《御覽》引作「澒濛」，《神仙傳》作「澒洞」，《論衡》作「澒（澒）懞」。光，一本及《論衡》誤作「先」。岡寅，裴注、《古今事文類聚》前集卷34、《古今合璧事類備要》前集卷 50、又別集卷 87 引作「罔寬」，《御覽》引作「岡罠」〔註134〕，《事類賦注》卷 6、《楚辭・遠遊》洪興祖《補注》引作「罔寅」，《永樂大典》卷 8845、《天中記》卷 7、《藝縠》卷上引作「罔寊」，《論衡・道虛》作「罔浪」，《神仙傳》作「洞瀰」。「洞瀰」當據《雲笈七籤》卷 109 所引作「澖」。並音之轉也，爲廣大空虛之義。字或作「罔兩」、「魍魎」、「蝄蜽」、「罔閬」、「罔閬」、「罔兩」、「魍魎」、「魍魎」，《慧琳音義》卷 71：「魍魎：古文蝄蜽，二形同。」《左傳・宣公三年》：「螭魅罔兩，莫能逢之。」杜預注：「罔兩，水神。」《釋文》：「兩，本又作蜽，音同。罔兩，水神也。《說文》云：『山川之精物也。』」今本《說文》作「蝄蜽」。《周禮・春官・宗伯》鄭注引作「螭魅魍魎」。《國語・魯語下》：「木石之怪，夔、蝄蜽。」公序本作「罔兩」，《周禮・方相氏》鄭注、《左傳・宣公三年》孔疏、《後漢書・馬融傳》李賢注、《後漢書・禮儀志》劉昭注、《文選・思玄賦》李善注引並作「罔兩」，《說苑・辨物》亦作「罔兩」；《風俗通義・怏神》引作「魍魎」，《史記・孔子世家》作「罔閬」，《家語・辨物》作「魍魎」。《廣韻》：「蝄，蝄蜽。魍，魍魎，上同。」《諸佛要集經》卷 1：「承事若干，殊異魍魎。」宮本作

〔註132〕黃暉《論衡校釋》，中華書局 1990 年版，第 323 頁。

〔註133〕宋本《論衡》作「窅冥」。《神仙傳》據新文豐出版公司 1985 年版《叢書集成新編》本第 100 冊，第 287 頁。《四庫》本作「窈冥」。

〔註134〕此據景宋本，《四庫》本引作「罔罠」。

「罔兩」。《廣弘明集》卷 15：「罔兩神影，餐服至言。」宋、元、明、宮本作「魍魎」。《史記‧司馬相如傳》《哀二世賦》：「精罔閬而飛揚兮，拾九天而永逝。」《楚辭‧七諫‧哀命》：「哀形體之離解兮，神罔兩而無舍。」洪興祖《補注》本作「罔兩」，注：「罔，一作罔。」王逸註：「罔兩，無所據依貌也。」「無所據依貌」亦虛空之義也。《覽冥篇》：「浮游不知所求，魍魎不知所往。」〔註 135〕《書鈔》卷 15 引作「罔兩」。《莊子‧在宥》「浮游不知所求，猖狂不知所往」爲《淮南》所本，「猖狂」猶言狂走不知所之也，亦無所據依貌，義同。《道德指歸論》卷 2：「蒙蒙不知所求，茫茫不知所之。」「茫茫」義亦同。《莊子‧齊物論》：「罔兩問景曰。」郭象注：「罔兩，景外之微陰也。」《釋文》：「崔本作『罔浪』，云：『有無之狀』。」《文選‧幽通賦》：「恐魍魎之責景兮，羌未得其云已。」李善注：「（《莊子》）郭象爲『罔兩』，司馬彪爲『罔浪』。」李周翰注：「魍魎，影外微陰也。」《道應篇》：「此罔兩問於景曰：『昭昭者神明也。』」高誘注：「罔兩，水之精物也。」《龍龕手鑑》：「𩵋𩵋：上音冈（罔），下音兩。」又「𩵋、魎：音兩，魍魎也，狀如三歲小兒，黑赤色也。」皆取空虛之義。鍾泰曰：「罔兩，景外微陰，即有二光時，景外別一景也，故曰兩。曰罔者，言其罔罔然若有若無也。」〔註 136〕陳煒舜曰：「罔，無也。兩，二也。」〔註 137〕胥失之。又音轉爲「莽洋」、「漭瀁」、「漭蕩」、「莽瀁」、「洸瀁」，《楚辭‧九辯》：「莽洋洋而無極兮。」《家語‧致思》：「賜願使齊、楚合戰於漭瀁之野。」王肅注：「漭瀁，廣大之類。」《說苑‧指武》作「莽洋」，《御覽》卷 308 引作「漭蕩」，又卷 463 引作「莽瀁」。「漭瀁之野」即此文之「岡㝛之野」也。《宋書‧王微傳》：「公孫碎毛髮之文，莊生縱漭瀁之極，終不能舉其契，爲之辭矣。」「漭瀁」即「洸洋」之音轉也。又音轉爲「莽罝」，《文選‧吳都賦》：「相與騰躍乎莽罝之野。」李善註：「莽罝，廣大貌。」《古今合璧事類備要》別集卷 1 引作「莽罝」。莽、莽，正、俗字。「莽罝

〔註 135〕「求」字《書鈔》卷 15 引誤作「來」。
〔註 136〕鍾泰《莊子發微》，上海古籍出版社 2002 年版，第 61 頁。
〔註 137〕陳煒舜《釋「罔兩」》，《海南師範學院學報》2005 年第 6 期。

之野」即此文之「岡㝃之野」也。朱起鳳曰：「漭、莽、罔三字音義同。」〔註138〕又音轉爲「硭碭」，唐・楊炎《承天皇后哀冊文》：「適於硭碭之野，進於閶闔之門。」「硭碭之野」亦即此文之「岡㝃之野」也。又音轉爲「壙埌」，《莊子・應帝王》：「處壙埌之野。」郭象注：「埌，李音浪。壙埌，崔云：『猶曠蕩也。』」蔣禮鴻曰：「『岡㝃之野』即『壙埌之野』也。字又作㾑作㿀……今上海、蘇州、嘉興、揚州等處謂首不戴帽若削髮如僧曰光浪頭，即『岡㝃』、『壙埌』、『㾑㝃』、『㿀㝃』也。長言爲『光浪』，短言爲『光』。」〔註139〕于省吾亦謂「岡㝃」即「壙埌」〔註140〕。二氏說並是，「壙埌之野」即《逍遙遊》之「廣莫之野」，亦即此文之「岡㝃之野」也。又倒言作「泱莽」、「泱漭」、「泱莽」，《史記・司馬相如傳》《子虛賦》：「徑乎桂林之中，過乎泱莽之野。」《漢書》同，《文選》作「泱漭」，《玉海》卷20、98引作「泱莽」，李善註引如淳曰：「大貌也。」王先謙曰：「莽，漭同。《文選・海賦》：『泱漭澹濘。』注：『泱漭，廣大也。』此言廣大之壄耳。」〔註141〕《文選・七啓》：「於是鏡機子聞而將往說焉，駕超野之駟，乘追風之輿，入乎泱漭之野，遂屆玄微。」張銑註：「泱漭，廣大也。」「泱漭之野」即此文之「岡㝃之野」、《吳都賦》之「莽罝之野」也，「泱漭」爲「岡㝃」、「莽罝」之倒言。王叔岷謂「岡當爲罔」，非也。

（105）此其下無地而上無天，聽焉無聞，視焉無眴

按：視焉無眴，《三國志・郤正傳》裴松之注引作「視焉則眴」，《論衡・道虛》作「視焉則營」。王念孫據裴注改下「無」爲「則」，又云：「眴與眩同。營與眴古字通也。」馬宗霍駁之，云：「視焉無眴，言視而無眴也。眴，目搖也。亦即目無所見之意。」馬說是也。《事類賦注》卷6、《楚辭・遠遊》洪興祖補注引同今本。《神仙傳》卷1作「視焉

〔註138〕朱起鳳《辭通》，上海古籍出版社1982年版，第2121頁。

〔註139〕蔣禮鴻《義府續貂》，收入《蔣禮鴻集》卷2，浙江教育出版社2001年版，第96頁。又見《淮南子校記》，收入《蔣禮鴻集》卷4，第224頁。

〔註140〕于省吾《雙劍誃諸子新證》，上海書店1999年版，第420頁。

〔註141〕王先謙《漢書補注》，書目文獻出版社1995年版，第1158頁。

無見，聽焉無聞」，可證馬說。《御覽》卷 37 引作「聽焉無眴」，脫「無聞視焉」四字，「眴」爲「眴」譌。

（106）此其外猶有汰沃之汜，其餘一舉而千萬里

許注：汰沃，四海子（與）天之際水流聲也。汜，涯也。

按：汰沃之汜，《三國志・郤正傳》裴松之注引作「沈沈之汜」，《御覽》卷 37 引作「狀沐之汜」，注作「狀沐，四海與天之際流聲也。汜，崖也」。《古今事文類聚》前集卷 34、《古今合璧事類備要》別集卷 87 引作「沉沉之泥」，《古今合璧事類備要》前集卷 50 引作「沈沈之泥」，《神仙傳》卷 1 作「汱汱之汜」，《雲笈七籤》卷 109 引《神仙傳》作「沃沃之汜」。其餘，裴注、《御覽》卷 37 引同，《神仙傳》誤作「其行」。《論衡・道虛》作「此其外猶有狀，有狀之餘，壹舉而能千萬里」。馬宗霍曰：「《蜀志》注引作『沈沈』，蓋以意改。《論衡》作狀，狀與汰沃二字形皆相近，疑又傳寫之譌，皆不足據。」按「汰沃」疑當作「汱沃」，指汱、沃二水。許注「聲」字當衍。汱沃之汜，汱、沃二水之涯也。《爾雅》：「沃泉縣出，縣出，下出也。汱泉穴出，穴出，仄出也。」《列子・黃帝》：「沃水之潘（蟠）爲淵，汱水之潘（蟠）爲淵。」《釋名》：「水……懸出曰沃泉，水從上下，有所灌沃也。側出曰汱（汱）泉，汱（汱），軌也，流狹而長，如車軌也。」〔註142〕「狀沐」、「汱汱」、「沃沃」、「沈沈」、「沉沉」亦皆形誤。「汜」、「泥」爲「汜」形誤。汜讀爲涘。《爾雅》：「涘爲厓。」郭注：「謂水邊。」

（107）吾猶未能之在

許注：吾尙未至此地。

按：《三國志・郤正傳》裴松之注、《御覽》卷 37 引同，《論衡・道虛》亦同，《神仙傳》卷 1 作「吾猶未之能也」。《雲笈七籤》卷 109 引《神仙傳》作「吾猶未之能究也」。「未能之」當乙作「未之能」。《呂氏春秋・介立》：「猶未之能得。」《荀子・解蔽》：「猶未之能識也。」

〔註142〕段玉裁、邵晉涵校「汱」爲「汱」，參見任繼昉《釋名匯校》，齊魯書社 2006 年版，第 58 頁。

是其比。

（108）今子游始於此，乃語窮觀，豈不亦遠哉

按：豈不亦遠哉，《神仙傳》卷1作「豈不陋哉」。

（109）吾與汗漫期于九垓之外（上），吾不可以久駐

按：「汗漫」爲「瀾漫」、「爛熳」、「爛縵」、「爛曼」、「瀾熳」之音轉。駐，《雲笈七籤》卷109引《神仙傳》同，《神仙傳》卷1作「住」，《古文苑》卷9、宋・朱勝非《紺珠集》卷2引《神仙傳》作「留」，《類說》卷3引《列仙傳》亦作「留」。王念孫據《論衡・道虛篇》刪「駐」字，恐非。《三國志・郤正傳》裴松之注、《文選・遊仙詩》李善注、《御覽》卷37、《冊府元龜》卷770引亦脫「駐」。

（110）若士舉臂而竦身，遂入雲中

按：若，《文選・遊仙詩》李善注、《御覽》卷37引誤作「居」。竦，《古今事文類聚》前集卷34、《古今合璧事類備要》前集卷50、《古今合璧事類備要》別集卷87、《韻府群玉》卷8、《永樂大典》卷8845引作「聳」，《論衡・道虛》作「縱」。楊寶忠曰：「竦、縱音近義通。」〔註143〕竦、聳，並讀爲縱。

（111）盧敖仰而視之，弗見，乃止駕，止杜治，悖若有喪也

許注：止其所駕之車。楚人謂恨不得爲杜治也。

按：《三國志・郤正傳》裴松之注引「杜治」作「杯治」，《論衡・道虛篇》「駕」誤作「喜」，「止杜治」作「心不怠」，「悖」作「悵」。《神仙傳》卷1作「弗見，乃止，愴恨若有喪者也」，《雲笈七籤》卷109引《神仙傳》作「不見，乃止，恍惚若有所喪也」。《御覽》卷37引注作「止其所駕而居」。王念孫謂下「止」爲「心」形誤。《集韻》：「悖，亦作怫。」《玉篇》：「怫，意不舒治也。」「杜治」當即爲意不舒治，古楚語。「杜」同「丕」，借爲「不」。俞樾謂「杜治」即「不怡」，怠借爲怡，可取。怠音怡，「治」亦借爲怡，《周易・雜卦》《釋文》：「豫怠，

〔註143〕楊寶忠《論衡校箋》，河北教育出版社1999年版，第246頁。

京作治，虞作怡。」方以智曰：「《淮南》『杯（桮）治』之杯（桮），亦發語，音呸。」又「（桮治）猶今之癡也。癡轉為獃，猶咍之有嗤音也。桮乃發語聲。」〔註144〕未得。劉盼遂謂「治」、「得」雙聲，「桮治」為「不得」音訛〔註145〕，恐亦未得。楊寶忠據裴注、《文選》注所引，謂「駕」為衍文〔註146〕，是也。《神仙傳》、《海錄碎事》卷13亦無「駕」字。

（112）吾比夫子，猶黃鵠與蠰蟲

　　許注：蠰蟲，蟲之幼也。

　　按：蠰，一本作「壤」，《三國志・郤正傳》裴松之注、《古今事文類聚》前集卷34、《古今合璧事類備要》前集卷50、《古今合璧事類備要》別集卷87《冊府元龜》卷770引作「壤」，《論衡・道虛》、《神仙傳》卷1同。朱駿聲謂壤借為蠰〔註147〕。黃鵠，裴注引同，《神仙傳》作「鴻鵠」。

（113）季子治亶父三年，而巫馬期絻衣短褐，易容貌，往觀化焉

　　許注：易服而往，微以視之也。

　　按：《家語・屈節解》作「巫馬期陰免衣，衣敝裘」。絻，讀為免。《儀禮・鄉射禮》、《大射儀》鄭注並云：「袒左，免衣也。」是「免衣」即袒左也。陳廣忠謂「絻衣」是喪服〔註148〕，非也。《呂氏春秋・具備》作「巫馬旗短褐，衣弊裘」，則省言「免衣」。蔣禮鴻、趙宗乙謂「絻」字衍〔註149〕，非。《御覽》卷935、《事類賦注》卷29引無「絻」字，不可為據。《治要》卷41引注作「微視之」，陶方琦謂是約文，是也。《御覽》卷935引有「以」字，同今本。微，密也。謂暗中去視察，所謂微服私訪也。蔣禮鴻謂「微」讀為「賊」，微、

〔註144〕方以智《通雅》卷1、4，收入《方以智全書》第1冊，上海古籍出版社1988年版，第106、192頁。

〔註145〕劉盼遂《〈淮南子〉許注漢語疏》，《國學論叢》第1卷第1號，1927年。

〔註146〕楊寶忠《論衡校箋》，河北教育出版社1999年版，第246頁。

〔註147〕朱駿聲《說文通訓定聲》，武漢市古籍書店1983年版，第893頁。

〔註148〕陳廣忠《淮南子斠詮》，黃山書社2008年版，第647頁。

〔註149〕蔣禮鴻《續淮南子校記》，收入《蔣禮鴻集》卷3，浙江教育出版社2001年版，第371頁。趙宗乙《淮南子札記》，黑龍江人出版社2009年版，第193頁。

視同義連文〔註150〕，非也。

（114）誠於此者刑於彼

按：「刑」讀如字，與上文「若有嚴刑在其側者」相應。《泰族篇》云：「非刑之所能禁也。」此文本於《呂氏春秋·具備》，《家語·屈節解》亦作「刑」，高注：「施至誠於近以化之，使刑行於遠。」得之矣。《水經注》卷25、《治要》卷41引作「形」，借字。梁玉繩、陶鴻慶、劉文典謂刑讀爲形，非也。

（115）上際於天，下蟠於地

按：語本《莊子·刻意》。蟠，讀爲般，盤旋曲折也。《漢語大字典》「蟠」訓周遍、遍及〔註151〕，非也。《廣雅》：「蟠，曲也。」《兵略篇》：「龍蛇蟠。」高注：「蟠，冕（冤）屈也。」〔註152〕《禮記·樂記》：「及夫禮樂之極乎天而蟠乎地。」鄭注：「極，至也。蟠，猶委也。」朱駿聲曰：「蟠，叚借爲般。按：猶匊也。」〔註153〕委亦曲也，際亦極也、至也。字或作盤，《弘明集》卷2南朝·宋·宗炳《明佛論》引《莊》「蟠」作「盤」。《家語·致思》：「鐘鼓之音，上震於天；旂旗繽紛，下蟠於地。」〔註154〕王肅注：「蟠，委。」《四庫》本《御覽》卷306引注作「蟠，音盤」。《類聚》卷77後魏·溫子昇《寒陵山寺碑序》：「鐘鼓嘈囋，上聞於天；旌旗繽紛，下盤於地。」顯然化自《家語》，是蟠亦盤也。字或作播，馬王堆帛書《十問》：「坡（彼）生之多，尚（上）察於天，下播於地。」察讀爲際，亦至也。馬繼興曰：「察字義爲考察，播字之義爲揚、布。」〔註155〕魏啓鵬、胡

〔註150〕蔣禮鴻《續淮南子校記》，收入《蔣禮鴻集》卷3，浙江教育出版社2001年版，第371頁。

〔註151〕《漢語大字典》（第二版），崇文書局、四川辭書出版社2010年版，第3089頁。

〔註152〕景宋本《御覽》卷271引注作「蟠，冤屈也」，《四庫》本引作「蟠，蜿屈也」，何寧校作「宛曲」。《說文》：「繙，冕也。」「冕」亦「冤」之誤，《玉篇》：「繙，冤也。」正作「冤」字。此其比也。

〔註153〕朱駿聲《說文通訓定聲》，武漢市古籍書店1983年版，第748頁。

〔註154〕《說苑·指武》作「鐘鼓之音，上聞乎天；旌旗翩翻，下蟠於地」。

〔註155〕馬繼興《馬王堆古醫書考釋》，湖南科學技術出版社1992年版，第931頁。

翔驊解爲「上能體察天道，下能植根大地」〔註156〕，胥失之。字或作番，馬王堆帛書《十六經・三禁》：「番于下土，施於九州。」整理者括注爲「播」〔註157〕，非也。上博楚簡《凡物流形》：「曼（得）而解之，上方（賓）於天，下番於淵。」〔註158〕字或作潘，《莊子・應帝王》：「鯢桓之審爲淵，止水之審爲淵，流水之審爲淵。」成疏：「審，聚也。」《釋文》：「郭如字，簡文云：『處也。』司馬云：『審，當爲蟠。蟠，聚也。』崔本作潘，云：『回流所鍾之域也。』」《容齋續筆》卷12引「審」作「潘」，《列子・黃帝》亦作「潘」，殷敬順《釋文》：「潘，音盤，本作蟠，水之盤回之盤，今作潘，恐寫之誤。蟠，洄流也。《南華眞經》作審，梁簡文云：『蟠，聚也。』」《字彙》：「潘，水之盤旋曰潘。」《吳越春秋・勾踐伐吳外傳》：「故前潮水潘候者，伍子胥也；後重水者，大夫種也。」亦其例。字或作瀿，《集韻》：「瀿，水洄也。」字或省作盤，楊愼《丹鉛續錄》卷9：「蜀江三峽中，水波圓折者名曰盤。盤音漩。杜詩：『盤渦鷺浴底心性』。張蠙《黃牛峽》詩：『盤渦逆入嵌崆地，斷壁高分繚繞天。』」〔註159〕「審」當爲「潘」之誤。龍蛇之蟠曲爲蟠，故字從虫；水之旋曲爲潘、瀿，故字從水；絲之亂曰繙，故字從糸；石之盤紆曰磐，故字從石；髮之盤曲曰鬏，故字從髟；目之轉視曰矕，故字從目；手之不正曰攀，故字從手；足之跛行曰蹣、蹕，屈足曰蹙，故字從足；

〔註156〕魏啓鵬、胡翔驊《馬王堆漢墓醫書校釋（貳）》，成都出版社1992年版，第116頁。

〔註157〕馬王堆帛書《十六經・三禁》，收入《馬王堆漢墓帛書〔壹〕》，文物出版社1980年版，第74頁。

〔註158〕此從復旦大學出土文獻與古文字研究中心研究生讀書會《〈上博（七）・凡物流形〉重編釋文》，http://www.gwz.fudan.edu.cn/SrcShow.asp?Src_ID=581。讀書會、劉嬌讀番爲播，失之。劉嬌《西漢以前古籍中相同或類似內容重複出現現象的研究》，復旦大學2009年博士學位論文，第196頁。承蘇建洲先生見告，宋華強已讀番爲蟠，宋氏又謂「方」當作「完」，讀爲干。宋華強《〈凡物流形〉「上干於天，下蟠於淵」試解》，http://www.bsm.org.cn/show_article.php?id=1111。又宋華強《上博七〈凡物流形〉釋讀札記（二則）》，《古文字研究》第28輯，中華書局2010年版，第454～455頁。宋氏引宋代以後文獻爲證據，過晚。

〔註159〕楊愼《丹鉛續錄》，收入景印文淵閣《四庫全書》第855冊，臺灣商務印書館1986年初版，第206頁。

其義一也。司馬彪、梁簡文說至確。水之潘爲淵者，言水所停聚盤旋即爲淵也。《管子‧度地》：「水出地而不流者命曰淵。」《說文》：「淵，回水也。」方以智曰：「《列子》：『蜺旋之潘（潘）爲淵。』潘（潘）音盤，《莊子》：『止水之審爲淵。』簡文曰：『蟠，聚也。』往古借音，因思《周禮‧羽人》：『十羽爲審。』注：『審，亦束也。』此亦當借音翻。」〔註160〕「審」古字本作「宋」，從釆得聲；「潘」從番得聲，「番」從釆得聲。二字無緣相通，方說非也。羅勉道曰：「潘，米汁也。水成淵處，必有泡沫浮在水面如米汁也。」〔註161〕朱駿聲曰：「審，叚借爲潘，按：猶汁也，言纖少也。潘，叚借爲瀇。」〔註162〕俞樾曰：「審當爲瀇。《說文》：『瀇，大波也。』作潘者，字之省。司馬彪讀爲蟠，誤也。郭本作審，則失其字也。」〔註163〕朱桂曜曰：「『潘』與『波』通。」〔註164〕奚侗曰：「審當爲潘，沈之叚字。沈正作湛，《說文》：『湛，沒也。』引伸之則有深意。」王叔岷取奚說訓深〔註165〕。皆非也。

（116）俛仰之間而撫四海之外

按：《莊子‧在宥》：「其疾俛仰之間而再撫四海之外。」爲此文所本。林希逸曰：「撫，臨撫也，猶言行一過也。」

（117）冥然忽然

按：《莊子‧知北遊》作「睯然空然」。奚侗曰：「睯借作杳，《說文》：『杳，冥也。』」〔註166〕「冥」即「睯」之誤，上文「冥冥之黨」，當作「睯冥之黨」，是其比也。

〔註160〕方以智《通雅》卷40，收入《方以智全書》第1冊，上海古籍出版社1988年版，第1231頁。方氏誤「司馬」爲「簡文」。

〔註161〕羅勉道《南華眞經循本》卷8，收入《續修四庫全書》第956冊，上海古籍出版社2002年版，第172頁。

〔註162〕朱駿聲《說文通訓定聲》，武漢市古籍書店1983年版，第84、748頁。

〔註163〕俞樾《諸子平議》，上海書店1988年版，第343頁。

〔註164〕朱桂曜《莊子內篇證補》，上海商務印書館中華民國24年版，第208頁。

〔註165〕王叔岷《莊子校詮》，中華書局2007年版，第294～295頁。

〔註166〕奚侗《莊子補注》，轉引自王叔岷《莊子校詮》，中華書局2007年版，第838頁。

（118）視之不見其形，聽之不聞其聲，搏之不可得，望之不可極也

按：《老子》第 14 章：「視之不見名曰夷，聽之不聞名曰希，搏之不得名曰微。」爲此文所本。搏，《莊子・知北遊》同，《原道篇》作「循」，《俶眞篇》作「捫」。劉文典謂「循」讀爲揗。王叔岷曰：「《說文》：『搏，索持也。』索，即今摸索字，與捫義同。《老子》帛書作『揗』，《說文》：『揗，撫也。』與捫義亦同。」〔註167〕二氏說並是也。搏又音轉爲拊。《說文》：「拊，揗也。」《道德指歸論》卷 2：「視之不見其形，聽之不聞其聲，搏之不得其緒，望之不覩其門。」《四庫》本「搏」誤作「搏」。

（119）白公勝慮亂，罷朝而立，到杖策，錣上貫頤，血流至地而弗知也

許注：策，馬捶。端有針以刺馬，謂之錣。到杖策，故錣貫頤也。

按：錣、頤，《列子・說符》同，《御覽》卷 368 引《韓子》亦同，有注：「策，馬箠也。有針似（刺）馬，謂之錣。音竹劣、陟衛二切。」〔註168〕《韓子・喻老》作「銳」、「顪」，《資治通鑑外紀》卷 9 亦作「銳」。《列子》殷敬順《釋文》引許愼注作「馬策端有利鋒，所以刺不前也」。顧廣圻曰：「顪即頤字之別體也。」〔註169〕繆楷亦曰：「顪，頤字之別體字。《禮記・玉藻》：『頤霤。』鄭注：『頤，或爲靁。』《釋文》：『靁，音夷。』《廣韻》：『靁，雷也，出《韓詩》。』蓋《韓詩》『殷其雷』作『靁其雷』也。靁有夷音，故通殷，猶衣之爲殷耳。《禮記》或本借爲頤，亦此意也。」〔註170〕銳，讀爲筊、錣。《集韻》：「筊，《說文》：『羊車騶箠也，箸箴其耑，長半分。』或作錣。」

〔註167〕王叔岷《莊子校詮》，中華書局 2007 年版，第 838 頁。

〔註168〕《四庫》本《御覽》引《韓子》作「錣」誤作「鍛」，又引注「馬箠」作「馬董」，「似馬」作「似煩馬」。

〔註169〕顧廣圻《韓非子識誤》，收入《諸子百家叢書》，上海古籍出版社影印浙江書局本 1989 年版，第 177 頁。

〔註170〕繆楷《經餘隨筆》，收入《叢書集成續編》第 25 冊，新文豐出版公司 1991 年版，第 33 頁。

（120）鄭人聞之曰：「頤之忘，將何不忘哉？」

按：不，《列子・說符》同，《韓子・喻老》誤作「為」。《御覽》卷 368
引《韓子》正作「不」字。

（121）此言精神之越於外，智慮之蕩於內，則不能漏理其形也

許注：漏，補空也。

按：《文子・精誠》作「不能治形」。理，治也。漏，用為動詞，猶言補
漏，故許注為「補空」。于省吾謂「漏」為「滿」之誤，非也。「補
空」猶言修繕，蓋兩漢方俗之語。《兵略篇》許注：「軍司空，補空
修繕者。」

（122）秦皇帝得天下，恐不能守，發邊戍，築長城，修關梁，設
障塞，具傳車，置邊吏

按：何寧謂「邊」當作「適」，舉《氾論篇》、《人間篇》、《史記・陳涉
世家》「發適戍」以證之，是也。《御覽》卷 86 引《氾論篇》誤作
「發邊戍」，是其比。《漢書・嚴助傳》：「發適戍以備之。」顏師古
注：「適，讀曰謫。」《御覽》卷 327 引《氾論篇》作「發讁戍」。賈
誼《過秦論》：「讁戍之眾，非抗於九國之師也。」《漢書・武帝紀》：
「發讁戍，屯五原。」《通鑑》卷 21「讁」作「謫」。「讁」同「謫」，
並為「讁」之俗字。《說文》：「讁，罰也。」

（123）乃封比干之墓，表商容之閭，柴箕子之門，朝成湯之廟

許注：紂死，箕子亡之朝鮮，舊居空，故柴護之也。

按：「柴箕子之門」在秦漢典籍中有不同之記載，其他三句無異說。《逸
周書・克殷解》：「乃命召公釋箕子之囚，命畢公、衛叔出百姓之囚，
乃命南宮忽振鹿臺之財、巨橋之粟，乃命南宮百達、史佚遷九鼎三
巫，乃命閎夭封比干之墓。」《御覽》卷 780 引《尚書大傳》、《荀
子・大略》、《禮記・樂記》、《韓詩外傳》卷 3、《史記・殷本紀》、《周
本紀》、《樂書》、《魯世家》、《白虎通義・封公侯》、《家語・辯樂解》
並云「釋箕子之囚」，《主術篇》、《泰族篇》並作「解箕子之囚」，義
同。「釋箕子之囚」者，以紂囚箕子〔註171〕，故武王把他放出來，

〔註171〕今本《竹書紀年》卷上：「王囚箕子，殺王子比干，微子出奔。」《荀子・儒

－370－

以取悅殷民也。「釋」音誤作「式」、「軾」，後人因改「囚」作「門」，以與之相應。《史記・留侯世家》作「釋箕子之拘」，《集解》引徐廣曰：「釋，一作式。拘，一作囚。」《漢書・留侯傳》作「式箕子門」，顏師古曰：「式，亦表也。一說：至其門而撫車式，所以敬之。」《新序・善謀下》作「軾箕子之門」。此其致誤之跡甚為明顯。石光瑛謂《史記》「囚乃門之誤」〔註172〕，非也。《漢紀》卷2作「釋箕子之囚」，可證《史記》一本作「囚」字不誤。此文作柴，許注柴護之，是也。字或作砦、墙、磜、𡒁、寨，《集韻》：「柴，藩落也，或作砦、墙、磜、𡒁。」又「柴，籬落也，或作寨、砦。」武王既釋箕子之囚，因為之築建藩落，柴護其居也。曾國藩曰：「柴即塞也。」〔註173〕《呂氏春秋・慎大》：「靖箕子之宮」，高注：「以箕子避亂伴狂而犇，故清淨其宮，以異之也。」高訓清淨，蓋讀靖為淨。武王既釋箕子之囚，因為之清淨其宮也。畢沅讀靖為清，俞樾讀靖為旌，馬敘倫讀柴、靖為棧〔註174〕，皆未是。

（124）破鼓折枹

按：《泰族篇》作「折枹毀鼓」，《要略篇》作「敗鼓折枹」。

（125）尹需學御三年，而無得焉，私自苦痛，常寢想之，中夜夢受秋駕於師，明日往朝，師望之，謂之曰：「吾非愛道於子也，恐子不可予也，今日〔將〕教子以秋駕。」

許注：寢堅思之。秋駕，善御之術。

按：劉文典謂《御覽》卷746引注「堅」作「臥」。景宋本《御覽》引仍作「堅」，鮑刻本作「臥」字。《冊府元龜》卷845引注「堅」作「臥」。呂傳元、何寧謂「堅」為「臥」形誤。《呂氏春秋・博志》高注：「秋駕，御法也。」《文選・魏都賦》、《三月三日曲水詩序》李善註並引

效》、《議兵》、《正論》：「刳比干，囚箕子。」《史記・周本紀》、《齊世家》、《禮書》、《韓詩外傳》、《越絕書・吳內傳》並有紂囚箕子的記載。

〔註172〕石光瑛《新序校釋》，中華書局2001年版，第1310頁。

〔註173〕曾國藩《淮南子讀書錄》，收入《求闕齋讀書錄》卷5，《續修四庫全書》第1161冊，上海古籍出版社2002年版，第200頁。

〔註174〕並轉引自陳奇猷《呂氏春秋新校釋》，上海古籍出版社2002年版，第864～865頁。

《莊子》曰：「尹儒學御三年，而無所得，夜夢受秋駕，明日往朝師，師曰：『今將教子以秋駕。』」又引司馬彪注：「秋駕，法駕也。」蓋《莊子》佚文，爲此文及《呂氏》所本。

（126）還反度江

按：度，一本作「渡」，《呂氏春秋‧知分》作「涉」。高注：「涉，度也。」

（127）佽非謂枻船者曰：「嘗有如此而得活者乎？」對曰：「未嘗見也。」

按：《呂氏春秋‧知分》作「次非謂舟人曰：『子嘗見兩蛟繞船能兩活者乎？』船人曰：『未之見也。』」有亦見也，之亦嘗也、曾也〔註175〕。俞樾謂「嘗」下脫「見」字，張雙棣、何寧謂「有」爲「見」之誤，並失之。宋‧劉昌詩《蘆浦筆記》卷4引作「有」字。

（128）孔子聞之曰：「夫善載腐肉朽骨棄劍者，佽非之謂乎？」

按：《呂氏春秋‧知分》作「夫善哉，不以腐肉朽骨而棄劍者」，俞樾據《呂氏》校補，許維遹、鄭良樹、陳奇猷、王利器並從之〔註176〕，是也。蔣禮鴻謂載訓利用，張雙棣謂載訓識，非是。張氏據《詩‧大明》毛傳「載，識」爲訓。載無識義，毛傳誤〔註177〕，不可爲據。《御覽》卷344引《呂氏》作「腐肉朽骨猶能除害見幾哉」，宋‧劉昌詩《蘆浦筆記》卷4引作「夫善戰腐肉朽骨棄劍者」，《孔子集語》卷上作「夫善除腐肉朽骨棄劍者」，皆爲臆改，不足據。

〔註175〕有猶見，訓見徐仁甫《廣釋詞》，四川人民出版社1981年版，第74～75頁。蕭旭《古書虛詞旁釋》有補證，廣陵書社2007年版，第63頁。茲再補三例。郭店竹簡《語叢（二）》：「未有嘩（華）而忠者。」上博簡五《弟子文》「有」作「見」。《主術篇》：「體離車輿之安，而手失駟馬之心，而能不危者，古今未有也。」《御覽》卷896引「有」作「見」，又卷624引作「聞」，聞亦見也。《世說新語‧言語》：「江左自有管夷吾，此復何憂？」劉孝標注引《語林》作「既見管仲，天下事無復憂」，《晉書‧王導傳》作「向見管夷吾，無復憂矣」。之猶嘗也、曾也，訓見蕭旭《古書虛詞旁釋》，廣陵書社2007年版，第337頁。

〔註176〕許維遹《呂氏春秋集釋》，中華書局2009年版，第554頁。陳奇猷《呂氏春秋新校釋》，上海古籍出版社2002年版，第1360頁。王利器《呂氏春秋注疏》，巴蜀書社2002年版，第2473頁。

〔註177〕參見馬瑞辰《毛詩傳箋通釋》，中華書局1989年版，第804頁。

（129）約車申轅

許注：申，束也。

按：申，讀爲紳。《說文》：「紳，大帶也。」用如動詞，指以帶約束之也。《白虎通義・衣裳》：「所以必有紳帶，示謹敬，自約整。」《禮記・內則》鄭注：「紳，大帶，所以自紳約也。」《廣雅》：「紳，束也。」陶方琦謂「申，或舊本作『裝』」，非也。

（130）不識道之可以從楚也

按：《呂氏春秋・首時》作「秦之道，乃之楚乎」。之猶從也、由也。《類聚》卷68引《呂氏》作「吾不識秦之道，乃當由楚也」。《孟子・萬章上》：「不之堯之子而之舜。」下文作「不從堯之子而從舜也」。

（131）物故有近之而遠，遠之而近者

按：故，《意林》卷2引作「固」，《呂氏春秋・首時》亦作「固」，正字。

（132）故大人之行，不掩以繩

許注：掩，猶憚也

按：憚，一本作「揮」。吳承仕謂「憚」當作「彈」，是也。《集韻》：「掩，撫也。」《楚辭・悲回風》：「掩此哀而不去。」洪興祖注：「掩，撫也。」于省吾曰：「掩應讀作按。」按亦撫也。《鹽鐵論・遵道》：「文學可令扶繩循刻。」《宋書・顧覬之傳》《定命論》：「對曰：『子可謂扶繩而辨，循刻而議。』」扶亦循也、按也。俞樾曰：「掩乃扶字之誤。」朱駿聲曰：「掩，叚借爲檢。或曰：蓋也，盡也，猶概也，則亦弇字之轉注，高注『掩，猶揮也』，失之。」〔註178〕金其源曰：「揮，竭也。」劉殿爵、何寧並曰：「掩，覆也。」〔註179〕諸說並失之。《管子・宙合》：「千里之路，不可扶以繩。」此「扶」字，孫詒讓讀爲輔，舉《大戴禮記・四代》「巧匠輔繩而斲」爲證，蔣禮鴻從之〔註180〕。扶、輔並當讀爲榜，矯正也。孫說猶未盡。《人

〔註178〕朱駿聲《說文通訓定聲》，武漢市古籍書店1983年版，第129頁。

〔註179〕劉殿爵《讀淮南鴻烈札記》，香港《聯合書院學報》第6期，1967年出版，第170頁。

〔註180〕蔣禮鴻《淮南子校記》，收入《蔣禮鴻集》卷4，浙江教育出版社2001年版，

間篇》：「去高木而巢扶枝。」高注：「扶，旁也。」以聲爲訓，是
其比。《說文》：「榜，所以輔弓弩。」

（133）豐水之深千（十）仞，而不受塵垢

按：垢，《御覽》卷 813 引作「埃」。

（134）是故石上不生五穀，禿山不游麋鹿，無所陰蔽（隱）也

按：《金樓子·立言上》：「夫石田不生五穀，構山不游麋鹿，何哉？以
其無所因也。」即本此文。構，讀爲确、㲉，《說文》：「确，磬石
也。㲉，确或從殼。」字或作碻，《玉篇》：「碻，堅固也。」字或
作礭，《集韻》：「礭，礭碻，堅也。」字或作塙、碻，《玉篇》：「塙，
口角切，土堅不可拔。」《廣韻》：「碻，靳固也，或作碻。」字或
作硞，《廣韻》：「硞，口角切，固也。」字或作㪜，敦煌寫卷 P.2058
《碎金》：「乾㪜㪜：口角反。」字或作㱿，《時則篇》：「誠信以必，
堅㱿以固。」〔註181〕字或作殼，《集韻》：「殼，堅固也。」王利器
謂「構山」指人造之山〔註182〕，非也。陰，《文子·上禮》作「蔭」。

（135）其爲政也，以苛爲察，以切爲明，以刻下爲忠，以計多爲
功

按：《文子·上禮》同。《漢書·景帝紀》：「以苛爲察，以刻爲明。」《新
序·雜事一》：「以苛爲察，以欺爲明，以刻爲忠，以計多爲善，以
聚斂爲良。」《子華子·晏子》同《新序》。阜陽漢簡亦有「爲政也，
以苛爲察」之殘文。皆可互證。計，何寧據《貞觀政要》卷 5 引校
作「訏」，非也。「計」指收賦稅。《韓子·難二》：「李兌治中山，
苦陘令上計而入多。」《人間篇》：「解扁爲東封，上計而入三倍。」
皆即此文「計多」之誼。《文子》、《新序》亦並作「計」字。《長短
經》卷 2：「以苛爲察，以利爲公，以割下爲能，以附上爲忠。」「利」
亦指賦稅也，「公」當作「功」。切，《貞觀政要》卷 5 引誤作「功」。

第 225 頁。

〔註181〕以上參見蕭旭《敦煌寫卷〈碎金〉補箋》，收入《群書校補》，廣陵書社 2011
年版，第 1346 頁。

〔註182〕王利器《文子疏義》，中華書局 2000 年版，第 536 頁。

（136）譬之猶廓革者也，廓之，大則大矣，裂之道也

按：廓，《貞觀政要》卷 5 引作「廣」，《文子・上禮》亦作「廣」，《新序・雜事一》作「韓」。孫詒讓曰：「廣當作擴，擴與廓音義略同。」〔註183〕王利器曰：「廣、廓、韓同聲通用。」李定生、徐慧君說同王氏〔註184〕。方向東謂王說是〔註185〕，是也。本字爲彍，參見《兵略篇》「疾如彍弩」條校補。則，《文子》誤作「敗」。

（137）晏子默然不對者，不欲太卜之死；往見太卜者，恐公之欺也

按：欺，《晏子春秋・外篇下》作「惶」。王念孫曰：「此惶字與惑同義，言恐君爲子之所惑也。」〔註186〕王說是而不盡。惶，讀爲誑。《說文》：「誆，欺也。」《玉篇》：「誆，惑也。」字或作誆，《禮記・曲禮上》：「幼子常視毋誑。」《釋文》：「誑，本或作誆。」

（138）蹇重舉白而進之曰：「請浮君。」

許注：舉白，進酒也。

按：考《漢書・敍傳上》：「皆引滿舉白。」服虔曰：「舉滿柸有餘白瀝者罰之也。」孟康曰：「舉白見驗飲酒盡不也。」顏師古注：「謂引取滿觴而飲，飲訖，舉觴告白盡不也。一說：白者，罰爵之名也，飲有不盡者，則以此爵罰之。」「白」當指告白、喝乾。蹇重舉白者，罰君以大白也。《說苑・尊賢》作「蹇重舉酒進曰」，並非「白」有「酒」義。于鬯曰：「注以酒訓白，當即《小戴・內則記》『酒清白』之白，鄭注云：『白，事酒，昔酒也。』與通解白爲罰爵之名者不同。」馬宗霍曰：「白者罰爵之名。」馬說得之，于說非也。《說苑・善說》：「魏文侯與大夫飲酒，使公乘不仁爲觴政，曰：『飲不嚼者，浮以大白。』文侯飲而不盡嚼，公乘不仁舉白浮君。」

（139）文侯受觴而飲，醼〔而〕不獻

〔註183〕孫詒讓《札迻》，中華書局 1989 年版，第 133 頁。
〔註184〕王利器《文子疏義》，中華書局 2000 年版，第 536 頁。李定生、徐慧君《文子校釋》，上海古籍出版社 2004 年版，第 486 頁。
〔註185〕方向東《孫詒讓訓詁研究》，中華書局 2007 年版，第 123 頁。
〔註186〕王念孫《讀書雜志》，中國書店 1985 年版。

許注：釂，盡。

按：下「而」字據景宋本補。《說苑・尊賢》作「受浮而飲之，嚼而不讓」，《類說》卷 30 引「嚼」作「爵」。嚼、爵，並讀爲釂。《說文》：「釂，飲酒盡也。」

（140）挹而損之

按：王念孫曰：「挹與抑同。抑與損義相近。《後漢書・杜篤傳》注引此正作『抑而損之』。《荀子・宥坐篇》、《說苑・敬愼篇》並同。《韓詩外傳》作『抑而損之』，抑與抑聲亦相近。」王說是而不盡。《潛夫論・務本》：「是以持盈之道，抑而損之。」《御覽》卷 458 引《家語》：「持滿之道，抑而損之。」〔註187〕亦皆作「抑」字。《外傳》二見，卷 3：「持滿之道，抑而損之。」又卷 8：「謙者，抑事而損者也。持盈之道，抑而損之。」挹、抑，並讀爲抑，貶損、貶退也。《荀子・宥坐》楊倞註：「抑，亦退也。抑而損之，猶言損之又損。」吳玉搢曰：「損抑，損抑也。」〔註188〕朱季海曰：「抑是古語……《淮南》抑轉作挹，亦用其俗耳。」〔註189〕

（141）是故聰明叡智，守之以愚；多聞博辯，守之以儉；武力毅勇，守之以畏；富貴廣大，守之以陋；德施天下，守之以讓

按：叡，一本作「睿」，《韓詩外傳》卷 3、8、《家語・三恕》同，《文子・九守》作「廣」，《荀子・宥坐》作「聖」。王念孫曰：「劉本改儉爲陋，陋爲儉，而莊本從之。案：《說文》：『儉，約也。』《廣雅》：『儉，少也。』正與多聞博辯相對，不當改爲陋。《說文》：『陋，〔阨〕陝也。』（俗作狹）《楚辭・七諫》注曰：『陋，小也。』亦與富貴廣大相對，不當改爲儉。《杜篤傳》注引此正作『多聞博辯，守之以儉；富貴廣大，守之以陋』，與道藏本同。《文子・九守篇》作『多

〔註187〕今本《家語・三恕》脫此句。

〔註188〕吳玉搢《別雅》卷 5，收入景印文淵閣《四庫全書》第 222 冊，臺灣商務印書館 1986 年初版，第 774 頁。

〔註189〕朱季海《韓詩外傳校箋》，收入《學術集林》第 5 輯，上海遠東出版社 1995 年版，第 182 頁。

聞博辯守以儉，富貴廣大守以狹』，狹亦陋也。」王說是。《廣韻》：
「陋，陙也。」「陙」、「狹」並爲「陜」之俗字，是此文與《文子》
合。《法言・吾子篇》：「多聞則守之以約，多見則守之以卓。」「約」、
「儉」同義，亦爲此文「多聞博辯，守之以儉」不誤之確證。二句
《韓詩外傳》卷 3 作「土地廣大者，守之以儉；博聞強記者，守之
以淺」，又卷 8 作「土地廣大，而守之以儉者安；博聞強記，而守
之以淺者不溢」，《說苑・敬慎》作「富而能儉……博而能淺」。淺
亦約也，與「博」對舉。《荀子・脩身》：「多聞曰博，少聞曰淺。」
《周禮・考工記》：「以博爲帴也。」「帴」讀爲淺。皆以「博」、「淺」
對舉。《荀子・宥坐》作「聰明聖知，守之以愚；功被天下，守之
以讓；勇力撫世，守之以怯；富有四海，守之以謙」〔註 190〕，謙
亦少也。

（142）夫未得獸者，唯恐其創之小也；已得之，唯恐傷肉之多也

按：《意林》卷 2 引作「未得獸者，唯恐創少；已得，唯恐創多」，蓋臆
改。《治要》卷 44 引《新論》：「失（夫）獵射禽獸者，始欲中之，
恐其創不大也；既已得之，又惡其傷肉多也。」

（143）於是乃去其鬐而載之木（术），解其劍而帶之笏

許注：鬐，被髮也。木（術），鷸（鷸）鳥冠也，知天文者冠鷸（鷸）。

按：王紹蘭曰：「鬐即鬑之譌借字。《氾論訓》：『古者有鬑而緤領以王天
下者矣。』高彼注云：『一說：鬑，放髮也。』鬑訓放髮，與鬐訓被
髮，未之前聞，高注非是。」俞樾說同。所說並是。訓放髮、被髮，
蓋據《文子・上禮》「古者被髮而無卷領以王天下」也。另詳《氾論
篇》校補。

（144）酒肉以通之，竽瑟以娛之，鬼神以畏之

按：通，當作「進」，猶言奉也。《列子・周穆王》：「引三牲以進之，選
女樂以娛之。」

〔註190〕《家語・三恕》作「聰明睿知，守之以愚；功被天下，守之以讓；勇力振世，
守之以怯；富有四海，守之以謙」。